Diccionario de la cultura coreana:
Desde el kimchi hasta el K-Pop y los clichés de K-dramas.
Todo sobre Corea explicado.

ISBN 979-11-88195-89-3

WOOSUNG KANG

marketing@newampersand.com

www.newampersand.com

CÓMO UTILIZAR ESTE LIBRO

Hemos escrito este libro pensando en personas como usted, por lo que no hace falta tener ningún conocimiento previo sobre Corea. Puede seguir las secciones en un orden preestablecido y terminar el curso, o puede saltar entre las secciones que desee. Hemos enlazado la información importante para que siempre esté guiado en la dirección correcta y no se pierda en medio del camino. Para maximizar su aprendizaje, hemos incluido lo siguiente en cada sección,

NEGRITA & *CURSIVA* ¡Nombres importantes y términos coreanos que debe conocer!

Taejo / Yi Seong-gye 태조 / 이성계

Taejo 태조, de nombre de nacimiento **Yi Seong-gye 이성계** (1335 - 1408), fue el fundador y el primer rey de la dinastía Joseon, que reinó de 1392 a 1398, y fue la principal figura en el derrocamiento de la **dinastía Goryeo**. A finales del siglo XIV, la Dinastía Goryeo empezaba a desmoronarse, con sus cimientos colapsados por los años de guerra contra el **Imperio Mongol**. Durante esta época, el general Yi Seong-gye ganó poder y fue respetado por expulsar a los restos mongoles del reino y repeler a los piratas japoneses. Cuando la recién estrenada dinastía Ming exigió la devolución de una parte importante del territorio norteño de Goryeo, ésta se dividió en dos facciones: los anti-Ming, que abogaban por contraatacar, y los que buscaban la paz. Sin embargo, Yi, este último, fue elegido para liderar la invasión. En la **isla de Wihwado 위화도**, en el **río Amnok 압록강**, decidió rebelarse y retiró las tropas, dirigiéndose de nuevo a la capital. El golpe militar tuvo éxito y destronó al rey. Primero puso un rey títere, pero más tarde lo exilió, y subió al trono, e inició la dinastía Joseon.

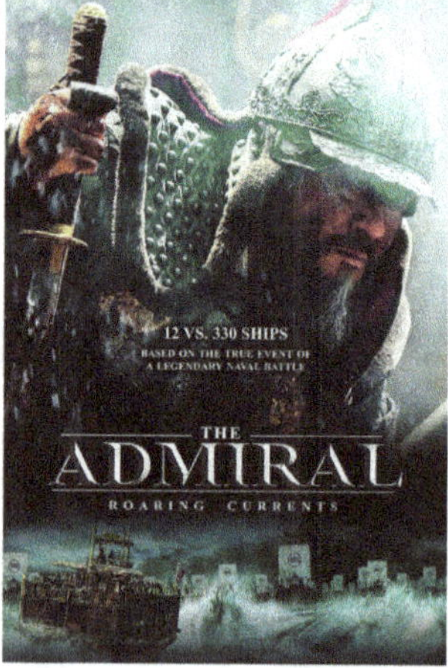

Myeongryang 명량
(*The Admiral : Roaring Currents*, 2014)

Yukryongi nareusha 육룡이 나르샤
(*Six Flying Dragons*, 2015, SBS)

Serie K-Drama sobre el golpe militar de Yi Seong-gye y el comienzo de la dinastía Joseon

Películas, programas de televisión y documentales imprescindibles

HOESIK 회식 – EL TEMIDO EVENTO DE LA EMPRESA QUE TODOS QUIEREN EVITAR

PREFACIO

Antes de leer este libro, es probable que hayas tenido algunos momentos de curiosidad en tu vida en los que te has cuestionado ciertas cosas sobre la cultura coreana. ¿Por qué hay un logo de Pepsi en la bandera coreana? ¿Por qué los niños coreanos de mi clase sólo tienen como... tres apellidos (Kim, Lee, Park)?

Si eres un adicto a los K-dramas (¿*El juego del calamar*?) tu interés por Corea puede haber crecido aún más. ¿Qué significa "Corea"?, ¿por qué a los coreanos les gusta tanto el *kimchi*? O, si has visitado Corea en el pasado, es posible que aún tengas algunas preguntas sin respuesta como, por ejemplo, ¿por qué te haces un año (o dos) más viejo nada más llegar a Corea? ¿Por qué hay tanto drama en esos bares de tiendas callejeras (*pojangmacha*)? ¿Y por qué es tan popular BTS (mención honorífica: qué demonios significa "Gangnam Style")?

Bueno, si te pierdes en la traducción, puedes simplemente buscar la palabra en el diccionario o en la última aplicación del teléfono. Pero ¿qué pasa si te pierdes entre culturas y no hay nadie que te explique amablemente lo que está pasando? Puedes arreglártelas con una suposición afortunada, pero no sólo no hay garantía de que tengas suerte la próxima vez, sino que además estás perdiendo una valiosa oportunidad de aprender sobre la cultura coreana en profundidad.

Independientemente de quién seas y de dónde vengas -un fanático del K-Pop/K-Drama, un expatriado que vive en Corea, un estudiante que acaba de ser aceptado para estudiar en el extranjero en Corea (¡felicidades!), este libro está repleto de más de 350 temas esenciales y de las preguntas más frecuentes seleccionadas de 27 categorías, que cubren prácticamente todos los aspectos de la cultura coreana, para que puedas entender completamente Corea y disfrutar de su cultura por dentro y por fuera.

Cuando termines el último capítulo, habrás aprendido mucho sobre Corea, incluso los más pequeños detalles. (Por ejemplo, ¿por qué a los coreanos les gusta sentarse en el suelo? ¿Por qué es de mala educación servir las bebidas con una sola mano?)

Tal vez la ventaja más importante sea que los dramas, las películas y los vídeos musicales y las letras de K-Pop coreanos tendrán mucho más significado la próxima vez que los veas.

Así que la próxima vez que salgas con un amigo coreano, puedes hacer alarde de tus conocimientos contándole por qué golpeas el cuello de la botella con un golpe de taekwondo al abrirla (no olvides girar el cuerpo cuando bebas con una persona mayor).

Ah, y si alguien te felicita por tener una "cara pequeña", responderás correctamente diciendo "Gracias". Ahora vamos a empezar este libro con un ejemplo de la cultura "*bbali bbali*" - ¡¡date prisa y empieza a leer!!

SOBRE EL AUTOR

Woosung Kang es un autor afincado en Colorado y Seúl que ha pasado la misma parte de su vida en Estados Unidos y Corea del Sur. Estudió Administración de Empresas en la Universidad de Denver y Psicología del Consumidor en la Universidad de Nueva York. Woosung planea continuar su viaje por el mundo porque cree que la mejor manera de compartir la cultura coreana es aprendiendo, apreciando y respetando primero otras culturas. Durante su estancia en Nueva York, dirigió una serie de exitosas campañas de marketing para promocionar la belleza de la cultura coreana, e hizo apariciones en televisión y radio para compartir su historia. Woosung es también el autor de la serie más vendida "El Diccionario K-pop".

E-mail: storyteller1634@gmail.com
Instagram: vivaretro0810

CONOCER LA BANDERA

NOMBRES COREANOS

EL IDIOMA

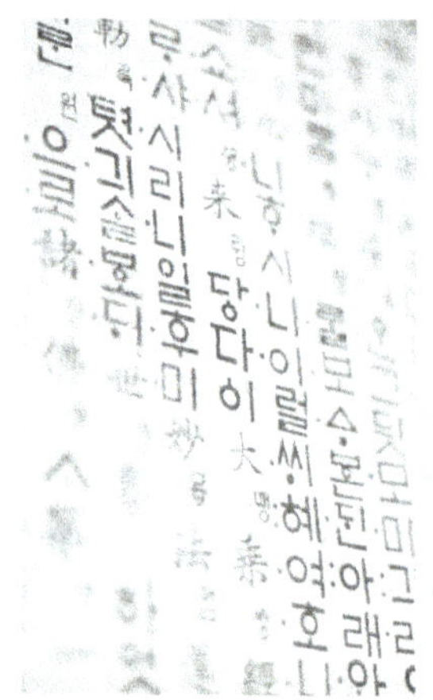

KIMCHI - LA COMIDA DEL ALMA COREANA

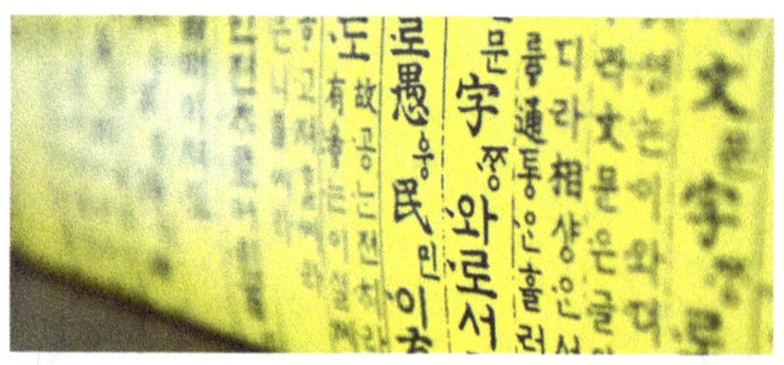

COMER EN COREA

BEBER EN COREA

TRABAJAR EN COREA

EDUCACIÓN EN COREA

DIVERTIDAS Y EXTRAVAGANTES SUPERSTICIONES Y CREENCIAS COREANAS

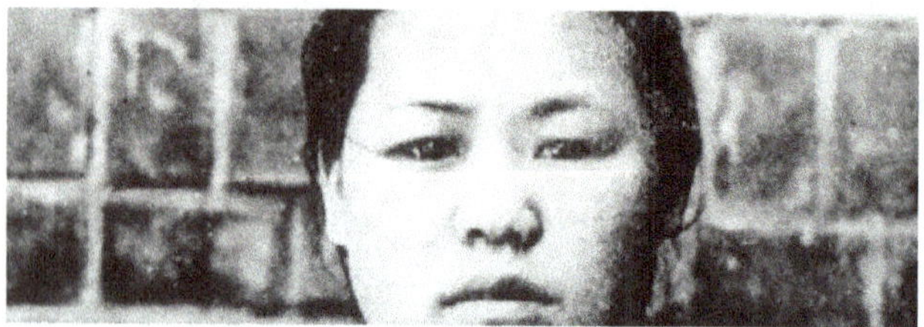

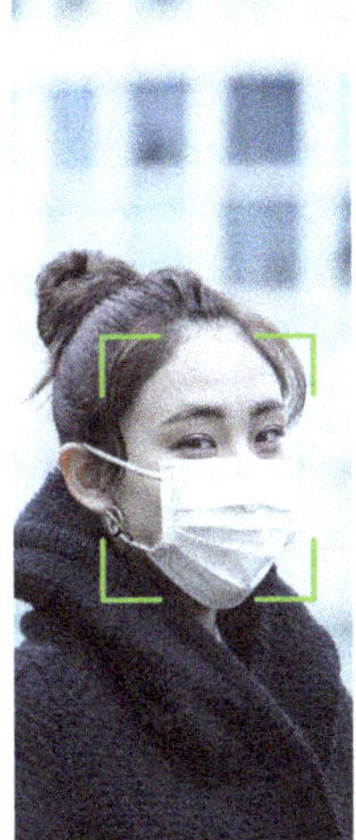

LOST IN TRANSLATION

COREA EN LA ERA DIGITAL

DEPORTES

HALLYU
OLA
COREANA

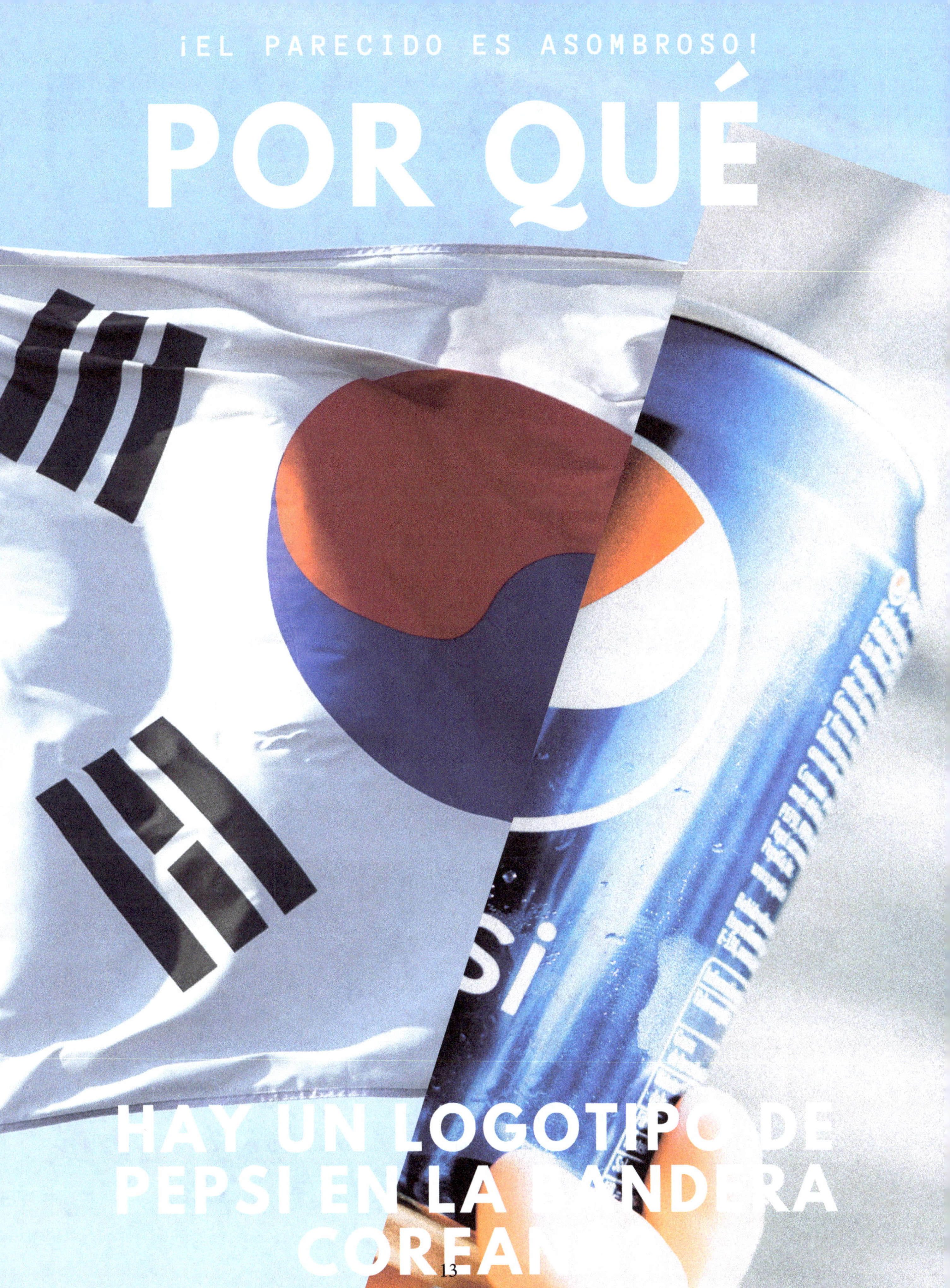
¡EL PARECIDO ES ASOMBROSO!
POR QUÉ
HAY UN LOGOTIPO DE PEPSI EN LA BANDERA COREANA

Evento de apertura de los Juegos Olímpicos de Invierno de Pyeongchang 2018
(captura de pantalla de SBS TV)

"¡Oye, buen trabajo con el marketing de emboscada, Pepsi!"

Cuando dos grupos de artistas se fusionaron lentamente para formar un círculo gigante de símbolos rojos y azules perfectamente entrelazados, similares a los que se encuentran en una lata de Pepsi, durante la ceremonia de apertura de los **Juegos Olímpicos de Invierno de Pyeongchang 2018**, las redes sociales estallaron con una avalancha de tweets y mensajes de los espectadores de televisión de todo el mundo. ¿Cómo es posible que Pepsi, cuyo nombre ni siquiera figuraba en la lista de patrocinadores, haya salido de la nada y haya hecho la aparición más descarada? ¿Acaso el Comité Olímpico Internacional (COI) fue sorprendido por la táctica de marketing de emboscada bien orquestada por Pepsi?

Bueno, la respuesta es un no rotundo porque Pepsi no estaba de ninguna manera involucrada en esta escena, es seguro asumir que el 99,9% de esos tweets estaban destinados a ser una broma. Pero esta efímera moda en las redes sociales es en realidad una ilustración precisa de la gran pregunta que se hace la gente: ¿cómo consiguió Pepsi llevar el símbolo coreano en sus productos? O, ¿cómo consiguieron los coreanos el derecho a utilizar el logotipo de Pepsi en la bandera? He oído muchas versiones diferentes, pero la que más me gustó fue la de que un multimillonario coreano salvó a Pepsi de la quiebra con un fajo de dinero y exigió poner el símbolo coreano a cambio.

Aunque es divertido especular, el logotipo de Pepsi y la bandera coreana no tienen nada que ver. El logotipo de Pepsi, que es una de las marcas corporativas más reconocidas del mundo, presenta tres colores -rojo, blanco y azul- formando una esfera, y apareció por primera vez en la década de 1940, durante la Segunda Guerra Mundial, como muestra de patriotismo y apoyo a las tropas que luchaban en el extranjero. El motivo sigue vivo, con pequeños retoques como la actualización del tipo de letra y ligeros ajustes de tamaño de vez en cuando.

HISTORIA DE LA BANDERA COREANA

Mientras tanto, el prototipo de la bandera coreana actual (oh, me gustaría recordarles amablemente que TODAVÍA hay dos Coreas en el momento de escribir este artículo y que a lo largo de este libro, por defecto, la palabra Corea se refiere a Corea del Sur, pero lo indicaré expresamente siempre que me refiera al temible vecino de arriba) se ideó por primera vez cuando Corea aún era la dinastía Joseon 조선 (1392-1897), cuya existencia estaba siendo seriamente cuestionada por la ambición del Japón imperial de conquistar la región asiática.

En 1882, durante el Tratado entre Joseon y Estados Unidos, surgió la necesidad de crear una bandera nacional que representara a la Dinastía, ya que no había ninguna que sirviera para ello. Para rectificar la situación, el delegado Lee Eung-jun 이응준 aceptó la orden del rey de crear una bandera nacional, y lo hizo modificando el estandarte real de la Dinastía, el *eogi* 어기, y lo colocó al lado de la bandera estadounidense.

El 22 de agosto de 1882, el emisario Park Yeong-hyo reorganizó los trigramas y creó un modelo a escala del *taegeukgi* 태극기 (*taegeuk*, el círculo rojo y azul que se encuentra en el centro de la bandera, que significa "supremo último", y *gi*, 기, que significa "bandera", de ahí lo de "supremo último"), y el 27 de enero de 1883, el gobierno de Joseon promulgó oficialmente el taegeukgi para ser utilizado como bandera nacional oficial.

Luego, el Gran Imperio Coreano Daehanjeguk 대한제국 (1897-1910) fue proclamado en octubre de 1897 por el emperador Gojong 고종 de la dinastía Joseon, y la bandera continuó su servicio.

Durante la ocupación japonesa (1919-1948), el gobierno provisional coreano con sede en China utilizó una bandera similar a la actual. Tras la creación del Estado surcoreano en 1948, la bandera actual fue declarada oficial el 15 de octubre de 1949.

Con esta breve sesión de historia, espero que todos los misterios y conspiraciones de Pepsi-Corea hayan quedado debidamente desmontados. Ahora, veamos más de cerca las banderas coreanas y conozcamos lo que representan todos los símbolos.

대한민국정부

Emblema del Gobierno de Corèa del Sur

¿QUÉ SIGNIFICAN LOS SÍMBOLOS?

Empecemos con la bandera de Corea del Sur. Como ya hemos comentado, la nomenclatura local es *taegeukgi* 태극기 ("bandera suprema por excelencia"), y el color dominante que se encuentra en el fondo es el blanco, que representa la luminosidad, la pureza y la paz, que los coreanos adoptaron plenamente como valores en sus vidas, hasta el punto de que los extranjeros les llamaban "gente vestida de blanco", porque el color estaba omnipresente en el atuendo diario *hanbok* 한복 del siglo XIX.

El círculo del centro se deriva de la filosofía tradicional del *yin* y el *yang*: la parte roja representa las fuerzas cósmicas positivas y la azul las negativas, creando así un equilibrio perfecto.

Por último, un grupo de rayas llamado los trigramas representa la armonía de la unidad, colocados alrededor de los símbolos del *yin* y el *yang*.

En resumen, representa las reglas de la Madre Naturaleza, donde toda la creación gira en torno a la interacción entre el *yin* y el *yang*.

EQUILIBRIO EN EL UNIVERSO

Las reglas de la madre naturaleza, donde toda la creación gira en torno a la interacción entre el *yin* y el *yang*.

ARMONÍA DE LA UNIDAD

Los 4 símbolos forman una armonía de unidad, centrada en el símbolo del *yin* y el *yang*.

IDEOLOGÍA COREANA

El color blanco brillante representa lo que los coreanos aman: el brillo, la pureza y la paz.

Cuando la Segunda Guerra Mundial terminó con la victoria de los Aliados en 1945, Japón renunció al control que había ejercido durante 35 años sobre la península de Corea, lo que llevó a la Unión Soviética a ocupar la mitad norte de Corea, mientras que Estados Unidos tomó el control de la mitad sur, según las condiciones de los Aliados.

Tratando de inculcar su ideología socialista, los líderes de la Unión Soviética decidieron diseñar una nueva bandera. **Kim Il-Sung 김일성**, el entonces líder de Corea del Norte estuvo de acuerdo, y en 1947 se dictó desde Moscú una nueva bandera, que los norcoreanos llamaron *ingonggi* 인공기, que significa "la bandera de la república popular".

La estrella roja es un símbolo del comunismo y de las perspectivas de felicidad del pueblo. El círculo blanco del fondo representa el universo. El color rojo dominante representa el espíritu revolucionario y el camino hacia el comunismo, mientras que el azul representa el compromiso de la nación con la paz y la amistad (hm... ¿en serio?).

Por último, las rayas blancas representan la pureza de la ideología norcoreana, así como la fuerza y la dignidad.

Muy bien. Así que esto cubre más o menos las ideas y los significados que hay detrás de los símbolos de las banderas de ambas Coreas, y espero que haya sido una buena sesión introductoria para echar un vistazo a la ideología coreana.

¿Quiénes son la "dinastía Kim"?
P. 204

SÍMBOLO DEL COMUNISMO

La estrella roja es un símbolo del comunismo y el círculo blanco representa el universo.

ESPÍRITU DE COREA DEL NORTE

El color rojo representa el espíritu revolucionario y el camino hacia el comunismo y el azul representa el compromiso de la nación con la paz y la amistad. La franja blanca representa la pureza de la ideología norcoreana, así como la fuerza y la dignidad.

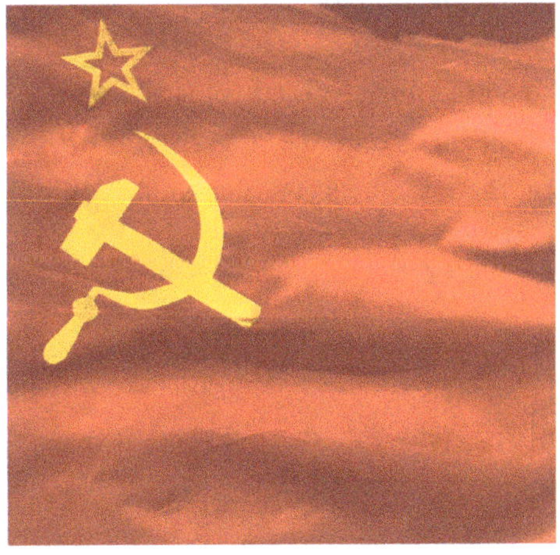

BANDERA DE LA UNIÓN SOVIÉTICA

En 1947, se dictó una nueva bandera desde Moscú, y los norcoreanos la llamaron *ingonggi* 인공기, que significa "La bandera de la República Popular".

NOMBRES COREANOS

¿LOS COREANOS SÓLO TIENEN COMO... TRES APELLIDOS?

Para este tema, empecemos con un pequeño acertijo: ¿qué podría significar el proverbio coreano "buscar a un Sr. Kim en Seúl"? Pues bien, busca las pistas a lo largo de la siguiente historia y deberías ser capaz de responderlo por ti mismo. En primer lugar, si fuiste a un colegio en el que había muchos estudiantes coreanos, coge tu anuario, desempolva la página del índice y localiza la sección "K". Y he aquí que te darás cuenta inmediatamente de que los descendientes de la familia Kim se llevan la mayor parte de los bienes inmuebles.

Lo mismo puede decirse de los apellidos Lee y Park, y si recuerda los nombres de sus amigos coreanos (o si no los tiene, piense en su estrella de K-Pop favorita), es muy probable que sean uno de los tres. Es más, el primer jugador coreano que llegó a las Grandes Ligas de Béisbol fue Park Chan Ho, el primer nadador que ganó una medalla de oro en los Juegos Olímpicos fue Park Tae Hwan, el primer jugador de fútbol (vale, de fútbol) que jugó en el Manchester United fue Park Ji Sung.

De los últimos 13 presidentes de Corea, 2 eran Parks, 2 eran Kims y 2 eran Lees. ¿Adivina el nombre del actual presidente del Banco Mundial? Jim Yong Kim (aquí Kim es el apellido). También está en la lista la campeona olímpica de patinaje artístico Kim Yuna. De acuerdo, Kim Jong Un, el "líder supremo" de Corea del Norte, también es miembro del club Kim. Y Lee Jung Jae, el protagonista del *juego del calamar.*

La esencia de la historia es que sólo hay 286 apellidos en Corea (a partir de 2003, sin contar los de los coreanos naturalizados), y los Kim, Lee y Park representan más del 45% de toda la población coreana (Kim con el 21,8%, Lee con el 14,8% y Park con el 8,5%).

Para hacer una rápida comparación, en España hay más de 400.000 apellidos, y el apellido García, el más común, representa sólo el 3,8% de la población española. En Japón, más de 100.000 personas se apellidan Sato, ya que es el más común, y los 10 primeros apellidos combinados representan sólo el 10% de toda la población. En EE. UU., Smith es el más común, pero sólo representa el 1% de toda la población.

Si eres un ávido inversor, sabrás que esto no es ciertamente una cartera bien diversificada. Entonces, ¿a qué se debe la desproporción de la población? ¿Son las familias coreanas endogámicas? A primera vista, estas especulaciones no parecen del todo infundadas (por cierto, las convenciones coreanas de nomenclatura son patronímicas, con lo que se hereda el apellido del padre, del abuelo, pero se permite adoptar el apellido de la madre, aunque se requieren algunos tediosos saltos por los aros administrativos).

Con esto, uno tiene todo el derecho a preguntarse si todos los coreanos están emparentados de alguna manera entre sí, pero es entonces cuando entra en juego esto que se llama *bongwan* 본관 para poner las cosas en orden. Es un concepto que se utiliza para distinguir a los clanes con el mismo apellido, ya que indica el lugar de nacimiento del primer antepasado o fundador del apellido (según una encuesta realizada en 2015, hay 36.744).

Así, los miembros de un determinado apellido que también comparten el mismo ancestro o progenitor paterno se dice que son del mismo clan. Utilizando este sistema de agrupación, se puede distinguir un clan de otro, y dentro de cada clan, se divide a su vez en varias facciones.

Además, muchas familias coreanas, o su "sociedad de linaje", llevan un registro detallado del linaje familiar en un libro de genealogía llamado *jokbo* 족보. Comparando tu facción puedes ver cuál es tu estatus familiar y tu "nivel generacional". Algunos onomásticos (personas que estudian los nombres propios, especialmente los de personas y lugares) suelen comparar el *bongwan* con la convención europea de nomenclatura que incorpora el lugar de origen dentro de un nombre (por ejemplo, Olivia von Westenholz = "Olivia de Westenholz"). La diferencia es que el sistema coreano no muestra la etiqueta por adelantado, por lo que requiere indagar un poco más en la historia familiar. Ah, y un dato interesante: hasta 2005, una pareja con el mismo apellido y bongwan no podía casarse por ley. Para ponerlo en perspectiva, veamos un ejemplo de la vida real.

Kim Min-ho

¡Hola, encantado de conocerte! Me he dado cuenta de que tienes el mismo apellido que el mío. ¿Cuál es tu *bongwan*?

Kim Gyu Ri

¡Encantada de conocerte también! El mío es Gimhae. ¿Cuál es el tuyo?

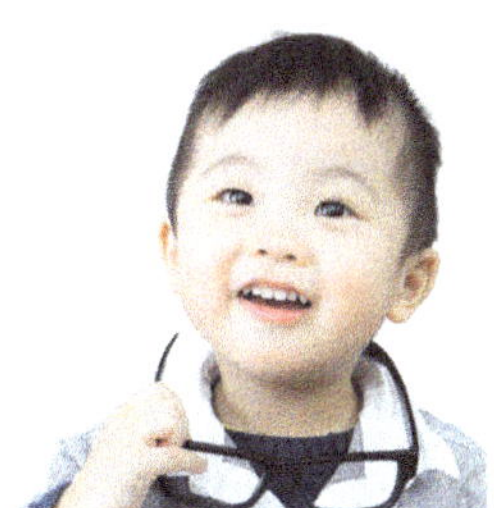

Kim Min Ho

Oh yaya... El mío es Gimhae también... Supongo que tú y yo no estamos destinados a ser... Nunca podremos casarnos...

Kim Gyu Ri

¡Oh, Dios! ¡Despierta ya! Estamos en 2022 y, sí, ¡podemos casarnos si queremos! La prohibición terminó en 2005. Espera un minuto... ¿Qué me acabas de hacer decir?

Muy bien, seguro que has encontrado la respuesta al concurso de proverbios coreanos del principio. Si no lo has hecho, el equivalente en español del proverbio es " buscar una aguja en un pajar".

¿POR QUÉ LOS APELLIDOS COREANOS 이 (YI) Y 노 (NOH) SE ROMANIZAN COMO "LEE" Y "ROH"?

Dueum beopchik 두음법칙 ("regla del sonido inicial") es una regla gramatical para facilitar la pronunciación de ciertas palabras chino-coreanas, incluidos los apellidos basados en caracteres chinos, que comienzan con ㄹ (l/r) y ㄴ (n), cuando se utiliza el alfabeto romano.

---

1) Cuando ㄹ (l/r) se coloca en la posición de inicio de la primera sílaba de una palabra, seguida de las vocales ㅏ/ㅐ/ㅗ/ㅚ/ㅜ/ㅡ (a/ae/o/oe/u/eu), se sustituyen por ㄴ (n).

Example) Ejemplo) 로철수 Roh Cheol-su -> 노철수 Noh Cheol-su

---

2) Cuando ㄹ (l/r) se coloca en la posición de inicio de la primera sílaba de una palabra, seguida de las vocales ㅑ/ㅕ/ㅖ/ㅛ/ㅠ/ㅣ (ya/yeo/yo/yu/i), se sustituyen por ㅇ (sin sonido de inicio).

Ejemplo) 리철수 Lee Cheol-su -> 이철수 Yi Cheol-su (cuando se utiliza el alfabeto romano, se toma el sonido original, Lee/Ri/Rhee, pero algunos optan por utilizar Yi, para mantener la pronunciación revisada).

¿POR QUÉ TODOS LOS NOMBRES COREANOS TIENEN TRES SÍLABAS?

Ahora que ya hemos visto la parte del apellido de un nombre coreano, vamos a ver cómo se compone un nombre coreano. Si has seguido a los famosos coreanos durante algún tiempo, habrás notado que casi todos sus nombres tienen tres sílabas (apellido (1 sílaba) + nombre (2 sílabas, por ejemplo, el nombre coreano de la famosa estrella del K-Pop G-Dragon es Kwon (apellido) + Ji Yong (nombre), y puede que te hayas preguntado si es algo exigido por la ley o si la gente simplemente sigue la norma social.

Para entender la ciencia que hay detrás, tenemos que remitirnos al sistema de genealogía coreana que acabamos de aprender: un apellido coreano es indicativo de la historia ancestral de una persona y el bongwan indica a qué clan pertenece. Entonces, ¿cuál es la función de un nombre coreano? Mientras que un apellido coreano proporciona información sobre su origen y su siguiente linaje en sentido vertical, un nombre coreano funciona en sentido horizontal, proporcionando información relacionada con una generación determinada.

Tradicionalmente, para cada generación, los miembros pertenecientes al mismo sexo comparten una sílaba de un nombre. Este "nombre generacional", o **hangryeol** 항렬, es único por el clan y el lugar de colocación, que puede ser la primera sílaba o la segunda sílaba de un nombre de pila, también lo decide y aprueba la sociedad del clan (algo que a menudo no se observa en la actualidad).

Al igual que el número de serie de un producto manufacturado, que nos indica cuándo y dónde se ha fabricado, la sílaba compartida sirve para indicar de qué "nivel generacional" se procede. Gracias a este detallado esfuerzo de registro, los miembros (no sólo los hermanos de uno, sino todos los de su generación) de un mismo clan pueden precisar a qué distancia, en términos de número de generación, se encuentra uno desde el primer antepasado, lo que permite determinar el "nivel generacional" de uno, y el "rango" relativo.

Por esa razón, incluso cuando uno es mucho más joven, pero proviene de una generación más antigua (de mayor rango), el mucho más viejo (de menor rango) tiene que usar honoríficos, y es una situación bastante cómica y confusa incluso para los coreanos promedio. Y en cuanto al puesto restante, se deja que los padres decidan libremente.

He aquí otro ejemplo de la vida real:

Kang Se Ho
¿también eres un Jinju (nombre de una región, bongwan) Kang?

Kang Min Gu
¡Oh, sí! ¿De qué facción vienes? La mía es "Eunyeolgong"

Kang Se Ho
¡Santo Dios! ¡El mío también!

Kang Min Gu
Hm... Recuerdo que mi abuelo tenía "Se" en su nombre... Debes ser de la 33ª generación.

Kang Se Ho
¡Vaya, eres como el único coreano que puede decir eso de buenas a primeras! ¿De qué generación eres, entonces?

Kang Min Gu
Soy de la 35ª.

Kang Se Ho
Oh... eso significa que deberías llamarme abuelo, entonces.

Kang Min Gu
¡Sí, señor...!

Sin embargo, con el incesante esfuerzo de modernización de la nación y el rápido cambio del estilo de vida coreano del colectivismo al individualismo, gran parte de los valores y prácticas culturales tradicionales se están debilitando, y esta tradición de compartir sílabas se observa cada vez menos (pero si vienes de un clan extremadamente ortodoxo, puede que te echen la bronca).

También en este punto, debo aclarar que el sistema de tres sílabas no es un requisito legal, y que las diferentes combinaciones son perfectamente válidas. Por ejemplo, las versiones de dos sílabas de un nombre coreano son muy comunes (apellido de una sílaba + nombre de una sílaba, por ejemplo, Kim Hwan), o los apellidos de dos sílabas como Sunwoo y Namkung, las combinaciones de cuatro sílabas (apellido de dos sílabas + nombre de dos sílabas, por ejemplo, Sunwoo Hyun Soo) también son comunes.

¿LOS COREANOS TIENEN UN SEGUNDO NOMBRE?

A menudo, los coreanos que solicitan un documento en inglés, como el permiso de conducir internacional, se encuentran con que falta una sílaba en su nombre al recogerlo. La razón de esta misteriosa desaparición se atribuye en gran medida a un error común en el que piensan que la "sílaba del medio" de su nombre es el "segundo nombre" en inglés, y lo ponen en la sección "middle name".

Si tu nombre es Yong Jin (nombre) Kim (apellido), el resultado final será Yong Kim o Yong J. Kim, o Yong Kim, ya que el segundo nombre suele inicializarse u omitirse en el sistema inglés.¿Cuál puede ser la causa? Como lector instruido, habrás deducido que es el espacio entre las dos sílabas de un nombre lo que crea la confusión.

Una solución popular es insertar un guión entre las dos sílabas (por ejemplo, Yong-jin Kim), o eliminar el espacio entre las dos (por ejemplo, Yongjin Kim). Ambas soluciones son bastante sólidas, pero el método del guión separa mejor las pronunciaciones, proporcionando así orientación a los lectores (por ejemplo, sin el espacio, Yongil podría leerse como Yon Gil o Yong Il, pero el guión elimina ese problema). Y para los que alguna vez se preguntaron si hay alguna diferencia entre un nombre con guión y la versión sin espacio, son exactamente lo mismo.

¿QUÉ SIGNIFICA UN NOMBRE COREANO? ¿CÓMO PUEDO DESCIFRARLO?

Ahora que hemos aprendido con éxito la estructura de un nombre coreano, pasemos a otro tema popular: ¿qué significa un nombre coreano y cómo puedo descifrarlo? Para entender este concepto, hay que saber que más del 70% del vocabulario coreano se basa en el *hanja* 漢字 한자 (el término coreano para los caracteres chinos prestados del chino tradicional que se incorporan al idioma coreano con pronunciación coreana), y los nombres coreanos no son una excepción: un nombre coreano típico tiene un carácter hanja subyacente que representa un significado (ideograma), mientras que el *hangul* 한글, el alfabeto coreano, representa el sonido del habla (fonograma).

For someone named Lee Mi Hwa, it looks like this:

이 Lee 李 ("Jeonju" (región de origen) + 미 Mi 美 ("hermosa") + 화 Hwa 花 ("flor")

Por lo tanto, conocer sólo el sonido hangul de un nombre es ver sólo la mitad del cuadro, porque hay una miríada de caracteres hanja con la misma pronunciación que tienen varios significados.

R: ¡Hola! Mi nombre es Lee Mi Hwa. Encantada de conocerte.
B: ¿Hablas en serio? El mío también. ¿Qué caracteres hanja utilizas para tu nombre?
R: Mi, que significa "encantador" y Hwa, que significa "armonía". ¿Y el tuyo es?
B: ¡Vaya, es un nombre muy bonito! El mío es Mi, que significa "hermoso" y Hwa, que significa "una pintura". Por mi nombre, habrás adivinado que mi padre era un artista, ¡pero no uno bueno!

El ejemplo anterior no pretende mostrar que se espera que uno comparta con alguien que conoce por primera vez en qué caracteres *hanja* se basa su nombre (más bien, basta con intercambiar el sonido hangul del nombre), sino ilustrar la importancia de saber con precisión cuál es el carácter hanja subyacente y su significado para comprender plenamente el nombre propio. Por ejemplo, en algunas tarjetas de visita coreanas, especialmente las de la generación anterior, se puede encontrar el nombre escrito tanto en *hangul* como en *hanja*. Esta práctica de escribir el nombre de forma bilingüe también se encuentra en documentos oficiales como el carné de identidad.

Y EL PREMIO AL NOMBRE COREANO MÁS LARGO ES PARA...

El nombre coreano más largo también está hecho puramente con una combinación de palabras coreanas: Park Ha Neul Byeol Nim Gu Reum Haet Nim Bo Da Sa Rang Seu Reo U Ri 박하늘별님구름햇님보다사랑스러우리, un nombre largo de 17 sílabas que significa "más hermoso que la estrella, el sol, la luna y la nube en el cielo." ¿Y crees que tu bebé también tiene posibilidades de batir un nuevo récord? Siento reventar tu burbuja, pero no va a ser posible porque la ley actual limita el número de sílabas de un nombre a cinco como máximo. Por último, tenemos que hablar del poder de la costumbre: en las conversaciones de la vida real, los coreanos seguirán encajando un nombre largo en el formato más familiar de tres sílabas (por comodidad, pero después de conocerse bien y hacerse cercanos), así que el mencionado Park Ha Neul Byeol Nim Gu Reum Haet Nim Bo Da Sa Rang Seu Reo U Ri se acortará a Park Ha Neul.

Muy bien. Espero haber cubierto y respondido a todas las preguntas que tenías sobre los nombres coreanos, y haberte explicado que un nombre coreano puede ser tan simple como un par de sílabas, pero contiene una enorme cantidad de historia y tradición familiar. Ahora que sabes cómo descifrar un nombre coreano, ¡intenta averiguar qué significan los nombres de tus estrellas coreanas favoritas!

¿LOS COREANOS HABLAN CHINO O JAPONÉS?

Muy bien amigos, es hora de ser sinceros. Alguna vez se han preguntado qué idioma hablan los coreanos (¿chino? ¿japonés? ¿o alguna otra cosa, incluso?). A decir verdad, es una de las preguntas más frecuentes que recibo de amigos extranjeros (otras son: "¿Eres de Corea del Norte o del Sur?" y "¿Sabes karate?").

Bueno, incluso si tu respuesta a la pregunta anterior es un sí, no deberías sentirte avergonzado porque sólo refleja lo desconocida que es Corea para el resto del mundo, en comparación con sus países vecinos (¡mejora tu juego de marketing y relaciones públicas, Corea!). Espero que las cosas mejoren para Corea en un futuro muy cercano (que es el objetivo principal de este libro, ¡crucemos los dedos!). Ahora vamos a averiguar por qué la pregunta sigue apareciendo.

¿POR QUÉ SE VEN CARACTERES CHINOS POR TODAS PARTES EN COREA?

La mayor causa de confusión debe ser la omnipresencia de los caracteres chinos en Corea, sobre todo si se han visitado lugares históricos como la Puerta de **Gwanghwamun** 광화문, o el Palacio de **Gyeongbokgung** 경복궁, y se han contemplado los carteles con majestuosa caligrafía escrita en caracteres chinos.

Incluso en las calles de la actual Seúl se pueden encontrar carteles con caracteres chinos, lo suficientemente abundantes como para dejarnos perplejos. Como siempre, conocer la historia nos ayuda a entender el presente. Muchos países asiáticos (Corea, Japón, Vietnam, Mongolia, etc.) adoptaron los caracteres chinos tradicionales (frente al "chino simplificado" que se utiliza en la China continental y en algunos otros países desde la década de 1950 para fomentar la alfabetización) como lengua franca escrita (tanto para uso doméstico como diplomático), al igual que el latín en la historia de Europa, o el papel del inglés como estándar mundial en la actualidad.

En Corea, el hanja (término coreano para designar los caracteres chinos tomados del chino e incorporados a la lengua coreana con pronunciación coreana) fue el único medio de comunicación escrita disponible hasta que se inventó su propio hangul, el alfabeto coreano, en 1443 y se promulgó en 1446.

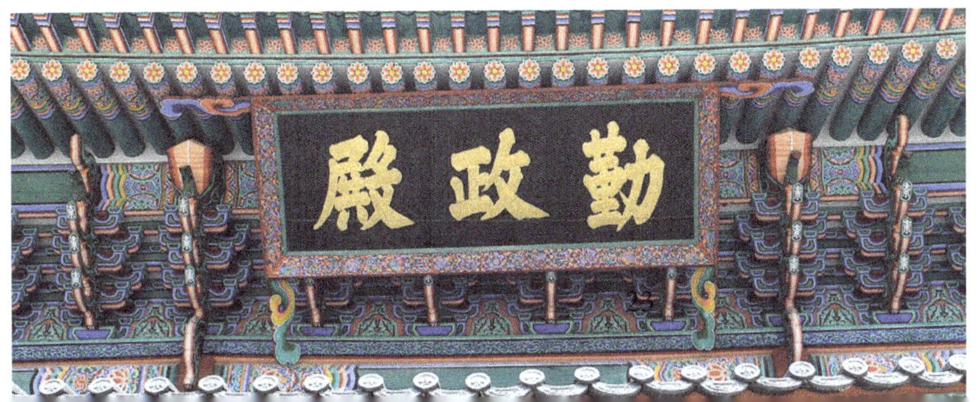

El Palacio de Gyeongbokgung

La Puerta de Gwanghwamun

¿QUIÉN INVENTÓ EL HANGUL, EL ALFABETO COREANO?

Además de la gran lista de sus espléndidos logros, la principal razón por la que **el rey Sejong el Grande 세종대왕** (1397-1450) es venerado como uno de los más grandes gobernantes de la historia de Corea es su benevolencia y compasión por su pueblo. Reflejando su carácter realista, el rey Sejong siempre deploró el hecho de que su pueblo tuviera que depender del complicadísimo hanja para comunicarse por escrito, y que las oportunidades de aprenderlo estuvieran casi exclusivamente al alcance de los más ricos (los nobles, o *yangban* 양반, los eruditos y los funcionarios del gobierno y similares), mientras que los más pobres estaban demasiado ocupados tratando de llegar a fin de mes, siendo la parte analfabeta de la sociedad. Pero incluso con el conocimiento del hanja, por ser de origen extranjero, la gente tenía problemas para expresar plena y libremente sus pensamientos y su significado, lo que podría haber hecho sin esfuerzo a través de su lengua coreana nativa.

Y lo que es más importante, los que estaban en la base del tótem no tenían forma de hacer oír sus historias, ya fueran quejas legítimas o ideas brillantes, porque la única forma de conseguirlo era mediante la comunicación oral (pero los guardianes te lo impedían). Y como grabarlos con *hanja* para la posteridad no era una opción viable, gran parte de los conocimientos de la gente común que tanto costó adquirir no pudieron transmitirse adecuadamente a la siguiente generación, lo que supuso una enorme pérdida para la sociedad en su conjunto. Por suerte para los coreanos, sin embargo, estaba el rey Sejong el Grande, un erudito sincero cuyos vastos conocimientos y talento natural en un amplio espectro de temas asombraban constantemente incluso a los expertos más brillantes, y que también era un solucionador de problemas y un emprendedor decidido a "hacer las cosas bien".
Enardecido por el amor y la simpatía hacia su pueblo, el rey Sejong se arremangó para rectificar él mismo el problema. Para ello, ideó un conjunto de letras que fuera exclusivamente coreano y lo suficientemente fácil como para que personas con poca o ninguna educación pudieran aprender a leer y escribir.

Después de innumerables días, creó personalmente un nuevo alfabeto compuesto por 28 letras (17 consonantes y 11 vocales, de las cuales 3 consonantes y 1 vocal quedaron obsoletas y cayeron en desuso más tarde, por lo que el hangul moderno consta de un total de 24 letras con 14 consonantes y 10 vocales), lo llamó **Hunminjeongeum 훈민정음** ("Los sonidos adecuados para la instrucción del pueblo"), y lo promulgó el 9 de octubre de 1446. El prefacio de la proclamación refleja bien la esencia de la benevolencia del rey Sejong.

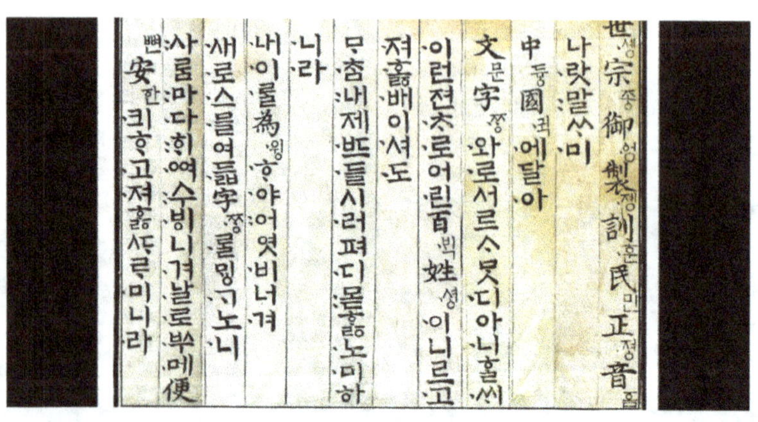

Hunminjeongeum Haerye

"Un hombre sabio puede familiarizarse con ellas antes de que acabe la mañana; incluso un estúpido puede aprenderlas en el espacio de diez días".

Un comentario (bueno, eso es lo que yo llamaría una reseña de cinco estrellas) escrito por eruditos del **Jiphyeonjeon 집현전** (Salón de los Dignos) en el **Hunminjeongeum Haerye 훈민정음 해례** ("Explicaciones y ejemplos de los sonidos correctos/propios para la instrucción del pueblo"), nos indica que el plan del rey Sejong para promover la alfabetización entre los plebeyos mediante un sistema de escritura fácil tuvo un gran comienzo.

Los académicos coreanos veían el hangul como una amenaza a su estatus.

Sin embargo, tras su promulgación, el alfabeto coreano se enfrentó a una feroz oposición por parte de la élite literaria y los eruditos confucianos coreanos (la principal ideología de la dinastía Joseon), que apreciaban los caracteres chinos tradicionales, *hanja*, como el único sistema de escritura legítimo y como la "lengua de los eruditos". Y lo que es más importante, veían el *hangul* como una amenaza para su estatus, por miedo a que los ilustrados plebeyos pudieran iniciar una revolución.

Pero el hangul ganó popularidad a finales del siglo XVI al florecer la poesía tradicional y las novelas en hangul. Siglos más tarde, en 1894, impulsado por el empuje de **los reformistas gabo 갑오개혁** hacia la modernización, junto con el fuerte apoyo de los misioneros occidentales, el hangul fue finalmente adoptado en los documentos oficiales por primera vez, y un año más tarde, en 1895, las escuelas primarias comenzaron a enseñar textos escritos en hangul. En 1896, **Dongnipsinmun 독립신문** ("La independencia (periódico)"), se convirtió en el primer periódico publicado en *hangul*.

"La lengua de [nuestro] pueblo es diferente a la de la nación de China y, por tanto, no puede expresarse con la lengua escrita de los chinos.

Por esta razón, los gritos de los campesinos analfabetos no son debidamente comprendidos por los muchos [en posición de privilegio].

Siento la situación de los campesinos y las dificultades de los funcionarios y me entristece la situación. Por ello, se han creado veintiocho caracteres [escritos] de nuevo.

[Mi deseo es] que cada persona [coreana] se familiarice [con la nueva lengua escrita del coreano] y la utilice a diario de forma intuitiva".

- El rey Sejong el Grande 세종대왕 -

Periódico de 1982 que muestra el *gukhanmunhonyong*

Periódico de 2018 publicado mayoritariamente en *hangul*

Desde esta época, el hangul y el hanja coexistieron y mantuvieron una relación simbiótica en forma de **gukhanmunhonyong** 국한문혼용 (un estilo de escritura que utiliza una mezcla de hangul y hanja), complementándose mutuamente.

Durante la ocupación japonesa (1910-1945), el japonés se convirtió en el idioma oficial de Corea y la lengua coreana fue completamente perseguida: la literatura coreana anterior fue prohibida en los planes de estudio de las escuelas públicas, y la publicación en lengua coreana también fue proscrita con el pretexto de la "política de asimilación cultural".

A pesar del esfuerzo de los imperialistas japoneses por borrar el espíritu coreano, el hangul se seguía enseñando en secreto en las escuelas creadas por los coreanos, y era algo que mantenía unidos a los coreanos durante los tiempos difíciles. Tras la liberación de Corea en 1945, el hangul volvió a ser una parte indispensable de la cultura coreana.

Impulsado por el proyecto gubernamental de 5 años conocido como Ley de Uso Exclusivo del Hangul en 1968, que abolió la enseñanza del hanja y promovió el hangul, el uso del estilo de escritura mixto ha ido disminuyendo rápidamente y el hangul ocupó el lugar que ocupaba el hanja.

El proyecto se puso en marcha por razones realistas: leer y escribir documentos llenos de jerga basada en el hanja requería demasiado tiempo y esfuerzo, y el uso generalizado de los ordenadores favorecía el sencillo diseño coreano, con sólo 14 consonantes y 10 vocales, frente al complicado sistema chino.

Sin embargo, a pesar del esfuerzo, el uso del hanja no pudo eliminarse por completo, en gran medida por razones prácticas: los caracteres chinos son un ideograma (representan un significado) y los coreanos son un fonograma (representan un sonido del habla), y si se presentan sólo en hangul, puede resultar confuso cuando se trata de homónimos.

Por ejemplo, la palabra china 最高 y 最古 se escriben y pronuncian "*choego*" 최고 en coreano, pero tienen significados diferentes: "mejor" y "más antiguo". Así que cuando se presenta únicamente en hangul, es difícil distinguir la diferencia sin conocer el contexto en el que se sitúa.

Por ello, hay una corriente de pensamiento que destaca la importancia de la enseñanza del hanja y exige que se vuelva a incluir en el plan de estudios de las escuelas públicas. Aunque la decisión queda en manos de los responsables políticos, es innegable que el hanja ha sido una parte indispensable de la cultura coreana, y se prevé que siga siéndolo en el futuro.

Según un informe de la CIA publicado en 2002, toda la población coreana mayor de 15 años sabe leer y escribir, con una tasa de alfabetización del 99,2% para los hombres y del 96,6% para las mujeres. Esta increíble tasa de alfabetización refleja con exactitud la facilidad con la que se aprende el alfabeto coreano, lo que también es una gran noticia para los extranjeros que se plantean si aprender el alfabeto coreano es algo factible: la mayoría de la gente puede aprender a leer y escribir *hangul* en uno o dos días, o incluso en unas pocas horas (pero aprender la lengua hablada puede ser más difícil).

¿Qué lo hace posible? El diseño científico y la eficacia del hangul como sistema de escritura, que ha sido elogiado por lingüistas de todo el mundo, como el **Premio de Alfabetización Rey Sejong de la UNESCO**, un galardón anual que se concede a dos instituciones, organizaciones o personas "por su contribución a la lucha contra el analfabetismo", fundado en honor del Rey. Si el rey Sejong viviera hoy, estaría sonriendo de oreja a oreja al ver que su pueblo es capaz de comunicarse libre y plenamente con el alfabeto coreano que él inventó.

PREMIO UNESCO DE ALFABETIZACIÓN REY SEJONG

Un premio anual concedido a dos instituciones, organizaciones o personas "por su contribución a la lucha contra el analfabetismo".

La historia del Rey Sejong el Grande y la creación del *hangul*

Bburigipeun Namu 뿌리깊은 나무
(*Deep Rooted Tree*, 2011, SBS)

¿Quiénes son las personas que aparecen en los billetes coreanos? P. 184

¿Algún fan de **Civilization**?

El rey Sejong el Grande, sentado en el Trono del Fénix del Palacio Gyeongbokgung, es el líder de los coreanos en **Sid Meier's Civilization** V.

¿ENTONCES LOS COREANOS PUEDEN ENTENDER EL CHINO, EL JAPONÉS Y VICEVERSA?

Tras conocer el papel de los caracteres chinos como lengua franca escrita en Asia, es posible que te sientas inclinado a suponer que los habitantes de Corea, China y Japón deben ser capaces de comunicarse libremente, ya que han adoptado y utilizan los mismos caracteres chinos y disponen de un amplio vocabulario basado en ellos. Por lo tanto, si has conseguido pedir dim sum en un restaurante chino situado en Seúl, deberías ser capaz de repetir tu éxito en Tokio, y también en Pekín, ¿verdad?

La respuesta es parcialmente correcta e incorrecta. En primer lugar, es muy probable que se entiendan hasta cierto punto si intentan comunicarse a través de caracteres chinos escritos, porque los caracteres chinos, un ideograma, tienen un significado, y tiene el mismo efecto que mostrar una imagen a alguien. Por ejemplo, un coreano que viaje a China y Japón podría escribir el carácter chino 水 ("agua") y mostrárselo a un camarero en un restaurante y conseguir un vaso de agua sin problema.
Pero esta es la razón por la que he dicho "parcialmente correcto": siendo las diferencias gramaticales el factor más importante (aunque el coreano y el japonés tienen la misma estructura gramatical), la forma en que se hablan es un punto de divergencia. Para cada palabra china, hay dos formas de leerla - una es **hundok** 훈독, que representa el significado en términos nativos coreanos, y **umdok** 음독 que representa el sonido que se asemeja a la pronunciación china. Por ejemplo, el mismo carácter chino 水 ("agua"), se pronuncia *su* 수 en el coreano umdok y *mul* 물 en el hundok, mientras que es shuǐ en el chino mandarín, y *sui* すい en el japonés umdok y *mizu* みず en el hundok, lo que añade más complejidad y los diferencia aún más.

Sabiendo que incluso este carácter chino se habla de forma diferente según el lugar de procedencia, con las diferencias gramaticales, debería parecer obvio a estas alturas que comunicarse sólo pronunciando los caracteres chinos es casi imposible, aunque a veces se puede tener suerte, ya que tienen sonidos similares en los tres idiomas diferentes.

PERO VEO QUE LOS COREANOS HABLAN JAPONÉS CON FLUIDEZ EN LAS PELÍCULAS, ¿CÓMO ES POSIBLE?

Si eres un fan de las películas y dramas históricos coreanos que tienen como telón de fondo los tumultuosos tiempos del Período Tardío de Joseon y la **Era de la Ocupación Japonesa** (1897-1945), como *Mr. Sunshine* (tvN, 2018), *Miljeong* 밀정 (La era de las sombras, 2016) y *Amsal* 암살 (Asesinato, 2015), te habrás dado cuenta de que los personajes coreanos parecen perfectamente capaces de comunicarse con personajes japoneses en un japonés fluido, lo que podría haberle llevado a preguntarse si los coreanos son de algún modo bilingües por naturaleza o si los dos idiomas son compatibles entre sí, posibles de alternar a capricho como una chaqueta reversible, sin requerir ningún esfuerzo adicional en la traducción; ambas son especulaciones muy razonables.

La razón de la fluidez bilingüe de los personajes coreanos en las películas se debe al hecho histórico de que los imperialistas japoneses obligaron a los coreanos a aprender su idioma en la escuela e incluso a convertir sus nombres coreanos nativos al estilo japonés durante **la ocupación japonesa (1910-1945).**

Incluso hoy en día, una parte importante de la población coreana, especialmente los nacidos durante la época de la Ocupación, puede mantener una conversación en japonés, algo que les ha quedado muy arraigado. Pero si nos acercamos a la Corea actual, sólo los que deciden aprenderlo saben hablar japonés, y los coreanos tienen muchas más probabilidades de saber inglés que japonés, ya que forma parte del programa escolar. El coreano y el japonés son dos lenguas distintas, tanto habladas como escritas, y no es posible comunicarse directamente sin la ayuda de un diccionario o un traductor.

La ocupación japonesa (1910-1945) P. 197

Para un coreano medio, sin embargo, el idioma japonés es probablemente la
lengua extranjera más fácil de aprender, gracias a las similitudes
encontradas en su estructura gramatical (sintaxis y morfología) y en su
pronunciación. Sin embargo, la triste historia tuvo un impacto en el idioma
coreano que aún perdura: una cantidad considerable de vocabulario y
expresiones japonesas (etiquetadas como "los vestigios del imperialismo
japonés" por los coreanos) han pasado a formar parte del idioma coreano, y
se siguen utilizando hoy en día sin que el pueblo coreano lo sepa. Pero,
irónicamente, ayudan a los coreanos a aprender japonés con relativa
facilidad (¡no es necesario memorizar una palabra nueva!).

Mr. Sunshine (tvN, 2018)

¿POR QUÉ LOS GRUPOS DE K-POP TAMBIÉN SACAN DISCOS EN JAPONÉS?

Una cosa que hace que ir a una heladería sea especialmente emocionante es la
variedad: puedes elegir entre un amplio espectro de sabores y disfrutar de
varios sabores al mismo tiempo si así lo decides. Pues bien, eso es lo que
hacen también muchos grupos de K-Pop: la mayoría de las veces vienen con
dos sabores: ¡coreano y japonés! Y esto plantea una duda que los fans del K-
Pop de todo el mundo se preguntan con mucha frecuencia: ¿Por qué los grupos
de K-Pop publican también álbumes en japonés?

Amsal 암살 (*Asesinos*, 2015)

Sin embargo, si analizamos el asunto desde una perspectiva comercial, la
respuesta parece obvia: con poco más de 51 millones de habitantes, Corea del
Sur no es un gran mercado, en comparación con China (1.400 millones) y
Japón (126,5 millones), por esa misma razón muchos grupos de K-Pop buscan
constantemente una oportunidad para ampliar su popularidad fuera de su
mercado nacional.

Teniendo en cuenta las cifras, podría parecer que ir a China es el camino a
seguir (¡imagina cuánto dinero podrías ganar si todo el mundo en China
comprara algo tan trivial como un palillo!), pero, de nuevo, el chino
(mandarín) no es algo que los coreanos puedan aprender en poco tiempo. Por
otro lado, Japón (aunque políticamente son como el perro y el gato, se las
arreglan para mantener una relación amistosa a través del intercambio cultural
civil), está convenientemente situado a unas pocas horas de vuelo de Corea, y
combinado con la relativa facilidad ("relativa" porque lo es en comparación

Miljeong 밀정
(*El imperio de las sombras*, 2016)

con otros idiomas, y sigue sin ser algo que se pueda conseguir de la noche a la mañana y todavía
llevaría semanas y semanas de duro estudio y dedicación) de aprender el idioma japonés, hace que
Japón sea un mercado extremadamente atractivo que también está cómodamente al alcance.

Sencillamente, para los grupos de K-Pop que buscan ampliar su presencia fuera de Corea (más fuentes
de ingresos), es más realista y razonable desde el punto de vista financiero probar suerte primero en
Japón. Los veteranos del K-Pop ya lo han probado y se han dado cuenta de que se recibe mejor cuando
las cosas (promociones, publicidad, conexión con los fans locales y demás) se hacen en su idioma
nativo, incluidos los álbumes. Además, el éxito en el mercado japonés, más grande e internacional,
podría ayudarles a ganar aún más atención en todo el mundo. Eso explica por qué los álbumes de K-
Pop tienen dos sabores, y es algo que un fan del K-Pop definitivamente disfrutaría.

HISTORIA DEL KIMCHI

EL KIMCHI Y LOS COREANOS SE REMONTAN A MUCHO TIEMPO ATRÁS!

Esta guarnición fermentada, ácida y picante, es una parte inseparable del estilo de vida coreano, hasta el punto de que lo consideran parte de su identidad (diablos, hasta lleva "Kim"). Según los estudios que rastrean el origen del kimchi, nuestra camaradería se remonta a **El periodo de los tres reinos** (57 a.C. a 668 d.C.), cuando se encontraba en su forma primitiva como verdura encurtida optimizada para su almacenamiento a largo plazo. En esa época, su nombre era *ji* 지, que significa "encurtido", y durante los primeros años de la dinastía Joseon (1392-1897), se llamó primero *chimchae* 침채 y *timchae* 팀채, que significa literalmente "sumergir las verduras (bajo el agua salada)", y más tarde se convirtió en *dimchae* 딤채 . Finalmente, se cree que evolucionó a *kimchae* 김채 por palatalización, y finalmente se convirtió en *kimchi*.

EL KIMCHI SOLÍA SER BLANCO

Ahora bien, ¿de qué color es el kimchi? Bueno, si has dicho que es rojo (¿quién no lo diría?), debe ser porque el tipo de kimchi que encontramos con más frecuencia es el *baechu* 배추 rojo picante (antes se llamaba col de Napa, pero últimamente es más frecuente llamarlo kimchi) y el *kkakdugi* 깍두기 (kimchi de rábano en cubos). Como habrá adivinado, este icónico color rojo proviene del *gochugaru* 고추가루 (chile en polvo o pimiento rojo en polvo) que se utiliza abundantemente como condimento.

Acostumbrado a este llamativo color rojo, puede que te sorprenda el hecho de que el kimchi no fuera tan picante antiguamente. No fue hasta finales del siglo XVI o principios del XVII cuando se introdujo en Corea este ingrediente, ahora omnipresente. En cuanto a cómo llegó el chile a la península coreana, hay muchas teorías con explicaciones convincentes, pero una de las ideas más aceptadas es que fueron los japoneses quienes lo trajeron durante sus fallidos intentos de invasión en 1592-1598. Y, curiosamente, se consideró tóxico durante unos 200 años y no pudo ganarse un lugar en la cocina.

Sólo a principios del siglo XIX los coreanos empezaron a incorporarlo como uno de los ingredientes principales, y con la invención del *tong baechu* 통배추 (col entera) kimchi a principios del siglo XX, empezó a parecerse a los que vemos hoy en día (hasta entonces, el *mu* 무 (rábano) era el ingrediente más popular).

INCLUSO HAY UN MUSEO PARA EL KIMCHI

Creado en 1986 con la misión de "mostrar diversos aspectos e
historias del *kimchi* y permitir a los visitantes sentirlo,
experimentarlo y disfrutarlo", el **Kimchikan 김치간** fue
seleccionado por la CNN como "uno de los 11 mejores museos de
la alimentación del mundo". Consta de una sala de prensa, una
tienda de recuerdos y salas de exposición especiales. Entre todas,
su programa de experiencia en la elaboración de *kimchi* parece
divertido. (visite www.kimchikan.com para más información)

¿CUÁNTAS VARIEDADES DE KIMCHI HAY?

Según las investigaciones, el *kimchi* puede dividirse según los 1)
ingredientes principales 2) forma 3) otros ingredientes
complementarios. Existen más de 200 variedades diferentes de
kimchi, y es interesante ver que los *kimchi* de las distintas regiones
del país reflejan sus características regionales. Por ejemplo, en **la
isla de Jeju**, el kimchi elaborado con abulón se ha convertido en una especialidad local, mientras que los residentes
de la provincia de Jeollado han estado elaborando kimchi con chile, jengibre y yuja (cidra), ingredientes que
abundan en la zona.

KIMCHI - ELEGIDO COMO "5 ALIMENTOS MÁS SALUDABLES" POR LA REVISTA HEALTH, PERO ¡DEMASIADO DE ALGO BUENO PUEDE HACERTE ENFERMAR!

En marzo de 2006, el orgullo de los coreanos por el *kimchi* se disparó cuando la revista Health lo incluyó entre los
5 alimentos más saludables del mundo, junto con el yogur, las lentejas, el aceite de oliva y la soja. El *kimchi* fue
elogiado por ser rico en fibra dietética, vitaminas A, B y C, además de aportar lactobacilos (también conocidos
como "bacterias saludables") que se sabe que ayudan a la digestión. Además, un estudio reciente sugiere que puede
prevenir el crecimiento del cáncer. Pero no destapes todavía el tarro de *kimchi*: consumirlo en exceso puede tener
consecuencias negativas para la salud: un estudio sugiere que el *kimchi* y otros alimentos picantes y fermentados
pueden estar relacionados con el desarrollo de cáncer gástrico, el tipo de cáncer más común entre los coreanos. Así
que disfruta del *kimchi*, pero no te excedas en su consumo, ya que demasiado de algo bueno puede hacer enfermar a
cualquiera.

LOS COREANOS LLEVAN EL KIMCHI A TODAS PARTES, ¡INCLUSO AL ESPACIO!

Cuando digo en todas partes, quiero decir en todas partes. En plena guerra de Vietnam, en la década de 1960, las
tropas surcoreanas (unidas como aliadas de Estados Unidos) se sentían nostálgicas, miserables y con la moral baja.
Park Chung-hee, el entonces presidente de Corea del Sur, se dio cuenta de que proporcionarles un suministro
ininterrumpido de *kimchi* mitigaría el dolor y les devolvería el valor. Así que escribió una carta a Lyndon B.
Johnson, el entonces presidente de los EE. UU., explicando lo que el *kimchi* significa para las tropas surcoreanas y
cómo está directamente relacionado con su espíritu de lucha. Johnson lo entendió y estableció un suministro directo
de kimchi enlatado al campo de batalla. Cinco décadas después, Corea envió al espacio al primer astronauta, **Yi So-
yeon**. ¿Y adivina qué? Los científicos surcoreanos crearon un "kimchi espacial" especial, bajo en calorías, rico en
vitaminas y sin bacterias (aunque en la Tierra son esenciales para que se produzca la fermentación, temían que los
rayos cósmicos pudieran mutarlas), y se lo llevó al espacio. No te preocupes: los científicos también encontraron la
forma de reducir el penetrante olor del *kimchi* a un tercio o a la mitad, manteniendo el sabor. Fue el momento en
que el kimchi se hizo global, bueno, universal, más bien.

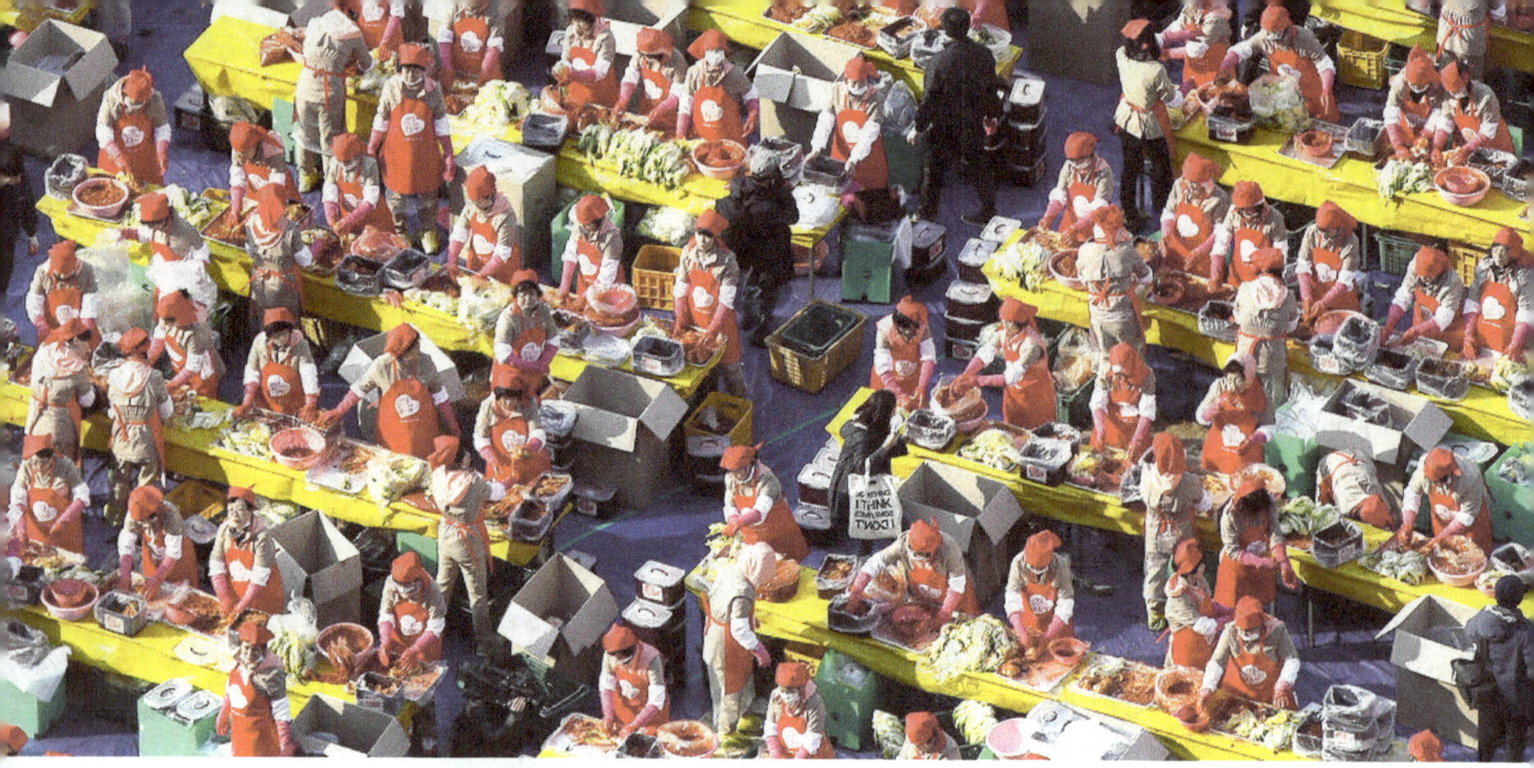

"2014 Seoul Kimchi Making & Sharing Festival" por Republic of Korea

(flickr.com/photos/koreanet), CC BY 2.0 (creativecommons.org/licenses/by/2.0/)

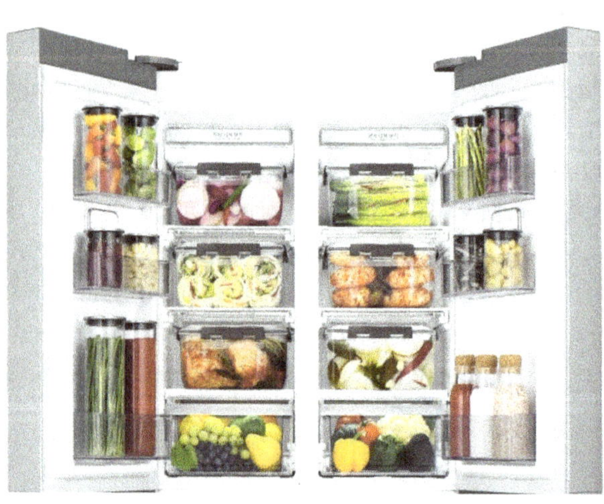

KIMJANG - PATRIMONIO CULTURAL INMATERIAL DE LA UNESCO

Entre todas, la mayor razón por la que los coreanos se sienten emocionalmente unidos al kimchi debe ser el ***kimjang* 김장**, la tradición de hacer y compartir grandes cantidades de kimchi para asegurarse de que cada hogar tenga suficiente para pasar el invierno, ya que el kimchi es una importante fuente de nutrición durante los días fríos en los que escasean los alimentos. Tiene lugar entre finales de noviembre y principios de diciembre, cuando la temperatura media diaria se mantiene por debajo de los 4 grados centígrados (39 grados Fahrenheit) con las mínimas por debajo de los 0 grados centígrados (30 grados Fahrenheit) - Si la temperatura es demasiado alta, el *kimchi* fermenta demasiado rápido, y si es demasiado baja, se congela y puede volverse agrio. Esta labor tan intensa une a los coreanos porque implica a familias, parientes e incluso comunidades, y comparten actividades que incluyen el lavado, la salazón y el condimento de las verduras. Una vez terminadas, se almacenan en frascos de barro en la tierra enterrados justo hasta el nivel del cuello para evitar que el contenido se congele. Como puedes ver, el *kimjang* es una práctica colectiva que refuerza la identidad coreana a la vez que ofrece la oportunidad de comprender la importancia de compartir y vivir en armonía con la naturaleza, la misma razón por la que la UNESCO lo reconoció como patrimonio cultural inmaterial en 2013.

Dimchae de **Winia**

REFRIGERADOR DE KIMCHI - EL KIMCHI ES CIENCIA

Heredero de la apreciada cultura del *kimjang* que acabamos de conocer, el "refrigerador de kimchi" se ha convertido en un electrodoméstico básico en los hogares coreanos. Así es, ¡hay un refrigerador hecho sólo para el *kimchi*! Al principio, la idea de tener una nevera dedicada al *kimchi* además de lo que ya tienes en la cocina puede no tener mucho sentido, pero cuando veas la ciencia que hay detrás, asentirás con

la cabeza. En primer lugar, sus funciones no se limitan a mantenerlo frío para evitar que se estropee. Se trata más bien de una sofisticada máquina programada para emular con precisión el entorno óptimo para almacenar y fermentar el *kimchi*. Están diseñados para satisfacer los requisitos específicos de almacenamiento y los procesos de fermentación propios de muchos tipos diferentes de *kimchi*, ya que proporcionan una temperatura más fría y constante, así como más humedad y menos movimiento de aire que un frigorífico convencional, lo que elimina la necesidad de enterrarlos en tarros en el suelo. Por ello, el refrigerador de *kimchi* es un buen ejemplo de cómo las tradiciones evolucionan con el avance de la tecnología.

LOS COREANOS CONSUMEN ESTA CANTIDAD DE KIMCHI ANUALMENTE

¿Cuánto kimchi consumen los coreanos? En la mesa de una típica familia coreana, el kimchi tiene su propia plaza de aparcamiento reservada, ya que la mayoría de la gente lo come con todas las comidas, y se observa con bastante frecuencia la duplicación de la dosis. Por ejemplo, poner kimchi encima de una cucharada de kimchi bokkeumbap 김치볶음밥 (arroz frito) que ya tiene kimchi como ingrediente principal es una práctica muy común (piense en mojar una barra de helado de chocolate en jarabe de chocolate).

Según las estadísticas publicadas en 2013, un surcoreano medio consume unas 48 libras (22 kg) de kimchi al año. Y para comparar, el plato grande de pesas del gimnasio pesa 3 libras menos, 45 libras.Lo interesante aquí es que la cifra en realidad refleja una tendencia a la baja en el consumo de kimchi, principalmente debido a un cambio en sus hábitos alimenticios. A medida que los coreanos se preocupan más por su salud, la importancia de adoptar una dieta baja en sodio en su estilo de vida ha sido una nueva tendencia, y naturalmente, la gente comenzó a reducir el consumo de kimchi, un alimento con alto contenido de sodio.

Además, los jóvenes, cuyas papilas gustativas están bien acostumbradas a la comida occidental, ya no ven al kimchi como su mejor amigo. Pero, de nuevo, eso no significa que el kimchi vaya a perder el trono: los coreanos siempre seguirán apegados al kimchi, tanto física como mentalmente. Por ejemplo, muchos coreanos, incluso las generaciones más jóvenes que han estado viajando al extranjero durante un largo periodo de tiempo sin comer comida coreana, encontrarán ese misterioso "antojo de kimchi" que se forma en su interior y que les impulsa a buscar el restaurante coreano más cercano.

Llegados a este punto, te estarás preguntando cómo hacen los coreanos para calmar su "antojo de kimchi" cuando están fuera de casa, especialmente en lugares donde no hay restaurantes coreanos. Pues bien, se lo llevan a todas partes.

DESDE HACER UNA REVERENCIA HASTA RECIBIR COSAS CON LAS DOS MANOS, ¿POR QUÉ LOS COREANOS HACEN LO QUE HACEN?

¿Eres usuario de PC o de Mac? Por fuera, todos los ordenadores son bastante parecidos: todos tienen una placa base, una memoria RAM, un disco duro, un teclado, un ratón... y muchas cosas más, pero lo que los hace diferentes entre sí es lo que hay en el interior: el software, o el sistema operativo que gobierna el aspecto general del ordenador. Y cuando se trata de la civilización humana, puede decirse lo mismo. Aunque estamos compuestos por las mismas partes, es la filosofía nacional inculcada a las personas lo que diferencia a unos de otros, como el sistema operativo de un ordenador. En Asia Oriental, los países que pertenecen a la llamada "Sinosfera", o "esfera cultural de carácter chino", una agrupación de países influenciados por la cultura china, adoptaron el confucianismo, o *yugyo* 유교 en coreano, como su filosofía principal. Desarrollados por el filósofo chino Confucio, los principios fueron aceptados como un sistema esencial de ética y códigos morales, y han sido la columna vertebral de la sociedad, sirviendo de base para una amplia gama de campos, incluyendo el sistema nacional, la política, la filosofía, así como la ley y el orden. En pocas palabras, no es sólo una filosofía sino una civilización en sí misma. Y la mayor razón por la que se prefirió como ideología de gobierno es que valora la jerarquía, la obediencia, la piedad filial y la lealtad, un conjunto perfecto de ingredientes necesarios para dirigir un gobierno centralizado. Entre estos países, Corea abrazó el yugyo más que ningún otro, adoptando el concepto fundamental del confucianismo ya en el **Período de los Tres Reinos** (57 a.C. - 668 d.C.), y alcanzando su cenit durante la **Dinastía Joseon** (1392-1897). Vivían según las enseñanzas y las consideraban sagradas. Ahora que hemos cubierto la información de fondo, vamos a aprender lo que son, ya que obtendrás mucha información para entender por qué los coreanos hacen lo que hacen.

¿Qué es el Período de los Tres Reinos? P. 170

SAMGANG ORYUN 삼강오륜 (TRES PRINCIPIOS CARDINALES Y CINCO NORMAS ÉTICAS)

Término *yugyo* que se refiere al código de ética y prácticas que deben observarse entre el rey y el súbdito, los padres y los hijos, el marido y la mujer, los adultos y los niños, y los amigos.

Tres principios cardinales

1.*Gunwishingang* 군위신강 (君爲臣綱):
Se centra en la lealtad. Es fundamental para un súbdito servir a su rey.

2.*Buwijagang* 부위자강 (父爲子綱):
Se centra en la piedad filial hacia los padres. Es fundamental que un hijo sirva a su padre.

3.*Buwibugang* 부위부강 (夫爲婦綱):
Se centra en la fidelidad al marido. Es fundamental que la esposa sirva a su marido.

Los esfuerzos de modernización en el siglo XIX hicieron que el orden yugyo existente se derrumbara considerablemente porque los reformistas coreanos culpaban a las costumbres yugyo de quedarse atrás con respecto a otros países avanzados, y las consideraban un gran obstáculo para el crecimiento de la sociedad coreana. Algunas de ellas son:

Cinco normas éticas

1.*Bujayuchin* 부자유친 (父子有親):
Debe haber intimidad entre padres e hijo.

2.*Gunshinyueui* 군신유의 (君臣有義):
Debe haber un sentido de rectitud entre el rey y sus súbditos.

3.*Bubuyubyeol* 부부유별 (夫婦有別):
Debe haber una distinción entre marido y mujer.

4.*Jangyuyuseo* 장유유서 j(長幼有序):
Debe haber orden entre un adulto y un niño.

5.*Bunguyushin* 붕우유신(朋友有信):
Debe haber fe entre amigos.

Jerarquía estricta: La dificultad para cuestionar a los superiores supone la pérdida de oportunidades de posibles innovaciones/mejoras y la ralentización de los procesos de toma de decisiones.

Despreciar el comercio y favorecer a los eruditos: La falta de respeto por el trabajo manual y las actividades comerciales y materialistas frenaron el progreso en el campo de las ciencias naturales.

Sociedad patriarcal: Desigualdad de género que lleva a limitar las oportunidades profesionales de las mujeres y a un equilibrio desigual de las responsabilidades domésticas.

Preferir los lazos familiares/personales a la legalidad formal: El nepotismo, el faccionalismo y el regionalismo conducen a la corrupción.

Colectivismo: Priorizar el interés de un grupo en detrimento del individual.

Por esta razón, en la Corea actual, *yugyo* también tiene una connotación negativa de algo anticuado. Pero al igual que los sistemas operativos que mejoran a través de constantes actualizaciones y parches, los coreanos también han mantenido eficazmente una sociedad construida sobre los valores fundamentales del *yugyo* a través de la aceptación y la realización de los cambios necesarios. Veamos algunos ejemplos de las cosas únicas que hacen los coreanos y que se basan en las costumbres del *yugyo*.

남녀칠세부동석 NAMNYEOCHILSEBUDONGSEOK

"Un niño y una niña no deben sentarse
juntos después de haber cumplido los 7 años"

Estás viendo un drama coreano de "salto en el tiempo". Esta vez, Seho, un chico de la Corea actual, es absorbido accidentalmente por un portal del tiempo. Horas después, se encuentra en la era de la Dinastía Joseon. Mientras lucha por volver, encuentra a una hermosa chica de su edad y comienzan a desarrollar sentimientos mutuos. Cuando Seho se anima a cogerle la mano en medio del mercadillo, ella se apresura a quitársela, diciendo: "¡Me han enseñado que un chico y una chica no deben sentarse juntos después de los 7 años!" y la cámara enfoca la cara de Seho, que se ha puesto muy roja.

Este cliché se basa en la noción *yugyo* **namnyeoyubyeol** 남녀유별 男女有別 ("Debe haber una distinción entre lo masculino y lo femenino") que dicta las diferencias en los deberes, los roles y el espacio entre los géneros. De la idea se desprende el ***namnyeochilsebudongseok*** **남녀칠세부동석 男女七歲不同席** - "Un niño y una niña no deben sentarse juntos después de haber cumplido los 7 años", lo que algunos argumentan que el significado original era que un niño y una niña mayores de 7 años no compartieran la misma cama, pero sea cual sea la opción que elijas, su propósito era idéntico: solidificar los roles de género, no para crear una desigualdad de género, sino para reforzar las responsabilidades sociales y domésticas para que la sociedad pueda mantener su estructura. Tal y como se muestra en los K-dramas actuales, la idea parece sin duda muy anticuada: las parejas jóvenes coreanas no tienen miedo de mostrar su afecto en público, aunque la generación de sus padres todavía lo encontraría incómodo y levantaría una ceja. Si pudiera elegir entre las dos versiones de Corea, ¿cuál elegiría?

¿POR QUÉ LOS COREANOS TE PREGUNTAN TU EDAD EN EL PRIMER ENCUENTRO?

Si es la primera vez que conoces a alguien en Corea, no te asustes si te preguntan tu edad en el primer encuentro.

Aunque preguntar directamente la edad de alguien puede ser muy personal e incluso ofensivo, hay una buena explicación para este hábito. Como ya hemos dicho, la sociedad coreana basada en el yugyo es estrictamente jerárquica y pone un fuerte énfasis en las funciones y responsabilidades de la persona mayor de cuidar al menor en la relación, mientras que se espera que el menor muestre respeto y disciplina hacia el mayor a cambio. De ahí que la pregunta "¿Cuántos años tienes?" sea crucial para calibrar y determinar cómo se va a interactuar con la nueva persona. Una de las mayores ventajas de salir con amigos coreanos mayores es que a menudo insisten en pagar tu comida.

A cambio, puedes mostrarte respetuoso poniendo los cubiertos y llenando los vasos de agua (muchos restaurantes coreanos informales tienen un sistema de "autoservicio" en el que tú tienes que hacer el montaje de la mesa).
Y siempre hay personas malintencionadas que intentan abusar del sistema: llegan a mentir y exagerar su edad para intentar tener ventaja en la relación, pero a menudo se descubre al toparse con un amigo común que tiene la misma edad. Otro cliché de los K-dramas.

¿POR QUÉ ME HACEN UN AÑO, O INCLUSO DOS, MÁS VIEJO CUANDO ATERRIZO EN SUELO COREANO?

En cuanto llegas a Corea, eres inmediatamente un año, o dos, mayor.

Y no, la puerta corredera por la que acabas de salir en el Aeropuerto Internacional de Incheon no era un portal de viaje en el tiempo. Averigüemos las razones de esta ciencia loca, pero prepárate porque hay TRES métodos diferentes para contar la edad en Corea.

¡Primero! Se llama *man-nai* 만나이 (*man* significa "completo" y *nai* "edad"). Como habrás adivinado, sólo se envejece un año cuando ha pasado un año completo o 12 meses, o 365 días desde el último cumpleaños. Así es como cuentan la edad la mayoría de los países, así que llamémosla "edad internacional"

Lo siguiente es *seneun-nai* 세는 나이 (*seneun* significa "contar" y *nai* "significa "edad"), por lo que literalmente significa "edad contada". Así es como funciona. En primer lugar, se tiene un año nada más nacer y cada año se envejece un año más. Este método de conteo es único en Corea, por lo que los extranjeros lo llaman "edad coreana". Pongamos esto en perspectiva.

Supongamos que has nacido el **31 de diciembre de 2019**. El primer día de tu vida, eres

- man nai - 0 años
- seneun nai - 1 año (tienes 1 año nada más nacer)

Un día después, es un nuevo año. El **1 de enero de 2020**, eres

- man nai - todavía de 0 años
- seneun nai - de 2 años (se envejece un año con el cambio de año)

En tu primer cumpleaños, el **31 de diciembre de 2020**, eres

- man nai - finalmente 1 año
- seneun nai - todavía 2 años (los cumpleaños no suman un año)

De nuevo, con el cambio de año un día después, el **1 de enero de 2021**, eres

- man nai - todavía de 1 año
- seneun nai - de 3 años (se envejece un año con el cambio de año)

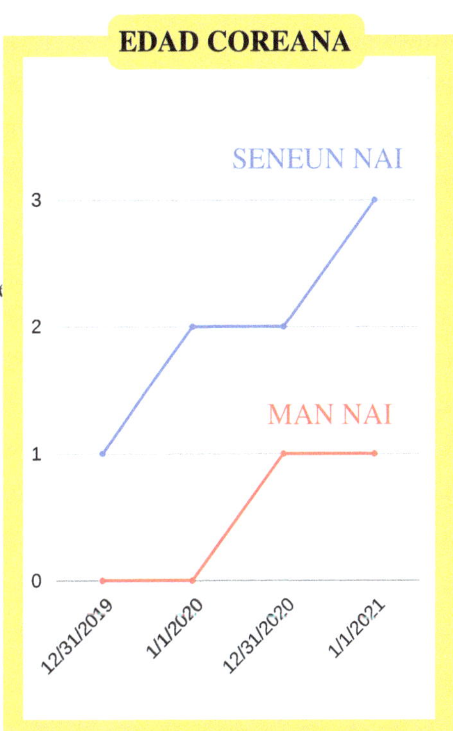

¡Como puedes ver, los dos bebés nacidos exactamente en la misma fecha pueden tener una diferencia de edad de hasta 2 años! No es una buena noticia para quienes son sensibles a su edad y, desde un punto de vista práctico, no es una ventaja sino una desventaja, porque poner en el mismo rango a un bebé de 1 mes y a otro de 11 meses o a un bebé de 13 meses y a otro de 23 meses no es justo teniendo en cuenta la diferencia que supone un día para los bebés. Entonces, ¿de dónde procede esta práctica? Hay varias teorías sobre el origen de la "**edad coreana**". Algunos afirman que reconocer al feto como un ser humano es el reflejo de la perspectiva humanista de los antepasados, mientras que otros sostienen que es sólo un sistema basado en el calendario lunar.

Aunque no hay datos históricos que permitan dar una respuesta definitiva, una cosa es segura: este método se utilizó ampliamente no sólo en Corea, sino también en muchos otros países de Asia. China, Japón, Vietnam y Mongolia fueron algunos de ellos, pero el sistema hace tiempo que se abolió, excepto en Corea.

Pero aquí hay una sorpresa: en Corea, el man nai, o la "edad internacional", es en realidad el único método legal para contar la edad, pero el seneun nai está tan profundamente arraigado en la vida cotidiana de los coreanos, que es extremadamente difícil prohibir su uso. En 1962, cuando Corea pasó del tradicional Año Dangun (que lleva el nombre del legendario fundador de **Gojoseon 고조선**, el primer reino coreano) al sistema de Año Domical (occidental), el gobierno ordenó la regla del man nai solamente, pero sin éxito.

Bien, hasta aquí llegó el tema. Hablemos ahora del tercer tipo. Llamado *yeon nai* **연나이** (*yeon* significa "año" y *nai* significa "edad"), se refiere al recuento de la edad restando tu año de nacimiento del año actual.

Este método se utiliza como norma para algunas leyes, como la **Ley de Protección de Menores y la Ley de Servicio Militar**. Por ejemplo, independientemente de tu fecha de nacimiento, si naciste en 2001, tienes 19 años el 1 de enero de 2020. Se utiliza por la comodidad que proporciona. Al agrupar a todo el mundo por el año, es más fácil ver si alguien cumple ciertos criterios.

Aunque más opciones son mejores en muchas situaciones, la coexistencia de múltiples sistemas de cómputo de la edad no es del todo así. De hecho, da lugar a elevados costes sociales y a frecuentes errores administrativos, por no hablar de la molestia que supone tener que hacer un esfuerzo adicional para saber a qué edad se refiere uno cuando se conoce a la gente por primera vez.

Acabamos de aprender que la edad determina la jerarquía relativa entre las personas y la forma en que se relacionan entre sí, pero hay algo más que debe ajustarse: la forma en que se hablan. Si ves K-dramas, te habrás dado cuenta de que los coreanos utilizan diferentes formas de hablar en distintas situaciones, pero puede que te resulte difícil entender del todo lo que ocurre porque todos los matices sutiles tienden a perderse en la traducción, dejándote con la duda: "Vale... ¿Por qué el marido habla de manera informal a su mujer mientras ella habla de manera extremadamente formal?", "Todos parecen tener la misma edad, pero ¿por qué unos hablan formalmente a otros y otros no?".

Para empezar, hay dos tipos principales de habla. *jondaetmal* 존댓말 ("habla educada/formal", que suele terminar en ~yo, ~nida, ~kka?) se utiliza cuando se habla con alguien mayor, de mayor rango, con extraños y con cualquier persona que no sea cercana (incluso si son de la misma edad), pero también se puede utilizar con alguien mucho más joven, como un niño de primaria, y con alguien de menor rango, como un interno de secundaria, si se decide ser formal y educado, y mostrar respeto. Existe un concepto similar en otros idiomas, como "tu vs. usted" en español y los honoríficos utilizados en japonés, pero el sistema coreano es mucho más complicado porque implica una miríada de honoríficos entre los que elegir, diferentes pronombres personales que se "suben" y "bajan", así como las raíces de los verbos que cambian constantemente, dependiendo de la persona con la que se habla, y a veces es bastante confuso también para los hablantes nativos de coreano.

Por el contrario, *banmal* 반말 ("habla informal/casual,) significa literalmente "habla a medias", y de hecho requiere menos palabras para transmitir el mismo mensaje (por ejemplo, "¿Me da un perrito caliente, por favor?" frente a "Deme un perrito caliente"). De ahí la expresión coloquial: "Tu discurso es cada vez más corto". Es una forma indirecta de decir: "Oye, ¿estás dejando de lado las formalidades conmigo?". El bánamo se puede utilizar cuando se habla con alguien más joven, de la misma edad que tú, de menor rango, o con cualquier persona con la que hayas desarrollado una sensación de cercanía e intimidad.

Ahora, presta atención a cómo he dicho que se puede usar: sólo porque seas mayor o tengas un rango superior no te da automáticamente el derecho a "dejar el *jondaemal*". Un hombre de carácter pediría primero permiso para cambiar al discurso informal del banmal, no para ofender a la otra persona. La mayoría de las veces, la otra persona aceptará de buen grado la petición. Algunos creen que tienen derecho a saltarse el proceso recomendado y pasar directamente a la banalización, pero esto puede considerarse grosero e incluso condescendiente, lo que a veces lleva a una pelea en toda regla. En otros casos, los coreanos son directos con el momento de abandonar la formalidad: en un momento en el que han desarrollado suficiente cercanía, o por conveniencia cuando se dan cuenta de que tienen la misma edad, se puede proponer "bajar el discurso", o "dejar el *jondaetmal*".

En pocas palabras, el *jondaetmal* se utiliza para mostrar respeto y cortesía y crea una barrera psicológica o distancia social porque lleva incorporados sentimientos restrictivos, mientras que el *banmal* libera al hablante, por lo que el banmal indica amabilidad e intimidad y acerca a las personas. Notar qué forma se utiliza dice mucho sobre una relación particular, así que presta especial atención cuando se hacen cambios, ya que indican un cambio en la relación subyacente.

Veamos un ejemplo de un drama K. Youngho y Sumi trabajan en la misma empresa y sintieron una conexión instantánea y se sintieron irresistiblemente atraídos el uno por el otro cuando se conocieron. Al no querer arriesgar su carrera profesional, deciden mantener la profesionalidad y la distancia hablándose en jondaetmal. Pero cuanto más lo intentan, más difícil se hace: Youngho, que ya no puede contener sus emociones, se empapa de soju y se presenta en casa de Sumi, y Youngho la sorprende dejando caer el ***jondaetmal*** y hablándole en ***banmal***. Youngho, sintiéndose liberado, quiere desahogarse y le habla de los sentimientos que tiene hacia ella y le dice que quiere estar en plan banal con ella, como cualquier otra pareja. Sumi asiente en señal de aceptación, y son oficiales. Por supuesto, también puede funcionar al revés. Es el décimo aniversario de Youngho y Sumi. En lugar de soplar velas y beber vino, están de pie frente al tribunal de divorcio en Seúl. Deben haberse distanciado y han decidido tomar caminos distintos. Youngho dice: "Sumi... ¿Estás segura de que quieres hacer esto?", y Sumi responde: "Por supuesto, Sr. Kim, eso es lo que acordamos, ¿no?". Todos podemos ver cómo Sumi vuelve a usar el ***jondaetmal*** a Youngho, y eso significa que Sumi quiere mantener las distancias con él.

También es interesante saber que las jerarquías sociales se reproducen y mantienen totalmente a través de la lengua hablada, pero algunos críticos dicen que es lo que crea la brecha generacional en la sociedad coreana. Un ejemplo: Guus Hiddink, el entrenador holandés que se hizo cargo de la selección coreana de fútbol durante la Copa Mundial de la FIFA 2002 y llevó al equipo a las semifinales, señaló que la fuerza motriz de ese logro sin precedentes fue el desmantelamiento de la estricta jerarquía entre los jugadores, que, en su opinión, impedía a los más jóvenes realizar jugadas creativas en el campo. Ordenó a todos "dejar el ***jondaetmal***" y llamarse por el nombre de pila, poniendo a todos en pie de igualdad para crear un ambiente de igualdad y solidaridad, ¡y funcionó!

JERARQUÍAS SOCIALES REPRODUCIDAS

¿Qué pasa con los miembros de la familia? Muchas familias permiten que los niños hablen en ***banmal*** con sus padres, mientras que muchas otras aplican una estricta norma interna que exige que los niños hablen con los padres en ***jondaetmal***, pero suelen cambiar al ***jondaetmal*** cuando crecen. Entre marido y mujer, el marido suele hablar con su mujer en ***banmal***, mientras que la mujer le habla en ***jondaetmal***, pero es sobre todo porque los maridos suelen ser mayores que la mujer. Algunos maridos y esposas, por supuesto, optan por hablarse en ***jontdaetmal***, independientemente de la diferencia de edad. Las opciones están ahí, y tú eres quien debe elegir.

¿Por qué los coreanos prefieren dirigirse a alguien por su título y no por su nombre?

En dramas laborales coreanos como **Misaeng: Incomplete Life 미생** (2014, tvN), todos se dirigen a los demás utilizando sus títulos, como 김 과장 (kim *gwajang*) Director de Sección Kim, 최 부장 (choi *bujang*), Director General Choi, en lugar de sus nombres. Junto con el jondaetmal y el banmal, los apelativos eran otra forma que utilizaban los coreanos para mantener las jerarquías sociales en la lengua hablada. En la sociedad coreana tradicional, basada en el yugyo, se consideraba de mala educación llamarse por el nombre, por no hablar de que una persona más joven que llamara a otra mayor por su nombre era un gran tabú. Por esta razón, las personas mayores también mostraban respeto hacia los varones adultos más jóvenes dirigiéndose a ellos con *jane* 자네 (una forma formal de "tú"). Y muchos hombres adultos, especialmente los eruditos, tenían un *ho* 호, un seudónimo o alias utilizado en lugar de un nombre de pila. En el caso de las mujeres adultas, se utilizaba *daek* 댁, un sufijo utilizado para indicar una mujer casada que proviene de esa región, o *buin* 부인, también un sufijo que indica con quién (con qué familia) está casada. Es posible que hayas visto en los K-dramas que los coreanos, aunque no sean parientes en absoluto, se llaman entre sí utilizando términos familiares como *hyung* 형 (hermano mayor), *nuna* 누나 (hermana mayor), *samchon* 삼촌 (tío), *imo* 이모 (tía), lo que hace que muchos espectadores no coreanos se pregunten si todos los coreanos son parientes entre sí. Es una forma que tienen los coreanos de mostrar su afecto y llevarse bien con los demás. Ahora, la tradición se ha transmitido, y los títulos cumplen una función importante para los coreanos que necesitan evaluar rápidamente y situar adecuadamente a las personas que conocen. En la era de la globalización, algunas empresas adoptaron la política del nombre en inglés para todos para convertir la "cultura corporativa vertical" jerárquica en "cultura corporativa horizontal".

¿CÓMO ES UNA FAMILIA COREANA?

ESTRUCTURA FAMILIAR

La familia coreana tradicional (periodo de la dinastía Joseon) ha sido una familia de tallo patrilocal, una familia grande compuesta por varias generaciones, normalmente formada por los abuelos, su hijo mayor y su esposa, y sus hijos que viven juntos bajo el mismo techo. Como Corea era una sociedad agrícola que requería mucha mano de obra, las familias con varios hijos eran la norma.

¿QUIÉN MANDA EN LA FAMILIA COREANA?

Son los varones en orden descendente de edad. La razón se debe en gran medida al sistema familiar patriarcal construido sobre dos grandes principios: el varón debe dominar a la mujer y el mayor debe dominar al menor. La importancia de tener hijos varones, ya que sólo ellos pueden continuar la línea familiar, llevó a la preferencia por los hijos varones, y las parejas sin hijos no paraban hasta tener finalmente un hijo varón, razón por la que solían existir familias de hasta seis o siete hijas mujeres con el hijo varón más joven.

Entre los hijos varones, el mayor, *jangnam* 장남, era considerado el pilar principal de la familia y recibía un trato preferente. Podía heredar la mayor parte de los bienes de la familia, si no todos, y tenía la mayor voz en la toma de decisiones, un cliché de los K-dramas en el que los hijos varones más jóvenes se quejan al padre anticuado por el injusto reparto, diciendo "¿es *jangnam* el único hijo que tienes?". Pero las grandes ventajas conllevan grandes responsabilidades. El jangnam tenía el deber de vivir con los padres después de casarse, mientras que los hijos menores podían separarse en diferentes residencias.

Además, el jangnam era responsable de celebrar un *jesa* 제사 (servicio conmemorativo para los antepasados) tras el fallecimiento de sus padres. Por no hablar de que se esperaba que viviera junto a la tumba de los padres durante bastante tiempo después del funeral. En el caso de que no hubiera hijo, el nieto *jangson* 장손 asumía el papel de jangnam.

Hasta la dinastía Goryeo, el estatus de la mujer en la familia estaba al mismo nivel que el del hombre, pero con la adopción de los principios del yugyo, se redujo significativamente y sus funciones se limitaron principalmente al ámbito doméstico. Esto se debe principalmente a la idea de que debe haber una distinción entre lo masculino y lo femenino, lo que llevó a la segregación contra las mujeres. La idea principal del *samjongjido* 삼종지도, el código moral yugyo que especifica el estatus y el papel que la mujer solía desempeñar en la cultura yugyo antes de los tiempos modernos. "Antes del matrimonio, la mujer tiene que obedecer a su padre; después del matrimonio, a su marido; tras la muerte del marido, al hijo". Esto describe claramente el estatus/rol de la mujer durante la dinastía Joseon. Otro ejemplo es que sólo el marido podía divorciarse legalmente de su mujer, y había "siete vicios válidos que sirven de causa de divorcio", conocidos como *chilgeojiak* 칠거지악. Son la desobediencia a la familia política, la incapacidad de tener un hijo, el adulterio, los celos, las enfermedades hereditarias, la locuacidad y el robo.

Pero hay excepciones: si no tiene un lugar al que volver, o si estuvo junto durante el periodo de luto de tres años por sus suegros, o si contribuyó a la familia previamente empobrecida pero ayudó a amasar una fortuna. A pesar de su estatus inferior y sus limitadas funciones, eran objeto de reverencia y respeto. Como esposa, se encargaban de las finanzas familiares y de los asuntos domésticos, y como madre, de la educación de sus hijos.

Las niñas no recibían una educación yugyo sistemática, pero el contenido de su educación se centraba en la interiorización de las virtudes *yugyo* concedidas a las mujeres. Al mismo tiempo, aprendían su papel de mujer mediante el aprendizaje de tareas domésticas como el tejido desde una edad temprana. Desde la infancia, los niños y las niñas tenían procesos educativos y roles diferentes.

Los tiempos han cambiado y la sociedad coreana también. Lo que durante mucho tiempo se ha considerado como la norma social se considera ahora como algo inadecuado. Aunque ha habido cambios significativos en muchos aspectos, como el estatus de la mujer y el hecho de tener que vivir junto a la tumba de los padres, todavía hay vestigios de las ideas *yugyo* en la vida de los coreanos de hoy. Pero este desequilibrio es una instantánea honesta de la sociedad coreana, que está atravesando una transformación. ¿Quién sabe? Tal vez estés asistiendo a un importante punto de inflexión en la historia de Corea.

JONGGA - LA CASA PRINCIPAL

Jongga 종가 se refiere a un jefe de familia de un clan que ha continuado sólo a través de los hijos mayores durante generaciones. Como jefe de un clan, la responsabilidad de mantener la estricta disciplina y la tradición del clan, y de encargarse de los eventos familiares importantes, como la *jesa*, es enorme, pero se sienten muy orgullosos de hacerlo. Por el contrario, puede ejercer más influencia. En la cultura popular coreana, la palabra se refiere al originador de algo. Por ejemplo, muchos restaurantes se promocionan como si tuvieran la "receta original".

CONCEPTOS BÁSICOS DE ETIQUETA COREANA

¿POR QUÉ LOS COREANOS UTILIZAN LAS DOS MANOS CUANDO DAN Y ACEPTAN COSAS?

Al igual que la reverencia, utilizar las dos manos al dar y aceptar algo (aunque sea tan ligero como un trozo de papel) a y de una persona mayor o de mayor rango es una señal de respeto, y es una de las primeras cosas que un niño coreano debe aprender al crecer. En cuanto a cómo se hace, varía según la situación. En primer lugar, la práctica estándar es agarrar un objeto con ambas manos. Esa es la forma más básica. Ahora, supongamos que la otra persona está un poco lejos de ti, y tendrías que extender uno de tus brazos, para alcanzar a la persona. En ese caso, puedes colocar la segunda mano bajo la muñeca o el codo del brazo extendido, como si lo apoyaras. También puedes pasar la prueba colocando la segunda mano justo debajo de la axila. En cuanto al origen de este comportamiento, hay una especulación interesante. El *hanbok* 한복, el atuendo tradicional coreano, tiene una manga demasiado grande que cuelga baja. Así que cuando se sirve alcohol para otra persona, había que tirar de ella un poco para que no tocara la comida, y la costumbre pasó a convertirse en lo que es hoy. Pero ¿y entre personas de tu edad? Si te encuentras con ellos por primera vez, utiliza ambas manos. Una vez que se establece la cercanía, entonces eres libre de usar una mano.

**HANBOK –
LA ROPA TRADICIONAL
COREANA P. 145**

¿POR QUÉ LOS COREANOS USAN LAS DOS MANOS AL DAR LA MANO?

Esto se explica por sí mismo porque es una continuación del tema que acabamos de tratar. Utiliza la mano derecha para el apretón de manos y coloca la izquierda bajo la muñeca, el codo, el vientre o la axila del brazo derecho para mostrar respeto (a veces con una inclinación de 90 grados).

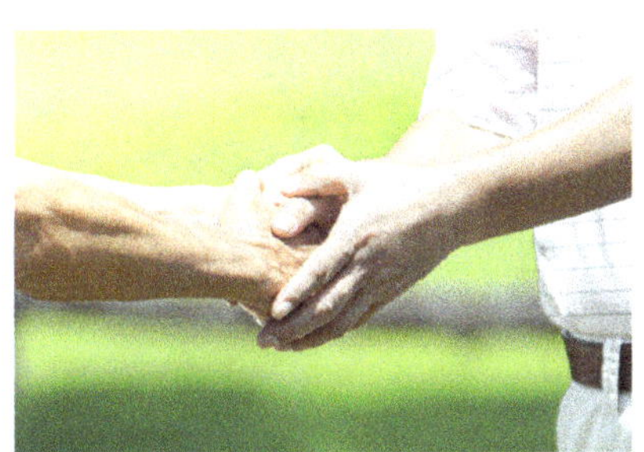

NO PONGAS LOS PIES SOBRE LOS MUEBLES NI TE SIENTES CON LAS PIERNAS CRUZADAS

Los coreanos lo consideran grosero y poco sincero porque parece una falta de respeto a la persona con la que estás conversando. Es aceptable entre amigos.

NO TOQUES A UN ANCIANO EN LA CABEZA

Tocar a un anciano, por muy cerca que esté, en la cabeza se considera de mala educación y debe evitarse. Es aceptable entre amigos.

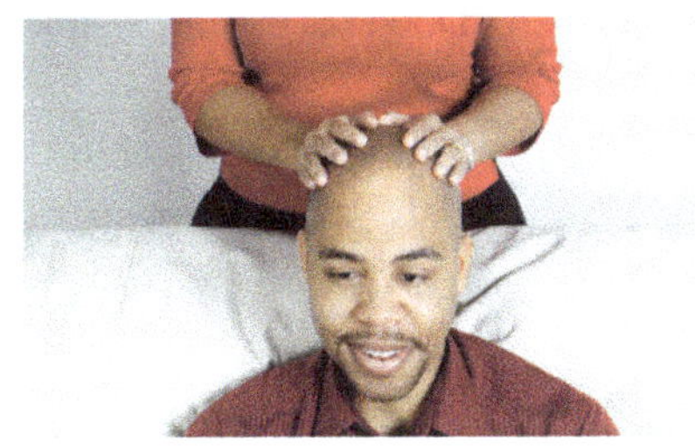

NO HAGAS SEÑAS CON LA PALMA DE LA MANO HACIA ARRIBA O CON EL DEDO ÍNDICE

La forma coreana de decir "ven aquí" es la opuesta a la occidental. Con la palma de la mano hacia abajo, se levanta la mano a la altura de la cabeza y se estiran los dedos para saludar. Nunca utilices el dedo índice. Se considera un insulto, ya que es para hacer señas a los perros.

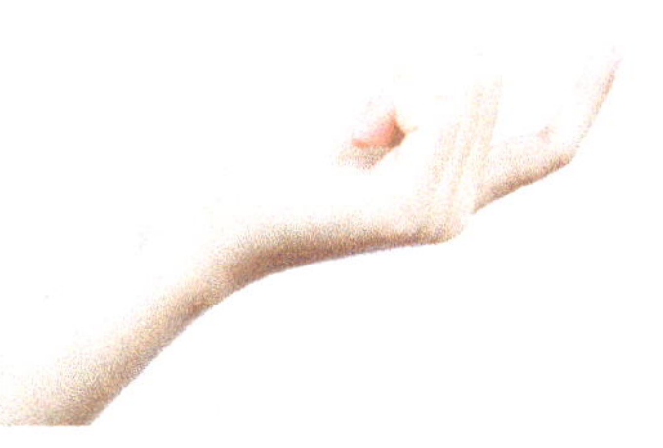

ETIQUETA DE LAS TARJETAS DE VISITA

Las tarjetas de visita se entregan y reciben con las dos manos para mostrar respeto. Se recomienda girar la tarjeta de visita hacia el otro lado para que la persona que la recibe pueda leerla enseguida.

Las tarjetas de visita deben entregarse de la persona de menor rango a la de mayor rango. Sin embargo, si está de visita, se recomienda que usted, el visitante, presente primero la tarjeta de visita independientemente de su rango.

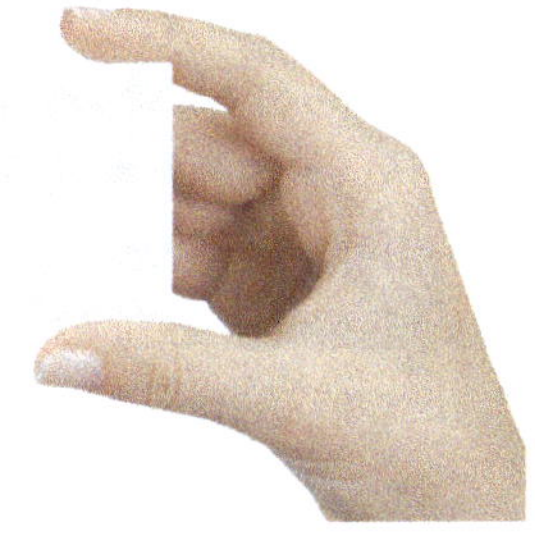

Al recibir tarjetas de visita, es educado levantarse y recibirlas, aunque la otra persona sea de rango inferior.

Cuando se intercambien tarjetas de visita simultáneamente, délas con la mano derecha, recíbalas con la izquierda y asegúrese de que sus dedos no bloquean el nombre de la otra persona en la tarjeta.

Al recibirla, repita en voz baja el nombre de la persona y su cargo impreso en la tarjeta.

Por último, no guarde la tarjeta de visita en su cartera o bolsillo de inmediato, sino que póngala en la esquina inferior derecha de su mesa y recójala al marcharse.

CÓMO INCLINARSE CORRECTAMENTE

Tradicionalmente, toda reverencia ante un anciano o en una ceremonia comienza colocando una de las manos encima de la otra (la izquierda encima en el caso de los hombres y la derecha encima en el caso de las mujeres) y apoyándolas debajo de la cintura. Esto se llama *gongsu* 공수, y es también la forma por defecto cuando se adopta una actitud cortés. Sin embargo, hoy en día la gente también coloca las manos rectas a los lados de las piernas cuando se inclina.

Las reverencias de pie se utilizan en situaciones cotidianas, mientras que las reverencias sentadas con las rodillas en el suelo se realizan en ocasiones especiales como fiestas tradicionales, ceremonias y *jesa*. Debido a las diferencias en el diseño de la ropa tradicional, el *hanbok*, se realizan de forma diferente para hombres y mujeres.

배꼽인사
baekkop insa
"Arco del ombligo"

Lo realiza el personal de servicio, como los empleados de los grandes almacenes, al recibir a los clientes. Se denomina así porque hay que colocar cortésmente las manos de gongsu donde se encuentra el ombligo.

반경례
ban gyeongrye
"Medio arco"

-Doblar la cintura 15 grados

-Al devolver un arco
-De mayor a menor rango

평경례
pyeong gyeongrye
"Arco estándar"

-Doblar la cintura 30 grados

-Al saludar a alguien mayor o de mayor rango

큰경례
keun gyeongrye
"Gran arco"

-Doblar la cintura 45 grados

-Cuando quieras mostrar tu máximo respeto

의식경례
euisik gyeongrye
"Arco de 90 grados"
"Arco de la carpeta"

-Doblar la cintura 90 grados

-Realizado en ceremonias como una boda y una ceremonia conmemorativa

En los K-dramas, lo interpretan de forma exagerada los gánsteres y los empleados subalternos que quieren complacer a su jefe. También se utiliza cuando se pide perdón.

큰절 keunnjeol "Grande reverencia"

Muy formal y educado.

A quién: Ancianos que no tienen que corresponder cuando hacen una reverencia. Ascendientes lineales del marido / Ascendientes lineales del cónyuge / Ascendientes colaterales dentro de los primos terceros.

Cuándo: Eventos ceremoniales / Año Nuevo / Ritos ancestrales / Vernos después de mucho tiempo

평절 pyeongjeol "Reverenciaestándar"

La reverencia estándar. Cuando se saluda a alguien mayor o de mayor rango. En el caso de los hombres, se realiza de la misma manera que en una gran reverencia, pero no se estira la mano del gongsu al principio y se levanta inmediatamente cuando la frente toca el dorso de la mano.

A quién: Alguien que de be devolver la reverencia con la reverencia estándar o la media reverencia. Adultos mayores, como profesores, ancianos, superiores, cónyuges, hermanos mayores, cuñadas / Personas de la misma edad / Amigos / Si no son parientes, y si la diferencia de edad es inferior a 15 años, se inclinarán mutuamente con la reverencia estándar.

Cuando: Al vernos después de mucho tiempo

반절 banjeol "Medio reverencia"

Realizado como un arco de retorno a alguien más joven.
A quién: Los alumnos de uno / Los hijos de los amigos / Los amigos adultos de los hijos / Los hermanos menores / Los miembros de la familia extensa con una diferencia de 10 años

Cuando: Al recibir una reverencia de una persona más joven

*Si la persona más joven es menor de edad, entonces la persona mayor puede dar un saludo verbal en su lugar, pero se requiere devolver una media reverencia a un adulto.

¿POR QUÉ

los coreanos no hacen contacto visual?

Mantener el contacto visual es probablemente la etiqueta interpersonal más importante en la cultura occidental, ya que es un símbolo de respeto mutuo y una forma de crear confianza entre los demás. Por eso, apartar deliberadamente la mirada o evitar el contacto visual se considera grosero e inapropiado, y podría llevar a la otra persona a pensar que no estás interesado o que no eres sincero.

Mientras tanto, en Corea, establecer un contacto visual directo puede ser recibido de forma diferente. Especialmente cuando una situación involucra a una persona mayor y otra más joven, la persona más joven tiende a evitar el contacto visual directo, ya que puede interpretarse como hostil o desafiante, y por tanto como una falta de respeto.

Esto es especialmente cierto cuando una persona mayor o de mayor rango (por ejemplo, un profesor) regaña a una persona más joven o de menor rango (por ejemplo, un estudiante). Si miras directamente a los ojos mientras te regañan, puedes esperar oír: "¿Cómo te atreves a mirarme a los ojos mientras te hablo?", mientras que en Occidente ocurre exactamente lo contrario. No es de extrañar que sea el tema más discutido entre los profesores de inglés de Occidente que enseñan en Corea (es decir, "¡Mis alumnos siguen ignorándome cuando les regaño!").

Estas dos culturas chocan cuando de vez en cuando. Observe con atención: se dará cuenta de que los occidentales intentan mantener el contacto visual mientras chocan las copas (por ejemplo, en Alemania se cree que romper el contacto visual mientras se levanta la copa para brindar trae siete años de mala suerte, y en Dinamarca mantener el contacto visual se considera una cortesía hacia el anfitrión) mientras que los coreanos se centran en la copa.

¿Por qué se reprueba el hecho de fumar delante de una persona mayor o de un rango superior?

Antes de la dinastía Joseon de finales del siglo XVII, todo el mundo era libre de fumar sin ninguna restricción. Pero a medida que la sociedad se volvió más patriarcal y jerárquica, surgió la necesidad de discriminar el acto de fumar entre las clases. Los aristócratas querían dejar claro su estatus utilizando una pipa larga para fumar, ya que eso significaba que se tenía un sirviente para encenderla. Como resultado, se popularizaron las pipas de fumar muy largas, de hasta 3 metros. Además, las hacían de materiales preciosos y le ponían adornos de colores. Pero esto no fue suficiente, y llevó a la imposición de normas y costumbres estrictas que definían las distinciones entre clases, para poder mantener su sistema de estatus y la autoridad patriarcal. Algunas de ellas son:

"No puedes fumar delante de tu padre o de tu hermano mayor, por no hablar de los mayores.
"Es de mala educación tener la pipa de tabaco delante cuando te encuentras con tus mayores en la calle, así que debes esconderla inmediatamente detrás de tu espalda".
"Una mujer no debería fumar delante de un hombre".
"Un plebeyo no puede fumar delante de un noble".

Aunque no estaban estipuladas legalmente, se han transmitido por convenciones sociales y están inculcadas en la mente de los coreanos.

¿POR QUÉ ESTÁN MAL VISTAS LAS MUJERES FUMADORAS?

Además, el hecho de que las mujeres fumen, sobre todo en lugares públicos, lleva aparejado un estigma social y suele estar mal visto incluso hoy en día. Siguiendo con la historia anterior, al principio todo el mundo era libre de fumar independientemente de su estatus y género, pero a medida que la sociedad se volvió más patriarcal y jerárquica, la clase noble empezó a considerar el hecho de que las mujeres fuesen fumadoras como algo vulgar, que debía reservarse sólo a los plebeyos de clase baja.

Cuando este estigma anidó, el país atravesaba la fase de modernización que trajo consigo el colapso del sistema de clases. En consecuencia, el consumo de tabaco por parte de las mujeres desapareció drásticamente porque hacerlo significaba voluntariamente que se procedía de la clase baja. Y esta vieja idea es la razón por la que algunos abuelos y abuelas coreanos se ensañan con las fumadoras que fuman en la calle, diciendo: "¡*Sólo fuman las plebeyas de clase baja!*".

¿POR QUÉ LOS COREANOS SON IGUALES?

Es la hora de comer en el trabajo, y el *bujangnim* 부장님 ("jefe de equipo") convoca una comida de equipo en un restaurante coreano cercano. Todos están sentados y listos para pedir, y bujangnim comienza diciendo "¡Muy bien, creo que hoy elegiré kimbap! ¿Qué queréis todos, chicos?".

Como si todo el mundo llevara toda la mañana con antojo de kimbap, se turnan y dicen: "¡Yo también iré con kimbap!". A primera vista, se podría pensar que los coreanos son el pueblo de la unidad y el trabajo en equipo. Pero por dentro, es el resultado de la tendencia de los coreanos a conformarse con la norma.

Como el proverbio "una piedra angular está destinada a ser golpeada por un cincel (un clavo que sobresale es golpeado), es la idea coreana que valora la armonía y la conformidad que antepone los intereses del grupo a los del individuo. ¿Bueno o malo? Tiene sus pros y sus contras. El lado positivo es que facilita la armonía y un proceso de toma de decisiones más rápido, pero el lado negativo es que ahoga la individualidad y disminuye las posibilidades de innovación porque es difícil "pensar fuera de la caja".

Algunos de los ejemplos más interesantes que se pueden observar en las calles de Corea son la "moda de los abrigos largos" que arrasó entre los adolescentes coreanos: ¡todos llevaban abrigos largos acolchados de aspecto similar, como si fueran un uniforme escolar!

A esto se añade el mismo peinado que quieren tener, que cambia cada vez que un famoso presenta un nuevo peinado en una serie dramática de televisión. Cuando la serie dramática de televisión se convierte en un éxito, el peinado recibe el nombre del personaje de la serie dramática de televisión, y puedes esperar verlo en las calles la semana siguiente a su emisión.

Como se puede ver, a los coreanos les encanta formar parte de un grupo, porque esa "pertenencia" les da una sensación de unidad y seguridad. Su gran esfuerzo por estar al día de las últimas tendencias también está relacionado con esta idea.

Aunque algunos consideran indeseable el sentido de "pertenencia" a expensas de la propia individualidad, hay empresas lo suficientemente inteligentes como para sacar provecho de la característica coreana.

Sabiendo que el pueblo coreano es uno de los primeros en adoptar las tendencias del mundo, muchas empresas mundiales eligen Corea como banco de pruebas para sus próximos productos y así medir la probabilidad de éxito, pensando que, si se convierte en un éxito en Corea, el resto del mundo también debe subirse al carro.

JEONG

ES PROBABLEMENTE LA PALABRA MÁS MISTERIOSA DE LOS K-DRAMAS

porque se traduce de forma diferente (por ejemplo, "afecto", "intimidad", "compartir", "generosidad", "amor", "vínculo emocional"...) cada vez que aparece. Dado que connota un espectro tan amplio de significados, incluso a los expertos más avanzados en lengua coreana les resulta muy difícil explicarlo a los extranjeros que no conocen a fondo la cultura coreana y el contexto en el que se utiliza. Por ello, el concepto se presenta a menudo a los extranjeros como algo exclusivo de la cultura coreana que no se puede entender si no se es coreano. Pero ¿es realmente así? Veamos el viaje de Sophie, una estudiante de intercambio de París, que tuvo una serie de relatos sobre el misterioso *jeong* coreano.

Día 1 en Corea - Llegué a la pensión situada en Seúl. La casera *ajumma* 아줌마 parecía una persona muy cariñosa pero un poco entrometida al mismo tiempo. Me hizo un montón de preguntas personales, como si tengo novio o no, cuándo es mi cumpleaños, cuál es mi grupo sanguíneo (¡espeluznante!), cuántos años tengo, cuánto mido, cuánto peso y otras cosas, cosas que sólo compartiría con mi médico, pero decidí ver el lado positivo y creer que estaba mostrando un interés genuino por mí. Incluso me dijo que la llamara mi "mamá coreana", lo que me pareció un gesto muy amable. Casi lloré. Este debe ser el *jeong* coreano del que hablan...

Día 5 - Día 5 en Corea - ¡Hoy me he quedado totalmente sorprendida cuando he vuelto a casa de la escuela! He abierto la nevera para coger una botella de agua y ¿qué demonios? Había un montón de Tupperware en la nevera. En su interior había diferentes tipos de *kimchi* y todo tipo de alimentos coreanos que definitivamente no eran míos. Inmediatamente supe que alguien había entrado en mi habitación, así que pensé en llamar a la policía, pero al final decidí pedir ayuda a la propietaria. Bajó a mi habitación y, para mi sorpresa, me dijo: "¡Oh, los he puesto ahí para ti! Hago muchos más para todos aquí. Están muy ricos. Deberías probarlos todos". Espera... ¿Así que decidió irrumpir en mi habitación sin mi permiso y ponerlos en mi nevera? No sabía qué decir, así que me limité a dar las gracias, pero no pude asimilarlo durante un buen rato. Hablé con otra estudiante de intercambio de Brasil y me dijo que ese es el *jeong* coreano. Ella también dijo que tuvo la misma experiencia, y se acostumbró y le gusta ahora. Muy bien... ¡Cuando esté en Seúl debería hacer lo que hacen los seulitas entonces!

Día 8 - Pasé por mi lugar favorito de *tteobokki* 떡볶이 para un almuerzo rápido y el dueño *ajusshi* 아저씨 me recibió con una enorme sonrisa, como siempre. Pedí un *tteokbokki* pero también me dio un rollo de *kimbap* 김밥, diciendo que era un "servicio", ¡que significa "de cortesía"! ¡Este debe ser el impresionante *jeong* coreano de nuevo!

Día 9 - me quedé en casa para relajarme y ver Netflix. Sintonicé un drama familiar coreano que está de moda estos días. En el drama, esta pareja de ancianos discute constantemente por las cosas más triviales. La mujer sale de casa enfadada y su hija, preocupada, la persigue. En un banco del parque, la hija le pregunta: "Mamá, ¿por qué no te divorcias entonces? No te preocupes por mí, ¡sólo quiero que seas feliz!". Entonces la madre le dice: "¡No es por ti, cariño! Es por este maldito jeong..." Ok, ahí está ese jeong de nuevo y esta vez realmente salió de la nada. Estoy demasiado cansada para procesar todo esto... ¡así que me voy a ir a dormir!

Día 98 - Hoy es mi cumpleaños y he recibido el mayor regalo de cumpleaños. Me desperté con una llamada de la ajumma propietaria invitándome a desayunar con otros compañeros de casa. Bajé al comedor en pijama y me recibieron todos los de la pensión gritando: "¡Feliz cumpleaños, Sophie!". Mis ojos se inundaron de lágrimas y dije: "¿Cómo demonios sabías que era mi cumpleaños?". Natasha, de Rusia, contestó: "¡*Ajumma* se acuerda de todo lo que tiene que ver con nosotros! Es nuestra madre coreana". Oh, Dios mío... Volví a recordar el primer día que llegué aquí... Todas las preguntas que hizo... y el cumpleaños, todavía lo recuerda...   "¡No llores, Sophie y come tu *miyeokguk* de cumpleaños 미역국! Esto es lo que comemos en nuestro cumpleaños, como forma de celebrar y honrar a tu mamá". Levanté mi cuchara y tomé un sorbo de miyeokguk por primera vez en Corea, algo que nunca había experimentado: ¡a esto debe saber el *jeong* coreano!"

Pero sí comen miyeokguk (sopa de algas) en los cumpleaños P. 94

Menudo viaje el de Sophie, ¿verdad? Creo que sus experiencias con el jeong pueden ayudarte a entender el concepto. Al principio, tocamos brevemente que algunas de las traducciones populares de jeong incluyen "afecto", "apego emocional", "vínculo" y "generosidad", y podemos ver que todas apuntan en la misma dirección: valores humanistas. Entonces la verdadera pregunta es: ¿es algo exclusivo de los coreanos? Por supuesto que no. Son las emociones básicas universales que todos los humanos poseen, independientemente de la raza y la cultura, pero la forma en que se mostraron es diferente: el estilo es exclusivamente coreano, y se llama *jeong*.

Es similar a la forma en que las diferentes culturas crean platos asombrosamente diferentes utilizando los mismos ingredientes que están disponibles universalmente, cuando se mezclan con sus propios elementos culturales únicos. La interpretación es un plato único para su sociedad. El *Jeong* no es diferente: es la interpretación coreana de los ingredientes universales, mezclados con elementos culturales coreanos únicos como los valores del *yugyo*, la jerarquía social, el colectivismo y la coexistencia del tradicionalismo y el modernismo. Y al igual que ocurre con cualquier comida étnica, los primerizos pueden encontrarla demasiado extraña. El *jeong* también puede resultar chocante para muchos (una posible bandera roja por la invasión de la intimidad, la falta de respeto por el espacio personal y la vida, etc.), especialmente para los que proceden de una cultura individualista. Pero, como un gusto adquirido, a muchos les gusta el *jeong* una vez que entienden y deciden adoptar el concepto.

Este *jeong* ha sido el pegamento que ha mantenido unido al pueblo coreano a lo largo de la historia, cuidándose y ayudándose mutuamente, incluso sin pedirlo explícitamente - *dure* 두레, un grupo cooperativo de agricultores durante la dinastía Joseon es un ejemplo excelente. Una vez más, esta noción -actuar proactivamente sobre la propia suposición de ayudar y cuidar y esperar lo mismo de otro es el punto clave aquí. Un eslogan popular para un anuncio de pasteles de chocolate, "*malhaji anado alayo* 말하지 않아도 알아요 ("No tienes que decirlo para que lo sepa"), capta la esencia de la ideología. Es bueno saber que hay alguien que está pendiente de ti y te cuida como si fueras de la familia, pero también tiene su lado negativo: la excesiva atención y preocupación por los demás puede resultar agobiante para muchos, e incluso muchos coreanos lo consideran inadecuado para el estilo de vida coreano actual, en el que el individualismo es más prioritario que el de la sociedad tradicional, basada en la agricultura y orientada a la familia.

Así que... ¿Qué opinas? Parece que demostrar el amor es importante, pero la forma de demostrarlo lo es aún más, y el jeong sería algo que todo el mundo disfrutaría si se consiguiera un equilibrio adecuado, como el uso de *gochugaru* 고추가루 ("chile en polvo") que añade un sabor único a los platos coreanos.

“ HAN

OTRO TÉRMINO QUE SE MENCIONA A MENUDO COMO UNA EMOCIÓN EXCLUSIVAMENTE COREANA ES HAN 한. ”

Aunque también es difícil encontrar la traducción perfecta palabra por palabra, suele describirse como "emociones reprimidas", compuestas por una combinación de resentimiento, arrepentimiento, pena, anhelo y dolor, en gran medida procedentes de la desesperación en la lucha y el sufrimiento de uno (algunos dicen que *saudade* en portugués y *тоска* en ruso tienen un significado bastante similar, y también señalan que es diferente de *wonhan* 원한 ("rencor"), cuyo enfoque es la venganza y la represalia).

Aunque se describe en la cultura popular y la literatura coreana como un rasgo nacional incrustado en el ADN del pueblo coreano, algunos historiadores encuentran sus raíces en la historia moderna de Corea. Según Sandra So Hee Chi Kim, "[el h]an no existía en la antigua Corea, sino que fue una idea impuesta anacrónicamente a los coreanos durante el periodo colonial japonés".

A ello se sumó la tragedia fratricida de la Guerra de Corea, y el "sufrimiento y la lucha compartidos" del pueblo coreano, los cuales dieron origen a la noción de ***han***.

En los dramas y la literatura coreanos, el han también se asocia con "no poder lograr o conseguir algo que uno anhela o desea fervientemente". Por ejemplo, los ancianos que no saben leer ni escribir porque tuvieron que trabajar para mantener a la familia en tiempos difíciles dicen que el no haber tenido la oportunidad de ir a la escuela ha sido su han toda la vida.

Y los que se oponen a la idea de que el *han* es el rasgo nacional de los coreanos dicen que los coreanos son, en realidad, el pueblo del ***heung*** 흥 ("diversión/alegría") porque los coreanos siempre encuentran la manera de llevar alegría y entusiasmo allí donde se les necesite.

Si quiere experimentar el *heung* coreano, pruebe con cualquier evento deportivo y se preguntará si está en un karaoke gigante, porque todo el mundo canta el himno del equipo y corea los nombres de los jugadores sin parar. Con una energía tan desbordante, seguramente dudará de si "el resentimiento, el arrepentimiento, la pena, el anhelo y el dolor" existen siquiera en el diccionario coreano.

HANSIK

COCINA TRADICIONAL COREANA

"Namdo Hanjeongsik" por Republic of Korea
(flickr.com/photos/koreanet), CC BY 2.0 (creativecommons.org/licenses/by/2.0/)

¿POR QUÉ LOS RESTAURANTES COREANOS TE DAN GUARNICIONES GRATIS?

"Hm, no creo que haya pedido esto..." Si llevas a alguien a un restaurante coreano por primera vez, este es el tipo de respuesta que obtendrías. El surtido de pequeños y coloridos platos de acompañamiento se llama **banchan** 반찬, y se sirven junto con el montaje básico de la mesa coreana que incluye arroz, sopa, kimchi y jang (salsa) para complementar los platos principales como **galbi** 갈비 y **bulgogi** 불고기 y un guiso. Son de cortesía (¡yay!) y se presentan en el centro para poder compartirlos. En cuanto al origen, se cree que recibió una influencia budista (ya en la **Era de los Tres Reinos**, 57 a.C.) que fomentaba estrictamente el vegetarianismo, dando lugar a las guarniciones de verduras para complementar el arroz y la sopa. Según el número de banchan que se ofrezca, el montaje de la mesa con guarniciones, o **bansang** 반상, se llama 3 (*sam*) **cheop** 첩, 5 (*oh*) **cheop**, 7 (*chil*) **cheop**, 9 (*gu*) **cheop**, 12 (*shibi*) **cheop** bansang. Según la historia, los reyes coreanos hacían 5 comidas al día, 2 de las cuales eran los 12 (shibi) cheop bansang, que tenían un nombre especial llamado **surasang** 수라상, que significa "comida real". Si quiere probar la esencia de la cultura coreana del banchan y sentirse como un rey coreano, debería visitar un restaurante **hanjeongsik** 한정식 (mesa de comida coreana).

PLATOS POPULARES COREANOS QUE DEBES PROBAR

Naengmyeon 냉면
Plato de fideos fríos

Yukgaejang 육개장
Sopa de ternera picante

Galbi Gui 갈비 구이
Costillas de ternera a la parrilla

Tteokbokki 떡볶이
Pastel de arroz salteado

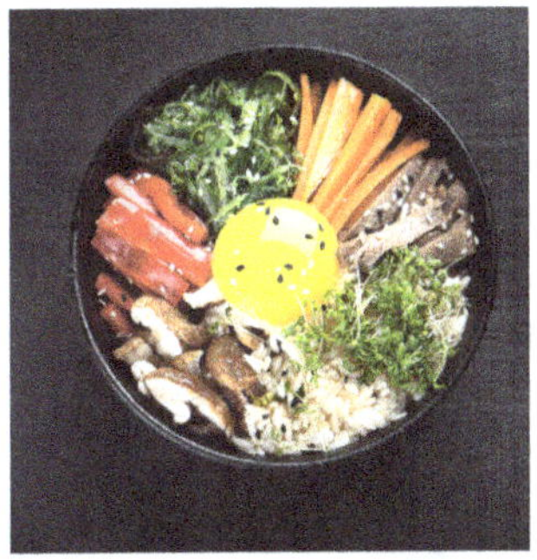

Bibimbap 비빔밥
Tazón de arroz con carne y verduras

Samgyetang 삼계탕
Sopa de ginseng y pollo

Kimbap 김밥
Rollito coreano

Sundubu Jjigae 순두부찌개
Guiso de tofu suave

Samgyeopsal Gui 삼겹살 구이
Panza de cerdo a la parrilla

Sundae 순대
Salchicha de sangre coreana

Bulgogi Gui 불고기 구이
Ternera marinada a la parrilla

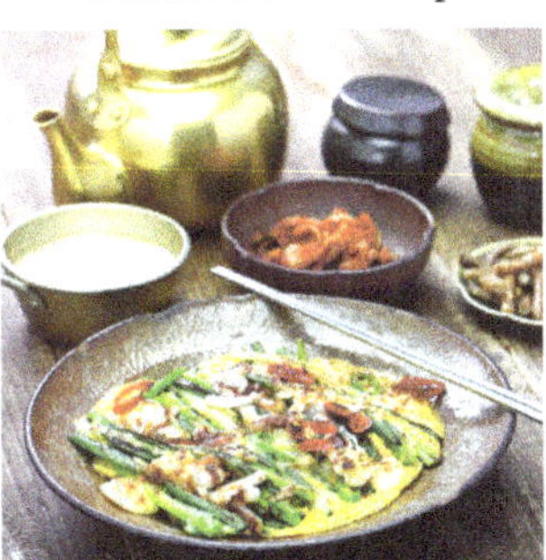

Pajeon 파전
Panqueque de cebolla verde

Japchae 잡채
Plato de fideo de patata en polvo con verduras y carnes

Bossam 보쌈
Wrap de cerdo hervido

Jeyukbokkeum 제육볶음
Cerdo salteado con salsa picante

¿Cómo combatir el calor de un caluroso día de verano? Una lata de cerveza helada o un helado parecen una opción obvia, pero los coreanos tienen una estrategia muy diferente. En lugar de tomar el "capricho fresco", los coreanos comen un *samgyetang* 삼계탕 ("sopa de pollo con ginseng") a fuego lento, un tipo de *boyangsik* 보양식 ("comida sana" que los coreanos comen para aumentar la resistencia y la energía), en los días más sofocantes del verano coreano, conocidos como *boknal* 복날 ("los días de perro del verano").

¿QUÉ ES EL BOKNAL?
LOS "DÍAS DE VERANO COREANOS"

El boknal se divide en tres partes, o *sambok* 삼복 ("tres días *bok*") - *chobok* 초복 ("primer día *bok*") *jungbok* 중복 ("día *bok* medio") y *malbok* 말복 "último día *bok*". Caen entre mediados de julio y mediados de agosto, con 10 y 20 días entre el primer y el medio, y el medio y el último día *bok*, respectivamente.

Curiosamente, encaja perfectamente con el término "días de perros", ya que el carácter chino de *bok* 伏 es un perro tumbado boca abajo, quizá agotado por el calor.

Iyeol Chiyeol - "combatir el fuego con el fuego"

La lógica detrás de esta táctica contraintuitiva llamada *iyeolchiyeol* 이열치열 ("controlar el calor con el calor", o "combatir el fuego con el fuego"), consiste en mantener un equilibrio adecuado dentro de nuestro cuerpo. Según la medicina tradicional coreana, el *haneuihak* 한의학, el calor del cuerpo durante el verano se concentra bajo la piel y hace que nuestro cuerpo esté relativamente frío por dentro. Por lo tanto, comer alimentos fríos sólo proporcionará un alivio temporal, pero empeorará la situación a largo plazo.

En cambio, un buen tazón de samgyetang caliente a fuego lento te ayudará a restablecer el equilibrio y a reponer los nutrientes esenciales para tu cuerpo. Cuando dejes el cuenco, estarás empapado de sudor y sabrás que estás preparado para superar el verano coreano.

보양식 BOYANGSIK "COMIDA SANA"

Chueotang 추어탕
sopa de locha

Jeonbokjuk 전복죽
gachas de abulón

Nakji Bokkeum 낙지볶음
pulpo salteado

Jangeo Gui 장어 구이
anguila abierta y asada con salsa de soja

Dakjuk 닭죽
gachas de pollo

JANG - SALSA COREANA Y BASE DE SOPA

***Jang* 장**, la salsa y pasta coreana (y un apellido popular) es el alimento básico de la cocina coreana. Como salsa, complementa muy bien otros alimentos como las verduras y el pescado crudo, y como pasta, se convierte en la base de numerosas sopas y guisos coreanos, como el ***doenjangguk* 된장국** ("sopa de pasta de judías") y el ***kimchijjigae* 김치찌개** ("guiso de kimchi"). Tradicionalmente, este versátil ingrediente se presenta en 4 tipos diferentes.

Ganjang 간장 - salsa de soja

***Makganjang* 막간장** - Salsa de soja común que se hace sumergiendo *meju* 메주, ladrillos de soja fermentada.

***Gyeopjang* 겹장** – Salsa de soja espesa y envejecida que se elabora mezclando salsa de soja con *meju*.

***Eoganjang* 어간장** - Salsa de soja elaborada con pescado que se fermenta durante más de un año con sal.

Doenjang 된장 - pasta de judías

***Tojang* 토장** - Se hace machacando el *meju* que no se ha utilizado para hacer *ganjang*.

***Makdoenjang* 막된장** – Se hace mezclando meju después de usarlo para hacer salsa de soja con sal, arroz de cebada y chile en polvo.

Cheonggukjang 청국장 - pasta de judías fermentadas

***Cheonggukjang* 청국장** - Se elabora machacando las judías hervidas saladas que se han fermentado durante 2 o 3 días.

***Dambukjang* 담북장** – Se hace añadiendo rábano picado y jengibre al *cheonggukjang*.

- La diferencia fundamental entre el *cheonggukjang* y la pasta de soja radica en el periodo de fermentación y el contenido de sal.

Gochujang 고추장 - elaborado con pimiento rojo en polvo, arroz glutinoso, meju en polvo, malta y sal

***Chogochujang* 초고추장** – Se elabora mezclando gochujang con vinagre. Se utiliza popularmente como aderezo para el *hoedeopbap* 회덮밥 ("cuenco de arroz con pescado crudo") y como salsa para mojar pescado crudo.

***Ssamjang* 쌈장** – Pasta picante elaborada mezclando *gochujang* y *doenjang*, junto con aceite de sésamo, ajo, cebolletas y cebolla. Se utiliza cuando se come *ssam* 쌈 - comida envuelta en una hoja.

***Meju* 메주** - Ladrillo de soja seca fermentada que sirve de base al *jang* coreano. Se elabora aplastando, machacando y amasando la soja cocida en forma de ladrillo, que luego pasa por el proceso de fermentación. Coloquialmente, debido a su textura desigual y áspera, el meju se utiliza como metáfora de una persona fea.

¿POR QUÉ LOS COREANOS COMEN PERROS?

No fue hasta hace muy poco que el *samgyetang* se convirtió en sinónimo de "comida sana". Siempre ha habido un rey indiscutible: el *boshintang* 보신탕. Se cree que esta sopa, cuyo ingrediente principal es la carne de perro, aporta ricos nutrientes a los coreanos cansados del calor y favorece la resistencia, como implica el nombre de "sopa vigorizante" (el nombre original es *gaejangguk* 개장국 ("sopa de perro"), y boshintang es uno de los nombres menos directos/ofensivos que la gente utiliza). La sopa es muy parecida a otro plato coreano, el *yukgaejang* 육개장 (hecho con carne de vacuno desmenuzada con cebolletas, fernbrakes, cebollas y *gochugaru* (chile en polvo).

Sin embargo, con la celebración de eventos internacionales como los Juegos Olímpicos de Verano de 1988, crecieron las voces a favor de establecer una cultura alimentaria que se ajustara al estándar mundial, sobre todo alimentadas por la condena de los medios de comunicación occidentales. Como resultado, los restaurantes de boshintang tuvieron que adoptar una estrategia de cambio de nombre debido a la prohibición y las medidas enérgicas en toda la ciudad de esa "comida abominable". Optaron por utilizar nombres diferentes, como *yeongyangtang* 영양탕 ("sopa nutritiva") o *sacheoltang* 사철탕 "sopa de cuatro estaciones", para mantenerse fuera del radar. Y es entonces cuando *saymgyetang* encontró la oportunidad de saltar y convertirse en el sucesor del trono, que solía ser una alternativa para aquellos que no querían elegir *boshintang*.

Hoy en día, el *boshingtang* sigue existiendo, especialmente en las zonas rurales de Corea, pero las voces que se oponen a la carne de perro son más fuertes que nunca. En parte debido al entorno insalubre y a los métodos inhumanos en el proceso de sacrificio, pero el cambio drástico en la percepción hacia los animales domésticos, de ganado a miembros de la familia, ha sido la fuerza motriz. Teniendo en cuenta que hay más de 10 millones de propietarios de mascotas en Corea, este cambio parece totalmente natural. Y a este ritmo, muchos proyectan que el *boshintang* desaparecerá pronto en Corea.

HISTORIA DE LA CARNE DE PERRO

Aunque Corea ha sido ampliamente percibida como el único país del mundo que come carne de perro, hubo y hay muchos países que la comieron y la siguen comiendo en otras partes del mundo. Por ejemplo, en la China continental se sacrifican más de 20 millones de perros para obtener carne cada año. En Taiwán, el consumo de carne de perro solía estar permitido, pero se prohibió en 2001, y en 2017 se aprobó una ley que prohíbe todo consumo. En los mercados de Vietnam y Filipinas, la carne de perro se vende como delicias regionales.

Incluso en Europa, que se opone con vehemencia a comer carne de perro, existe un registro histórico de consumo de carne de perro, como parte de la cultura alimentaria, pero sobre todo como fuente de alimento de emergencia para sobrevivir a circunstancias especiales como el hambre y la guerra. Sea como fuere, lo más importante es que estos países tienen un largo historial de prohibición de la venta y el consumo de carne de perro, y también piden que otros países se unan a la batalla por un mejor trato a los animales. Los defensores de la carne de perro argumentan que es una imposición de la cultura occidental sobre su cultura alimentaria única, pero este argumento está perdiendo fuerza.

Durante el asedio de París (1870-1871), la escasez de alimentos provocada por el bloqueo alemán de la ciudad hizo que los ciudadanos de París recurrieran a fuentes de alimentación alternativas, incluida la carne de perro. Había colas en las carnicerías para comprar carne de perro. En 1910, algunos carniceros de París también vendían carne de perro.

La carne de perro se ha consumido en todas las grandes crisis alemanas desde, al menos, la época de Federico el Grande, y se denominaba comúnmente "cordero de bloqueo". A principios del siglo XX, los elevados precios de la carne provocaron un consumo generalizado de carne de caballo y de perro en Alemania. A finales de la Primera Guerra Mundial, la carne de perro era consumida en Sajonia por las clases más pobres debido a las condiciones de hambruna. El consumo de carne de perro continuó en la década de 1920. En 1937 se introdujo una ley de inspección de la carne contra la triquina para cerdos, perros, jabalíes, zorros, tejones y otros carnívoros. La carne de perro está prohibida en Alemania desde 1986.

En 2012, el periódico suizo Tages-Anzeiger informó de que los perros, al igual que los gatos, son consumidos con regularidad por unos pocos agricultores en las zonas rurales. El sacrificio comercial y la venta de carne de perro son ilegales, y los agricultores están autorizados a sacrificar perros para consumo personal. El tipo de carne preferido procede de un perro emparentado con el Rottweiler y se consume como Mostbröckli, una forma de carne marinada. Los animales son sacrificados por carniceros y se les dispara o apalea.

En su libro de 1979 Unmentionable Cuisine, Calvin Schwabe describe una receta de carne de perro suiza, gedörrtes Hundefleisch, que se sirve en lonchas finas como el papel, así como el jamón de perro ahumado, Hundeschinken, que se prepara salando y secando la carne de perro cruda. En Suiza es ilegal la producción comercial de alimentos elaborados con carne de perro.

ENTONCES, ¿POR QUÉ?

Para entenderlo, sería significativo explorar cómo la carne de perro se convirtió en un ingrediente popular en la historia de muchos países, incluida Corea. En primer lugar, las vacas eran el instrumento y el bien más importante de los países agrícolas, por lo que su sacrificio estaba regulado por ley. Aunque el consumo de carne de vacuno era bastante importante, era difícil que la gente de a pie pudiera disfrutar de ella a no ser que se tratara de una ocasión especial, como el cumpleaños de alguien o una boda. ¿Y los cerdos? Los cerdos tampoco eran un ingrediente alimentario habitual porque era un animal difícil de criar en las casas particulares, ya que lo que comen se solapa completamente con lo que comen las personas y comen mucho. Además, no aportaban ninguna utilidad a una sociedad agrícola. Naturalmente, los candidatos ideales para la carne se limitaban a las gallinas y los perros. Pero como las gallinas son de pequeño tamaño y ponen huevos todos los días, tenía más sentido tomar huevos todos los días que comerlos. Teniendo en cuenta todo eso, los perros eran la opción que quedaba para la carne. Si sirve de consuelo, la mayoría de los perros que se consumen para carne son de la raza mestiza amarilla llamada *hwanggu* 황구 o *nureonggi* 누렁이 "amarillo", que se cría específicamente para carne. Como se ha mencionado anteriormente, con la abundancia de otras alternativas cárnicas y las mejoras en los derechos de los animales, el consumo de carne de perro está disminuyendo rápidamente.

¿Por qué los coreanos beben
ZUMO DE MAGOS?

Internet enloqueció cuando una pareja de extranjeros de viaje en Corea publicó en sus redes sociales una foto de una bebida láctea, apodada "Los coreanos beben jugo de gusanos", que luego dijeron que era sólo una broma inofensiva y se disculparon oficialmente (pero el daño estaba hecho). La bebida en cuestión era el *shikhye* 식혜, un ponche de arroz dulce tradicional coreano. Los granos de arroz cocido son parte de la bebida que se mantienen a flote -y, lo más importante, ¡no son gusanos!

¿cuáles son algunas COSAS EXTRAÑAS que comen los coreanos?

Sannakji 산낙지- En la película de suspense **Old Boy** (2003), de Park Chan-wook, lo que más impactó a los espectadores es la grotesca escena en la que el vengativo protagonista Oh Dae-su se mete en la boca un pulpo vivo que se retuerce, el *sannakji*, y lo mastica sin piedad mientras tira de sus tentáculos que se aferran desesperadamente a su cara para escapar. ¿Es así como los coreanos comen un pulpo? Bueno, los coreanos disfrutan comiendo pulpos vivos sobre todo como un *anju* 안주 (comida que se come con las bebidas) para acompañar al soju, pero sin la lucha de "comer o no comer" porque se corta en trozos pequeños y se rocía con aceite de sésamo. Incluso después de eso, los tentáculos cortados seguirán retorciéndose, no porque intenten recuperar sus piezas sino por actos reflejos. Por esta razón, comer *sannakji* supone un importante riesgo de asfixia, y no son infrecuentes los informes sobre muertes. Es un manjar que debe comerse con extrema precaución.

Beondegi 번데기– La pupa de gusano de seda es una comida callejera, que se prepara hervida o al vapor y se sirve en un vaso de papel con un palillo. Es algo que no gusta a todo el mundo por su aspecto repulsivo y primario (¡bichos muertos!), pero son ricos en proteínas, vitaminas y aminoácidos, según ensalzan los futurólogos. También se presentan en forma de lata, así que quizá quieras considerar abastecerte para sobrevivir al futuro apocalipsis nuclear...

Es simplemente un
GRAN ENGAÑO!

GALLINERO (X) - MOLLEJA DE POLLO (O)

Dakttongjip 닭똥집 rse refiere a la molleja del pollo, pero a menudo se traduce erróneamente como "casa de caca del pollo" porque *dak* significa "pollo" y *ttongjip* significa "casa de caca", que en realidad es un vernáculo para "estómago" o "intestino grueso".

FIDEOS A CUCHILLO (X) - FIDEOS CORTADOS A CUCHILLO (O)

Kalguksu 칼국수 se refiere al tipo de fideo que se corta con un cuchillo, pero a menudo se traduce erróneamente como "fideo de cuchillo" porque *kal* significa "cuchillo" y *guksu* significa "fideo".

SOPA DE OSO (X) - SOPA DE HUESO DE VACA (O)

Gomtang 곰탕 es el tipo de sopa que se hierve durante mucho tiempo, pero a menudo se traduce erróneamente como "sopa de oso" porque *gom*, que significa "bien hervido", resulta ser un homónimo del animal "oso".

'L.A. GALBI' NO ES DE LOS ANGELES

L.A *galbi* (arriba) es una deliciosa barbacoa coreana que, por su nombre, se piensa erróneamente que es originaria de Los Ángeles, pero la abreviatura se refiere en realidad a "LAteral", porque esa es la forma en que se cortan la carne y el hueso. Así que no es "galbi al estilo de Los Ángeles", sino "*galbi cortado en rodajas de LAteral*", en comparación con el *galbi* normal (abajo)..

¿CUÁLES SON LOS TIPOS DE TTEOK (PASTELES DE ARROZ) Y SU SIGNIFICADO?

HECHO AL VAPOR EN UN SHIRU 시루 - UNA GRAN VAPORERA DE BARRO

Baekseolgi 백설기

Significa "pastel de arroz blanco nevado", hecho de arroz blanco. Se considera un "alimento sagrado", ya que la palabra *baek* 백 significa tanto el color blanco como el número 100, que simbolizan la "pureza" y la "plenitud", respectivamente. Se utiliza en la celebración de los primeros 100 días de los niños, *baekil* 백일, y en los rituales tradicionales.

Patshirutteok 팥시루떡

Hecho de arroz, arroz glutinoso, y cubierto con judías rojas. Se utiliza popularmente para la apertura de negocios y se reparte entre los vecinos después de mudarse a un nuevo lugar, ya que se cree que el color rojo de las judías rojas ahuyenta los malos espíritus.

Sultteok 술떡

Elaborado con *makgeolli* 막걸리, vino de arroz sin filtrar. El sabor del vino de arroz permanece después de la cocción al vapor, pero el contenido de alcohol es casi inexistente.

SE ELABORA MACHACANDO EL ARROZ O EL ARROZ GLUTINOSO EN UN MORTERO O UNA TABLA DE MACHACAR

Injeolmi 인절미

Elaborado con arroz glutinoso y recubierto con polvo de judías.

¿Por qué los coreanos comen tteokguk (sopa de pastel de arroz) el día de año nuevo? P. 140

Garaetteok 가래떡

Pastel de arroz blanco alargado y cilíndrico (tradicionalmente enrollado a mano) hecho con arroz blanco, a menudo cortado en porciones más pequeñas. La forma alargada simboliza la "longevidad", mientras que los trozos cortados simbolizan la "prosperidad" por su similitud con las monedas tradicionales coreanas.

"Hwajeon_Cooking_10" por Republic of Korea
(flickr.com/photos/koreanet) CC BY 2.0
(creativecommons.org/licenses/by/2.0/)

Songpyeon 송편

Gyeongdan 경단

Hwajeon 화전

Pastel de arroz en forma de medialuna que contiene rellenos dulces como judías rojas, soja, castañas o miel. Se cuecen al vapor en una vaporera sobre una capa de agujas de pino. Tradicionalmente, las familias se reunían para hacerlos durante el *Chuseok* 추석 (Festival de la Cosecha de Otoño). Existe la creencia de que si una mujer soltera hace un bonito songpyeon, encontrará un gran marido, y si una mujer embarazada hace un bonito songpyeon, tendrá una bonita hija.

Pequeños pasteles de arroz en forma de bola rellenos de pasta de judías rojas o sésamo, recubiertos de polvo de sésamo negro o de judías.

Mini pasteles finos de arroz glutinoso, decorados con pétalos de flores.

SHINTO BURI -¿LOS PRODUCTOS DE LA TIERRA COREANA SON LOS MEJORES PARA LOS CUERPOS COREANOS?

Similar al concepto de "locavore", la práctica de consumir sólo alimentos cultivados localmente, *shintoburi* 신토불이 significa literalmente "el cuerpo y la tierra (el suelo) no se pueden separar", a menudo confundido como una ideología tradicional, se cree que se originó como un eslogan de campaña durante la década de 1980 para reactivar la industria agrícola de la nación promoviendo el consumo de productos locales que estaban perdiendo cuota de mercado frente a los productos agrícolas importados debido a la reducción de los aranceles. Hay una canción homónima muy popular del cantante Bae Il-ho.

RAMYUN

Disfrutado por presidentes y mendigos por igual, el *ramyun* 라면 (fideos instantáneos en coreano) es un alimento realmente versátil que puede tomarse como aperitivo o comida. Muchos coreanos juran que el kimchi es un acompañamiento perfecto. Y, aunque no lo creas, también les encanta añadir un cuenco extra de arroz cuando se acaban los fideos, pero les queda mucha sopa (los que hacen dietas bajas en carbohidratos deberían pasar a otro tema ahora).

Bien, aquí hay algunos datos curiosos sobre los fideos instantáneos coreanos:

Los primeros fideos instantáneos en taza que se fabricaron en Corea fueron los **Samyang Cup Ramen** (los primeros fideos instantáneos en taza fueron introducidos por la empresa japonesa Nissin en 1971, que también desarrolló los primeros fideos instantáneos del mundo en 1958). En aquel entonces, no tuvo una gran acogida porque era bastante caro en comparación con el nivel de vida de los coreanos, y no se ajustaba a los modales tradicionales de la mesa coreana, donde todo debe permanecer en la mesa y no en el aire. A pesar de las críticas, fue ganando popularidad a medida que la gente empezaba a apreciarla, y llegó a su punto álgido cuando Nongshim sacó su **Yukgaejang Sabalmyeon** 육개장 사발면, que tenía el sabor de la sopa de carne tradicional coreana, abundante y picante, y un recipiente similar a un cuenco tradicional.

En 1988, durante los Juegos Olímpicos de Verano de Seúl, recibió fama mundial cuando la NBC la presentó como la comida rápida favorita de Corea.

Hoy en día, los fideos instantáneos coreanos están disponibles en todo el mundo, incluso en los lugares menos esperados, como la cumbre del Jungfrau y los complejos de golf de Brasil. También lo sirven compañías aéreas internacionales como American Airline, Air France y British Airways.

El **Dosirac** 도시락 de Paldo es desde hace tiempo uno de los fideos en taza más vendidos en Rusia. Entonces, ¿cuánto ramyun consumen los coreanos? Según una investigación de Instantnoodles.org, Corea consumió 74,6 porciones per cápita en 2018, que es la más alta del mundo, seguida por Vietnam y Nepal con 53,9 y 53 porciones.

¿POR QUÉ A LOS COREANOS LES GUSTA TANTO EL POLLO FRITO?

El pollo frito, una comida/snack que tanto gusta a los coreanos, hasta el punto de dar lugar a una palabra de nuevo cuño *chineunim* 치느님 "Dios del pollo ("el pollo frito es el auténtico")". El pollo frito coreano también es popular fuera de Corea y entre quienes la visitan. Cuando Chun Song-yi dijo: "***Chimaek* 치맥** (pollo y cerveza) en los días de nieve..." en el megaéxito del drama K ***Byeoleso On Geudae* 별에서 온 그대** (My Love from the Star, SBS, 2013), la reacción de los espectadores chinos fue más que increíble. La gente hizo cola frente a los restaurantes de pollo frito coreano en Shanghái, y el Festival Chimaek de Ningbo (China) atrajo a más de 460.000 visitantes durante 4 días.

¿He mencionado que hay un popular lugar turístico llamado "Campamento del Pollo" en Corea, donde se puede probar el pollo frito coreano de muchas maneras diferentes? El pollo frito coreano también ha conquistado el paladar de los comensales de todo el mundo, con sabores únicos como la salsa de soja y el *gochujang*. Entonces, ¿por qué el pollo frito es tan apreciado en Corea? La gente dice que el pollo es un "alimento comunitario" que se comparte con los demás. Al mismo tiempo, también está captando las necesidades de los solitarios, que aumentan rápidamente en número, como demuestra otro término recién acuñado: "1 persona 1 pollo". En resumen, la popularidad del pollo frito coreano es el resultado de la cultura gastronómica coreana, tanto tradicional como moderna, alimentada por la comodidad (¡la entrega a domicilio!) y la ayuda de la cerveza (¿qué no sabe bien con una lata de cerveza helada?).

¿PAJEON Y MAKGEOLLI EN DÍAS DE LLUVIA?

Si fuera un día de lluvia, Cheon Song-yi habría dicho: "*pajeon* 파전 (panqueque de cebolla verde) y *makgeolli* 막걸리 (vino de arroz) en días de lluvia..." Mientras que el chimaek y los días de nieve son más bien una frase de marketing para promover el consumo de pollo frito, el combo de pajeon y makgeolli ha sido durante mucho tiempo un favorito de los coreanos. En cuanto al origen, hay muchas teorías porque no está claramente registrado en el libro de historia, pero estas son algunas de las más plausibles. La primera teoría es que es el resultado del "efecto de asociación". El sonido de la lluvia es similar al del chisporroteo al hacer una tortita, así que cuando llueve, el pajeon viene automáticamente a la mente. La segunda teoría tiene que ver con la cultura agrícola tradicional. Cuando los agricultores no podían trabajar debido a la lluvia, especialmente durante la estación lluviosa del verano, hacían pajeon para calmar el hambre y lo acompañaban con *makgeolli*, la bebida favorita de los agricultores. Naturalmente, se convirtió en un alimento de temporada, y la tradición se ha transmitido hasta la actualidad.

¿POR QUÉ LOS COREANOS CREEN QUE EL GINSENG COREANO DA UN PODER MISTERIOSO?

El nombre del género del ginseng o *insam* 인삼 en coreano es "Panax ginseng", y la palabra "Panax" deriva de la palabra griega que significa "panacea". Al igual que el sabor del vino difiere según su "terroir", los factores ambientales, como el suelo, el clima y el método de cultivo, y la cantidad de nutrientes del ginseng varían según el lugar donde se cultiva. En comparación con otros ginseng cultivados en China, Canadá y América, el ginseng de **Goryeo** (antiguo reino de Corea, 918~1392) es el más famoso por sus superiores propiedades nutricionales y medicinales. Mientras que el ginseng americano contiene 13 tipos de ginsenósido, una saponina vegetal única que es un importante ingrediente activo antioxidante, el ginseng de Goryeo contiene 36 tipos, lo que demuestra por qué se considera de la mejor calidad del mundo. Cuando se exportaba ginseng a Japón durante la dinastía Joseon, los pagos se hacían en plata. Si el precio del ginseng era alto, los pagos se hacían en oro. Estos relatos muestran lo popular que era el ginseng de Goryeo. En China y Vietnam, se dice que los emperadores lo utilizaban como afrodisíaco. *Shimmani* 심마니 ("excavador de ginseng") se refiere a una persona que excava profesionalmente *sansam* 산삼 ("ginseng salvaje"), que se cree que tiene efectos medicinales más potentes que el ginseng cultivado artificialmente. Al encontrar un ginseng silvestre poco común, podían venderlo por una enorme cantidad de dinero (¡era como ganar la lotería!).

HONGSAM (GINSENG ROJO) EL SUPER REFUERZO INMUNITARIO

El *hongsam* 홍삼 ("ginseng rojo") se elabora cociendo al vapor y secando el ginseng. Se dice que el origen de esta práctica era satisfacer las demandas de los consumidores chinos en el pasado, para evitar que se estropee. Como resultado del proceso, el color cambia gradualmente a rojo, y el nivel de concentración de las propiedades del ginseng aumenta. Se cree que refuerza el sistema inmunológico del cuerpo, pero no se ha identificado claramente la diferencia medicinal entre los ginsengs normales. Además, el sabor amargo del ginseng desaparece, por lo que es más fácil de tomar. El *hongsam* se ha convertido en muchas variedades diferentes, incluyendo caramelos y gomitas de *hongsam*.

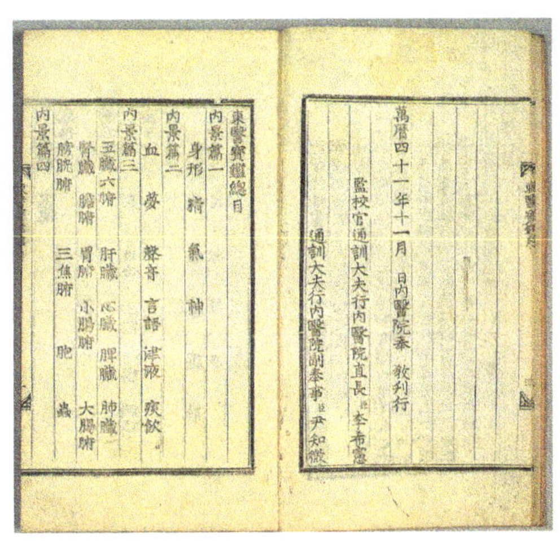

DONGUIBOGAM LA BIBLIA MEDICINAL COREANA

Donguibogam 동의보감: *Principios y práctica de la medicina oriental* es un libro de medicina de la época de **Joseon** compilado por el médico real **Heo Jun** 허준, por orden real del rey **Gwanghaegun** en 1610. Supuso una intensa labor de investigación y edición de libros de medicina chinos y coreanos, y en 1613 se publicaron un total de 25 libros con lomos de madera. Es un libro de formación y prescripción sistemática basado en los ingredientes disponibles en la península de Corea, teniendo en cuenta las características físicas, culturales y dietéticas del pueblo coreano. Ha sido designado **Tesoro Nacional nº 319 y Memoria del Mundo de la UNESCO** y está considerado uno de los mejores libros de medicina del mundo. Se puede seguir el épico viaje de Heo Jun viendo el exitoso drama televisivo **Hur Jun** 허준 (**The Legendary Doctor, 1999, MBC**).

Hur Jun 허준 (*The Legendary Doctor*, 1999, MBC)

¿QUÉ SON LAS BOLITAS DE ORO QUE TOMAN LOS COREANOS CUANDO TIENEN GANAS DE DESMAYARSE?

En los K-dramas, el protagonista está en una entrevista y está a punto de desmayarse, pero no hay que preocuparse: tiene un as en la manga. Rápidamente saca una bolita envuelta en papel, la desenvuelve para revelar una hermosa bola dorada que parece un Ferrero Rocher, se la mete en la boca y la mastica. Al cabo de un minuto más o menos, está más tranquilo que una lechuga, como si no hubiera pasado nada, y supera la entrevista. En otra situación, el anciano padre se desmaya al oír la noticia de que su hija quiere casarse con el hijo de su enemigo declarado. La familia, horrorizada, desenvuelve rápidamente la bola de oro y se la mete con cuidado en la boca y le ayuda a tomarla con agua. Momentos después se recupera mágicamente y sigue gritando a su ingrata hija. Entonces, ¿qué es esta bola milagrosa? Llamada *woohwangcheongshimwon* 우황청심원, que significa "una bola hecha con *woohwang* ("bezoar de vaca") que aclara la mente y el espíritu", es una medicina tradicional coreana que se utiliza en situaciones de emergencia relacionadas con derrames cerebrales, parálisis, alteraciones del habla, coma, hipertensión, ansiedad mental, parálisis aguda/crónica y neuropatía autonómica. En otras palabras, es una medicina de primeros auxilios y un medicamento psicotrópico.

Etiqueta en la cena coreana

 **No levantes tus utensilios** antes de que lo haga el mayor del grupo (durante la dinastía Joseon, la *gimisanggung* 기미상궁, una dama de la corte que probaba la comida, siempre probaba la mesa real antes de servir al rey para detectar el veneno).

 **No te levantes de la mesa** antes de que lo haga el mayor.

 **Sonarse la nariz es de mala educación, pero los eructos están excusados**, pero hay que evitar los eructos fuertes e intencionados delante de personas mayores.

¿quién paga la cuenta?

- Suele ser el más veterano del grupo el que insiste en pagar la cuenta. Aunque es un gesto amable ofrecerse a arrimar el hombro, insistir demasiado podría hacerles "perder la cara".

cómo los jóvenes se reparten la cuenta hoy en día

1. Por turnos
2. La paga holandesa, o más comúnmente conocida como *en bbang* 엔빵 ("1/n" = dividir el importe total entre el número de personas)
3. Banca móvil - transferencia de cuentas

¿POR QUÉ LOS COREANOS COMEN DE LA MISMA OLLA?

Una peculiaridad de la mesa coreana es que la gente come de la misma olla cuando comparte cosas como el *kimchi jjigae* 김치찌개 (estofado de *kimchi*) o el *doenjang jjigae* 된장찌개 (estofado de pasta de judías), ¡utilizando su propia cuchara en lugar de un cazo común! Los defensores de esta práctica dicen que crea un vínculo emocional, pero los detractores tratan de evitarla a toda costa y exigen cuencos separados para cada uno, por razones higiénicas. De hecho, los coreanos tienen una altísima tasa de infección de la enfermedad Helicobacter pylori, que puede causar cáncer de estómago, y se sospecha que la cultura de compartir la comida es la principal culpable. Entonces, ¿dónde empezó todo? Durante la dinastía Joseon y hasta el periodo de la ocupación japonesa, Corea mantuvo la tradición de que cada uno cenara en una mini mesa separada, conocida como *doksang* 독상 ("mesa en solitario"). Se ajustaba a la filosofía del yugyo, en la que se definía la estricta distinción entre ancianos y jóvenes y hombres y mujeres (aunque podían cenar en el mismo lugar).

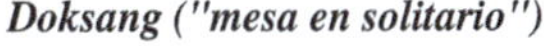

Doksang ("mesa en solitario")

Periódico publicado en 1936 con una columna que promueve la cultura del *gyeomsang* ("comer juntos en la misma mesa")

Pero las cosas cambiaron durante la ocupación japonesa. El Gobierno General japonés de Corea fomentó la práctica de comer juntos en la misma mesa, conocida como *gyeomsang* 겸상 porque Japón necesitaba muchos materiales, incluida la vajilla, para sus combates militares en la Segunda Guerra Mundial. Como resultado, las familias coreanas adoptaron la práctica de poner los platos juntos en la misma mesa, compartiendo sopas, guisos y guarniciones entre sí. Es un hábito artificial más que una tradición que se ha impuesto al pueblo coreano en los tiempos difíciles. Con la modernización y la abundancia de productos en todas partes, el hábito se ha convertido en algo que mucha gente considera que se debe desaprender.

¿POR QUÉ SÓLO LOS COREANOS UTILIZAN CHOPSTICKS DE METAL?

"¡Perdón! ¿Todos los (palillos) asiáticos le parecen iguales?" Pues bien, estos pares de palillos largos y delgados que han ido recogiendo los 5.000 años de historia culinaria asiática pueden parecer similares entre sí, pero son muy diferentes si se miran de cerca. La versión china está hecha de bambú y es la más larga porque es la más adecuada para recoger y no dejar caer la comida del plato para compartir colocado en el centro de la mesa. Las puntas son hexagonales porque se cree que atraen la riqueza. Por su parte, los japoneses eligieron la madera como material principal, y los palos son de longitud más corta con puntas afiladas, lo mejor para desgarrar y deshuesar el pescado. Los palillos coreanos son, sin duda, objeto de estudio científico, ya que los coreanos son el único pueblo del mundo que utiliza palillos de metal. En cuanto a las especificaciones, son más cortos que los chinos pero más largos que los japoneses, con puntas rectangulares.

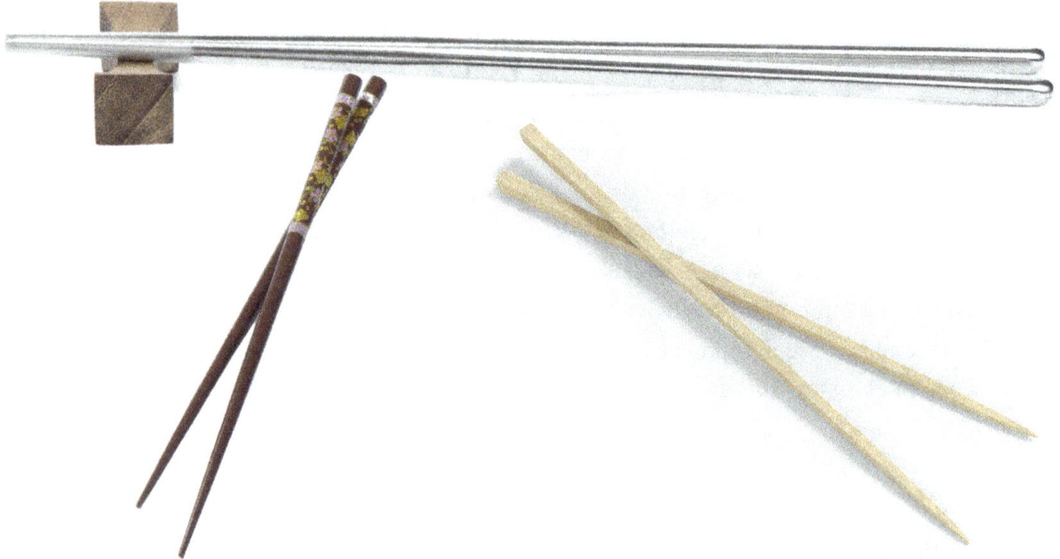

En cuanto a la historia, se cree que se utilizaron ya en el **Periodo de los Tres Reinos** porque se encontraron en los restos de la familia real de la dinastía **Baekje 백제** (18 a.C. - 660 d.C.). En esa época, las familias reales y la clase alta utilizaban cucharas y palillos de plata para detectar el veneno en la comida. Los plebeyos se debían conformar utilizando una versión similar hecha con un metal más barato. En comparación con los palillos de madera, los de metal tienen más ventajas que inconvenientes. Son más higiénicos porque los gérmenes y las bacterias no pueden vivir en ellos, y su extrema durabilidad supera la prueba del tiempo, como se ha visto con el caso de los restos reales del antiguo reino. La desventaja es que son más difíciles de usar: son mucho más pesados y ofrecen menos agarre en comparación con los palillos de madera, por lo que requieren más tiempo para dominarlos. Algunos coreanos, al presumir de las sofisticadas artes y oficios de sus antepasados y de los productos eléctricos de última generación fabricados por sus descendientes, atribuyen en broma el mérito al arduo entrenamiento de la coordinación ojo-mano que supone el uso de los palillos metálicos y que les dio la destreza necesaria para realizar tareas tan complejas.

¿POR QUÉ HAY UN ROLLO DE PAPEL DE BAÑO EN LA MESA DE UN RESTAURANTE?

¿Un poco fuera de lugar? No te asustes si encuentras un rollo de papel higiénico en la mesa. A pesar de la asociación psicológica con el retrete, los coreanos lo tratan como otro tipo de "pañuelo", como los Kleenex y las servilletas de papel. Intente contener su imaginación y concéntrese en la comida.

¿PARA QUÉ ESTÁ LA CAMPANA (BOTÓN DE LLAMADA) EN LA MESA?

Muchos restaurantes de Corea tienen un localizador colocado en la mesa, conocido como "botón de llamada". Basta con tocar el timbre y un camarero estará a su servicio. Pero, por favor, sea respetuoso y no abuse de él.

EL RITUAL DE LA AUTOCOMPLACENCIA

Es posible que muchos de los restaurantes coreanos informales no te preparen los utensilios, por mucho que esperes. No te asustes, no significa que no quieran servirte: te están dejando hacer los honores.
La mayoría de las veces, encontrarás un estuche de madera con los utensilios sobre la mesa. Si no ves ninguno, comprueba debajo/al lado de la mesa y debería haber un cajón. Coge tus palillos favoritos y colócalos tú mismo. Si te sientas junto a la caja de utensilios, haz alarde de tus conocimientos en modales coreanos colocando para tus mayores y los demás.

¿POR QUÉ LOS COREANOS USAN TIJERAS EN LOS RESTAURANTES?

En muchos restaurantes coreanos informales que sirven barbacoa y *naengmyeon* 냉면, es habitual que los camareros utilicen tijeras para cortar la carne y los fideos por comodidad. Sin embargo, no se preocupe, porque se utilizan exclusivamente para la comida. De hecho, cada vez son más las "tijeras de cocina" que se hacen un hueco en las cocinas de todo el mundo como herramienta versátil para cocinar.

AL LLAMAR A UN SERVIDOR

En la mayoría de los restaurantes familiares coreanos, las camareras son ajumma ("mujer de mediana edad"), pero en lugar de llamarlas ajumma, que no suena demasiado amistoso, la gente utiliza la palabra *imonim* 이모님, que significa "señora tía (imo = "tía" nim = sufijo honorífico)", porque suena más amistoso y respetuoso.

¿POR QUÉ LOS COREANOS AMAN TANTO EL SOJU?

Cuando en 2014 salió a la luz un informe de una encuesta realizada por Euromonitor que coronaba a los surcoreanos como los mayores bebedores de licores fuertes del mundo (13,7 chupitos/semana de cualquier bebida espirituosa), el doble de borrachos que los rusos (6,3 chupitos/semana), y cuatro veces menos sobrios que los estadounidenses (3,3 chupitos/semana), todo el mundo se quedó sorprendido, excepto los propios surcoreanos, a los que el resultado no les pareció en absoluto sorprendente. Incluso teniendo en cuenta el hecho de que una gran parte del consumo coreano procede del *soju* 소주, una bebida espirituosa coreana con un 16-21% de alcohol por volumen, mientras que muchas otras bebidas espirituosas suelen tener el doble que el *soju*, con un 35-42% de alcohol por volumen, y después de ajustar los datos en consecuencia dividiendo las estadísticas coreanas por la mitad para una comparación justa, Corea sigue estando a la cabeza con 6,85 chupitos a la semana. Según una investigación realizada en 2017, los coreanos bebieron 3.400 millones de botellas de soju. Si lo dividimos por el número de personas en edad legal de beber, eso supone 85 botellas por persona al año, o, 1 botella y media a la semana por persona.

Y aunque beber en exceso no es ciertamente algo de lo que se pueda presumir (a menos que se esté en una fiesta de fraternidad), demuestra lo mucho que los coreanos aman el *soju*, entre todas las demás bebidas disponibles. Una de las principales razones es que, a tan solo 1.800 wones coreanos (= 1,3 euros) la botella en una tienda, el *soju* siempre ha estado ahí para la gente corriente, en las buenas y en las malas, como un amigo leal rebosante de *jeong*. De ahí que, en la cultura popular, la icónica botella verde haya sido un símbolo de las alegrías y las penas de la gente corriente, con la propiedad mágica de ayudar a la gente a desahogarse, a crear vínculos y a hacer estupideces como enamorarse. Dicho de otro modo, el *soju* es el causante de todo el drama que nos rodea. Hablando de ello, he aquí algunos de los clichés dramáticos coreanos más sobreutilizados que tienen como protagonista al *soju*.

LOS CLICHÉS DE LOS K-DRAMAS FUERON. SOJU

BORRACHO "CONFESIÓN DE AMOR" EN POJANGMACHA

Un chico y una chica (digamos Junho y Youngmi, ambos en edad legal de beber) están sentados al otro lado de la mesa en el *pojangmacha* 포장마차 (tienda/bar de calle). Yougmi está enamorada en secreto de Junho. El desprevenido Junho empieza a hablar de otras chicas. Youngmi, ligera de equipaje y que nunca ha bebido con Junho, vierte soju en su vaso de chupito y lo engulle. Junho, estupefacto, dice: "¿Qué te pasa?" y le agarra la muñeca para detenerla. Yougmi se lo quita de encima con violencia y le dice: "¿Desde cuándo te importa?". Una hora más tarde, Youngmi, completamente embriagada, tropieza con la lengua y consigue soltar que le gusta, e inmediatamente se desmaya sobre la mesa. Junho hace que Youngmi se ponga de pie, pero sin éxito. Como último recurso, Junho decide llevar a Youngmi a cuestas hasta su casa. En el camino, Youngmi sigue murmurando en voz baja, diciendo "Pequeño b@stard, tú... Me gustas tanto... y te odio...". A la mañana siguiente, Junho está ocupado preparando el desayuno para dos. Youngmi por fin recobra el sentido y abre lentamente los ojos y mira a derecha e izquierda. Consternada, casi salta de la cama, pero se encuentra con la camiseta de gran tamaño de Junho. Al notar que está despierta, Junho le dice: "¡Buenos días, mi hermosa novia!".

ENFRENTAMIENTO ENTRE JEFE Y SUBORDINADO EN POJANGMACHA

"¡Sólo haz lo que te digo! Soy tu superior!", dice el director Kim, y Seho, su subordinado, agacha la cabeza ante la voz airada del director Kim. De vuelta en su cubículo, Seho arde con una llama azul baja. Es una escena típica de los K-dramas ambientados en un lugar de trabajo coreano - notoriamente rígido y jerárquico, con muchas reglas tácitas, y se espera que los subordinados sigan las órdenes de arriba, pase lo que pase, porque dar opiniones honestas y expresar emociones sinceras a los superiores puede ser visto como desobediente. La escena cambia y están en un pojangmacha cerca del lugar de trabajo después de la jornada laboral, bebiendo soju. Ambos están bastante borrachos y el director Kim es el primero en hablar. "Oye, ¿todavía estás molesto por el pedido en el que insistí? Lo siento, tío. Lo hice pensando en el interés de nuestro equipo". Seho, con los ojos entrecerrados, consigue replicar: "¿Sabe qué, señor? No debería haber hecho eso si realmente le importa la empresa... Ya sabe... ¡Cómo se atreve! Creía que eras un buen tipo, pero me has decepcionado... Tú... Tú..." Y se va de cara a la mesa. El director Kim llama a un taxi y pone a Seho en el asiento trasero y paga al taxista por adelantado. La escena cambia de nuevo a la mañana siguiente. Seho apenas llega a tiempo al trabajo. El director Kim pasa y deja una bebida para curar la resaca en la mesa de trabajo de Seho.

"CRISIS DE MEDIA VIDA" Y POJANGMACHA AJUMMA

Minsoo, de 58 años, acaba de ser despedido del trabajo y está solo en el *pojangmacha*, bebiendo soju, con su guarnición favorita **golbaengi muchim 골뱅이무침** (ensalada picante de caracoles de mar). Harto de la vida, derriba trago tras trago y pide otra botella, pero la ajumma propietaria interviene. "¡Minsoo, ya has bebido demasiado! Vete a casa con tu mujer y tus hijos". Minsoo insiste en tomar otra botella. "¡No puedo y no quiero! No me respetan y ni siquiera les importa si vuelvo a casa o no. Prefiero desmayarme aquí". Divertidas y tristes a la vez, estas son instantáneas precisas de la sociedad coreana en general, y de cómo los coreanos se las arreglan para pasar el día. Para muchos coreanos, la jerarquía, basada en la edad y el estatus social, hace que dar opiniones honestas y expresar emociones sinceras sea bastante difícil en muchas situaciones. Pero, por suerte, el soju sirve de lubricante que ayuda a que los engranajes de la rueda giren con suavidad, sólo si se consume con moderación.

¿POR QUÉ A LOS COREANOS LES ENCANTA BEBER EN LOS BARES DE CAMPAÑA (POJANGMACHA)?

Pojangmacha 포장마차 (a menudo abreviado como pocha), que significa "vagón cubierto", es un restaurante móvil al aire libre sin lujos (espere sentarse en una silla de plástico) optimizado para la eficiencia. Tiene forma de carro de campaña y suele estar regentado por una *ajumma* propietaria-chef que puede hacer ella sola una gran variedad de anju (comida que se come cuando se bebe), como *sundae* 순대 (salchicha coreana), *dakkochi* 닭꼬치 (brocheta de pollo), *tteokbokki* 떡볶이 (pastel de arroz salteado), *golbaengi muchim* 골뱅이무침 (ensalada de caracoles de mar), y muchos más. Los platos se preparan con rapidez y son relativamente más baratos que salir a comer a un restaurante normal, lo que hace que el *pojangmacha* sea un lugar perfecto para los coreanos que necesitan un bocado rápido y una botella de *soju* después del trabajo. Por ello, la mayoría se agrupan en torno a los edificios de oficinas, pero también es un lugar de encuentro muy popular por su animado ambiente y resulta bastante encantador, especialmente durante la puesta de sol. Hoy en día, el número de *pojangmacha* disminuye constantemente por cuestiones sanitarias y de impuestos, por lo que el "*pojangmacha* de interior" va en aumento.

¿POR QUÉ LOS COREANOS AGITAN Y GOLPEAN EL CUELLO DE LA BOTELLA DE SOJU AL ABRIRLA?

Antes de abrir una botella de soju, agítala o hazla girar rápidamente para crear un pequeño tornado en la botella.

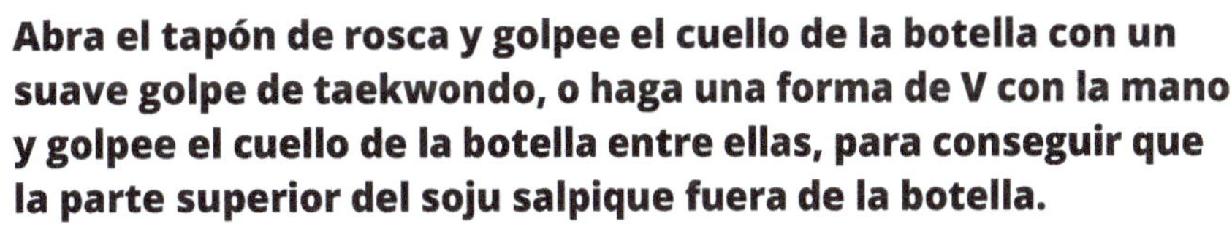

Golpea el fondo de la botella con el codo.

Abra el tapón de rosca y golpee el cuello de la botella con un suave golpe de taekwondo, o haga una forma de V con la mano y golpee el cuello de la botella entre ellas, para conseguir que la parte superior del soju salpique fuera de la botella.

Vale, eso es todo para la lección rápida del espectáculo del *soju* coreano, pero ¿te has preguntado alguna vez por qué lo hacen en primer lugar? Hay una buena razón por la que la gente inventó este ritual. En el pasado se utilizaban sacacorchos en lugar de tapones de rosca, y los sacacorchos se secan y se desmoronan si no se guardan correctamente, dejando trozos dentro de la botella. Como resultado, las botellas de soju a veces tenían pequeños trozos de corcho dentro de la botella. Para sacarlos, la gente empezó a agitar la botella para tenerlos todos en un mismo lugar, luego golpear el fondo para forzarlos a subir, abrir la botella, y luego dejar que la porción superior de soju que contiene impurezas salpique, ya sea vertiéndola o para un efecto más dramático, golpeando el cuello con la cuchilla de mano o la V. Al haber cambiado completamente a los tapones de rosca ahora, los rituales no tienen sentido, e incluso muchos coreanos no saben por qué lo hacen, pero el hecho de que todavía se practique ampliamente demuestra que la gente encuentra un valor de entretenimiento en ello.

¿QUÉ SON EL POKTANJU Y EL SOMAEK Y POR QUÉ LES GUSTAN A LOS COREANOS?

Poktanju 폭탄주, que significa literalmente "chupito de bomba", es una bebida de cóctel que se prepara mezclando una bebida de alta graduación, como el whisky, con otra de baja graduación, como la cerveza. Se denomina así porque al dejar caer un trago de whisky en un vaso de cerveza se produce un efecto similar al de la explosión de una bomba, y también por el hecho de que hace que uno se emborrache más rápidamente. En el pasado, sólo los privilegiados podían permitirse beber whisky, por lo que el pueblo llano recurría a su amigo al alcance de la mano, el soju, como alternativa. Entre muchas variantes, el ***somaek*** 소맥 (*soju* + *maekju* 맥주 "cerveza") es la opción número uno entre los coreanos que no tienen tiempo, pero quieren aprovechar los beneficios del alcohol en el menor tiempo posible. La proporción 3:7 (soju:cerveza) es la fórmula más popular.

DESTILADO   **DILUIDO**

SOJU – EL LICOR MÁS VENDIDO DEL MUNDO 11 AÑOS SEGUIDOS

El nombre *soju* significa "licor quemado" porque se elabora mediante destilación. Es incoloro y sólo tiene un toque de dulzor, que varía en función de la elección de edulcorantes por parte del fabricante, pero las opciones más populares son la sacarina, el aspartamo y la estevia. La primera versión del *soju* apareció en la **dinastía Goryeo** del siglo XIII, cuando se introdujo la técnica de destilación durante la serie de invasiones mongolas. En la actualidad, el *soju* **Andong 안동** se considera la raíz directa del soju moderno que bebemos hoy. Originalmente, el soju se elaboraba a partir de la destilación de alcohol de granos fermentados como el arroz, el trigo o la cebada. Con la prohibición de la técnica de destilación tradicional para paliar la escasez de arroz en la década de 1960, la dilución del etanol altamente destilado hecho de patatas, batatas y tapioca se convirtió en el único método, y posteriormente dio lugar a versiones más baratas de *soju* que acaparan la mayor parte de la cuota de mercado en la actualidad. La prohibición se levantó finalmente, y muchas empresas se han esforzado por recuperar los métodos de destilación tradicionales, y estas marcas de *soju* "premium" están ganando popularidad gradualmente. ¿Cómo de picante es el *soju*? Los diluidos oscilan entre el 16% y el 21% de alcohol por volumen, mientras que los destilados oscilan entre el 17% y 53% de alcohol por volumen. En 2015, el *soju* con sabor a fruta y menor contenido de alcohol (13%), se impuso entre los jóvenes bebedores de *soju*, que no disfrutaban del fuerte sabor a alcohol del *soju* normal.

¿POR QUÉ TODAS LAS BOTELLAS DE SOJU SON VERDES?

Casi todos los productos de *soju* (diluidos) vienen en una botella verde, independientemente de quién los fabrique, y hay razones de marketing y prácticas para ello. Cuando el *soju* producido en masa apareció por primera vez en el mercado, las botellas eran incoloras. Fueron la norma hasta los años 90, pero todo cambió cuando debutó una marca de soju llamada "Green Soju". Este nuevo contendiente adoptó el eslogan de "ecológico" y ofrecía un sabor más suave que los productos normales, y se convirtió en un gran éxito. Naturalmente, otros fabricantes siguieron su ejemplo y empezaron a poner su licor en una botella verde. Desde el punto de vista práctico, cuando las botellas salen de la fábrica, son verdes, lo que significa que no es necesario ningún tratamiento posterior, como el tintado, y están disponibles para su uso inmediato. De ahí que sea el diseño más barato y disponible. En 2010, los fabricantes de *soju* firmaron un acuerdo para estandarizar la forma y el tamaño de las botellas, de modo que las botellas usadas puedan compartirse y reciclarse independientemente del fabricante.

ETIQUETA DE LA BEBIDA COREANA

Los que tienen más edad para beber, ¿recuerdan quién les introdujo por primera vez en el alcohol? Tradicionalmente, los coreanos consideraban que aprender "a beber" de sus mayores era lo correcto, porque era un entrenamiento esencial para que los novatos dominaran las etiquetas y los modales necesarios para beber, y así poder sobrevivir en una sociedad coreana muy jerarquizada y con una miríada de reglas tácitas. Al mismo tiempo, era un símbolo de reconocimiento y aceptación como individuo maduro y miembro responsable de la sociedad y la familia, lo que lo convertía en un gran placer para el que lo daba y un enorme honor para el que lo recibía. Se cree que la mayoría de las costumbres tienen su origen en el *Hyangeumjurye* 향음주례, una reunión ceremonial de intelectuales de finales de la dinastía Joseon que proporcionaba lecciones de etiqueta y modales a la hora de beber, por lo que aprenderlas no sólo le ayudará a evitar cometer pasos en falso a la hora de beber con los coreanos, sino que también le ayudará a apreciar las escenas de bebida de los K-dramas.

- Al recibir y dar de beber a una persona mayor, utilice ambas manos para sujetar el vaso/la botella. También puede utilizar la mano derecha para sostener el vaso/la botella mientras la mano izquierda apoya suavemente la muñeca de la mano derecha.
- Si estás bebiendo con una persona más joven o de tu misma edad, puedes usar una mano, pero si es la primera vez y aún no habéis desarrollado una relación estrecha (es decir, todavía estáis hablando en *jondaetmal* 존댓말 formal entre vosotros), usa las dos manos hasta que ambas partes estén de acuerdo.
- Llena siempre el vaso de la otra persona, pero no lo sirvas hasta que su vaso esté completamente vacío.
- Cuando beba con una persona mayor, gire su cuerpo hacia otro lado y beba con las dos manos. Si está sentado entre personas mayores, gire su cuerpo hacia la persona menos mayor.
- Cuando se bebe en vasos de chupito, muchos dirán que hay que terminar el primer trago de un tirón. No es una obligación y puedes excusarte si no puedes beber mucho.
- Si eres el más joven de un grupo, estate atento para ver si los vasos de los demás están vacíos, puedes coger la botella y servir la bebida, entonces el receptor te cogería la botella y te serviría un trago. Si la botella está demasiado lejos de ti, o hay varias botellas esparcidas por la mesa, céntrate en las personas que están cerca de ti.
- A veces, la persona de más edad o la de mayor rango de un grupo puede beber primero y luego pasarlo, de modo que todos beben del mismo vaso. Aunque esta práctica se justifica como una forma de fomentar la confianza y la solidaridad, es algo que mucha gente, especialmente la generación más joven, quiere evitar por razones sanitarias. Es una situación muy difícil, pero aun así deciden participar en la ceremonia para no caer en desgracia.

- No te sirvas tu propia bebida. Si lo haces, la gente dirá que la persona que beba contigo tendrá desgracias durante 3 años. Por supuesto, se trata de una leyenda urbana de origen desconocido, que se cree que se inventó para animar a la gente a participar activamente en la bebida sirviéndose unos a otros.
- No bebas solo y espera a que la persona de más edad del grupo proponga un brindis o levante su copa.
- No bebas en tres sorbos separados, ya que recuerda a la ofrenda de alcohol a los antepasados muertos durante la ceremonia de la jesa.
- No te niegues rotundamente cuando una persona mayor te ofrezca una copa, porque "salvar la cara" es importante para las personas mayores. En su lugar, diga que, aunque no puede beber, aceptaría el vaso con gratitud. A continuación, puedes dejarla sobre la mesa e incluso chocar los vasos para seguir el rit

¿QUÉ COMEN LOS COREANOS PARA CURAR LA RESACA?

ENFOQUE TRADICIONAL

Haejang 해장 significa literalmente "calmar el estómago", y los coreanos creen firmemente en un plato de sopa abundante y nutritiva para rejuvenecer sus cuerpos deshidratados y doloridos. Por esta razón, las sopas que se toman para curar la resaca se llaman *haejangguk* 해장국 (guk significa "sopa", por lo que se conocen comúnmente como "sopa para curar la resaca"). Las siguientes son algunas de las opciones más populares. Pruébalas todas y comprueba qué te funciona mejor. (Es una buena excusa para beber, ¿verdad?)

Seonjiguk 선지국 **(sopa de sangre de buey)**	***Bugeoguk*** 북어국 **(sopa de sangre de buey)**	***Kongnamulguk*** 콩나물국 **(sopa de brotes de soja)**	***Seolleongtang*** 설렁탕 **(sopa de hueso de buey)**

ENFOQUE MODERNO

¿No tienes tiempo para sentarte a tomar un tazón de *haejangguk*? ¡No te preocupes! Tus amigos coreanos resacosos han inventado una variedad de productos listos para la resaca que seguramente puedas conseguir en alguna tienda cercana. Contienen ingredientes como la dihidromiricetina extraída de los árboles de pasas de la provincia de Gangwon, el cardo mariano, el ginseng rojo y hierbas medicinales que han demostrado ayudar a aliviar y prevenir los síntomas de la resaca.

Otro producto que merece una mención de honor es el **Garamandeun Bae** 갈아만든 배 ("pera triturada (zumo)", más conocido popularmente entre los no coreanos como la bebida "ldh", por aquello de que la palabra coreana "배" se parece al alfabeto "ldh". Este dulce zumo de pera machacada saltó a la palestra cuando la revista GQ publicó un artículo en el que presentaba el zumo de pera machacada coreano como una poción legítima para evitar la resaca si se tomaba con antelación.

¿QUÉ SON LOS 1-CHA, 2-CHA Y 3-CHA QUE CUENTAN LOS COREANOS AL BEBER?

Cuando los coreanos salen, salen, y no se instalan en un solo lugar. Más bien, se dejan guiar por su espíritu festivo y visitan una serie de lugares para seguir entreteniéndose. Cada cambio de lugar/etapa se denomina *cha* 차 ("orden, número, turno"), y el 1-*cha* (il *cha*, "primera etapa") suele comenzar en un restaurante para cenar y tomar algo. Cuando la gente empieza a sentir el efecto del alcohol, alguien grita "vamos a 2-*cha*" (i *cha*) y comienza la secuencia de ir de bar en bar. Por lo general, se trasladan a un bar o pub adecuado para beber más intensamente. Para cuando terminan de presentar sus respetos a Dionisio, el omnipotente Dios del alcohol, todo el mundo está en el ambiente adecuado para el 3-*cha* (sam *cha*), para conocer a Apolo, el Dios de la música. Así es. Es la hora del ***noraebang*** 노래방 (karaoke). Aquí, el objetivo principal no es cantar, sino aliviar todo tu estrés porque si has llegado a esta fase, estás demasiado borracho para que te importe la letra. Y lo que es mejor, o echando más leña al fuego, la mayoría de los noraebangs sirven alcohol, por lo que puedes permanecer achispado durante toda la sesión.

TIPOS DE JUEGOS DE BEBER

SAM-YUK-GU 삼육구 ("3,6,9")

Todo el mundo va en orden, contando los números en voz alta.Cada vez que haya 3, 6 o 9, aplaude en su lugar. Lo mismo se aplica a los números de varias cifras, si consigues avanzar tanto. Por ejemplo, se aplaude una vez para el 23, dos veces para el 33 (porque hay dos 3) y tres veces para el 639. En el mismo sentido, para el 30-39, 60-69, 90-99, tendrás que aplaudir cuando llegues a ellos.

SON BYUNG HO 손병호

Todo el mundo levanta cinco dedos y en orden se hacen preguntas, si lo que la persona dice se aplica a ti doblas un dedo. Por ejemplo, se puede decir: "si alguno de los presentes nunca ha tenido novio/a, que doble el dedo". El que doble todos los dedos tiene que beber.

IMAGE GAME

Todo el mundo coge un palillo o, en su lugar, utiliza un dedo. Cuando se hace una pregunta, se apunta con el palillo o con el dedo a la persona que se cree que encaja en la imagen. Por ejemplo, "¿Quién de aquí parece el más guapo?".

NUNCHI GAME 눈치 게임

Es la prueba definitiva de rapidez mental y de reflejos. Empieza con todo el mundo sentado, y cada uno tiene que levantarse en orden, contando el número en voz alta mientras lo hace. Si dos personas se levantan para decir el mismo número al mismo tiempo, ambas se beben un chupito. O, si todos sobreviven, el último en levantarse se bebe un chupito.

BASKIN ROBBINS 31

Todos se turnan y suman un número al anterior en voz alta, en orden ascendente. Tiene que estar en un incremento de 1 a 3. Como su nombre indica, quien diga el número 31 pierde la partida.

HOESIK - EL TEMIDO EVENTO DE LA EMPRESA QUE TODOS QUIEREN EVITAR

En el lugar de trabajo coreano, existe esta cultura llamada *hoesik* 회식 (literalmente significa "comer juntos", pero puede traducirse como "cena de empresa" o "reunión de empresa" o "hora (des)feliz de la empresa"), que la mayoría de la gente teme y trata de evitar en lo posible. Espera, ¿podrás pasar el rato con tus colegas durante la cena y será como una pequeña fiesta del personal? ¿Qué es lo que no te gusta? Bueno, si se usa con moderación, el *hoesik* puede tener muchos beneficios, como crear un fuerte espíritu de equipo y promover un intercambio de opiniones más sincero. Pero el hecho de que se imponga a los subordinados a expensas de su vida personal, y cómo conduce a un ambiente de trabajo improductivo, hace que hoesik parezca un campo de entrenamiento para adultos... Este es el desglose. En primer lugar, la asistencia es obligatoria. Por supuesto, Corea es un país libre y puedes elegir no participar si lo deseas, pero el proverbio coreano "una piedra angular está destinada a ser golpeada por un cincel" te aconseja no hacerlo, porque hacerlo te marcará como alguien que se prioriza a sí mismo sobre la organización. En segundo lugar, saldrán de la nada y te cogerán desprevenido. Si a tu superior le apetece, lo anunciará en el último momento y dará por cancelados tus planes de cena. ¿"Jueves sediento" con tus amigos? Olvídalo. ¿Planes para salir el viernes por la noche? Olvídalo.

En los K-dramas, las parejas rompen por este tema, pero para una persona deshonesta, es una coartada perfecta para encubrir su infidelidad (por ejemplo, "Cariño, deberías irte a la cama primero. Todavía estoy en hoesik..."). En tercer lugar, la jerarquía de la oficina y la política del lugar de trabajo te acompañarán. Esto empieza por determinar dónde sentarse: si te sientas demasiado cerca de tu superior, puedes parecer un lameculos, y si te alejas demasiado del grupo "principal", te arriesgas a parecer un paria. Además, tendrás que reírte de cada una de las bromas tontas que haga tu superior. No sólo eso, si eres el *maknae* 막내, o el más joven del grupo, estás a cargo de ordenar, hacer el *somaek*, llenar los vasos y muchas cosas más. Si la reunión termina en 1-*cha*, o 2-*cha*, ¡tienes suerte! La mayoría de los hoesik duran hasta las 3 o 4 de la tarde, y no debes irte antes de que lo hagan tus superiores. En el noraebang, se espera que cantes para "animar el ambiente", y es conveniente que elijas una canción que guste a tus superiores. Pero eso no es todo, amigos. También debes coger un taxi para tus superiores borrachos que apenas pueden caminar. Cuando lleguen a casa, sólo tendrán unas horas para dormir hasta que tengan que estar en su mesa de trabajo dentro de unas horas... ¡no llegues tarde!

¿POR QUÉ LOS COREANOS TRABAJAN TANTO?

Para la mayoría de ustedes, que conocen Corea como la cuna del K-Pop de moda y de algunas de las mayores empresas del mundo, como Samsung y LG, y después de ver los rascacielos de la ciudad que se elevan al cielo, puede resultar chocante que el país fuera uno de los más pobres no hace mucho tiempo. Y la transformación no ha sido un cuento de hadas al estilo Cenicienta. Esta es la historia real.

Durante la primera mitad del siglo XX, Corea no tuvo más que una serie de penurias y agonías. La **ocupación japonesa** explotó la nación de todas las formas posibles, lo que alcanzó su punto álgido durante la **Guerra del Pacífico (1941-1945)** y la **Segunda Guerra Mundial (1939-1945)**. El capital necesario, la tierra, los recursos naturales y las vidas de los hombres y mujeres coreanos fueron adquiridos indiscriminadamente por los militares japoneses que luchaban en la guerra. La alegría de la liberación que supuso la **rendición japonesa (1945)** duró poco. Sólo 5 años después, Corea vivió la tragedia fratricida de la **Guerra de Corea (1950-1953)**. Esta guerra total de 3 años de duración redujo la nación a cenizas. El **general estadounidense Douglas MacArthur**, designado comandante de las Naciones Unidas durante la Guerra de Corea, lamentó la devastación y predijo que la nación tardaría 100 años en recuperarse.

Las condiciones de vida de los coreanos eran horribles. Lo que se consideraba una comida decente, con suerte si se conseguía, era un mero batiburrillo de comida de contrabando o de sobras de la base del ejército estadounidense, y para las familias hambrientas, bucear en los contenedores no era nada de lo que avergonzarse. Una de esas comidas improvisadas era el *kkulkkul-i juk* 꿀꿀이죽 ("gachas de cerdo"), que era un guiso hecho juntando cualquier cosa comestible que se pudiera encontrar en la **base del ejército estadounidense**. Aunque a menudo se encontraban elementos no deseados como gomas elásticas, palillos de dientes y partes de zapatos, era fiel a su deber de llenar los estómagos vacíos de los coreanos. Aunque ya no se encuentra en el menú de los restaurantes coreanos, sigue existiendo otra variante llamada *budaejjigae* 부대찌개 y, de hecho, es un menú extremadamente popular. El budaejjigae, que significa "estofado de la base del ejército", se elabora con spam, jamón, salchichas, alubias cocidas, kimchi, gochujang y fideos ramen. Como puede deducirse de su nombre y de la lista de ingredientes, los ingredientes principales son los excedentes de alimentos obtenidos en un mercado negro alrededor de la base del ejército estadounidense, añadidos con ingredientes coreanos locales para satisfacer las papilas gustativas coreanas (también se llamaba *jonseuntang* 존슨탕 "sopa Johnson" porque se dice que el presidente Lindon Johnson alabó su sabor durante su visita a Corea). Hoy en día, es muy popular como plato anju (comida consumida con alcohol), prueba de que los coreanos no lo asocian con la lucha del pasado, aunque son conscientes de ello.

Otro término importante que hay que conocer es *boritgogae* 보릿고개 ("joroba de cebada"), que se refiere al miedo y a las penurias comunes derivadas de la escasez de alimentos cada primavera, porque es el periodo en el que se acaba la cosecha del otoño pasado y la cebada de este año (el arroz escaseaba entre la gente corriente) aún no ha madurado. Se llamaba así porque la lucha era extremadamente difícil de superar, lo que debía sentirse como subir una colina.

¿QUÉ ES EL "MILAGRO DEL RÍO HAN"?

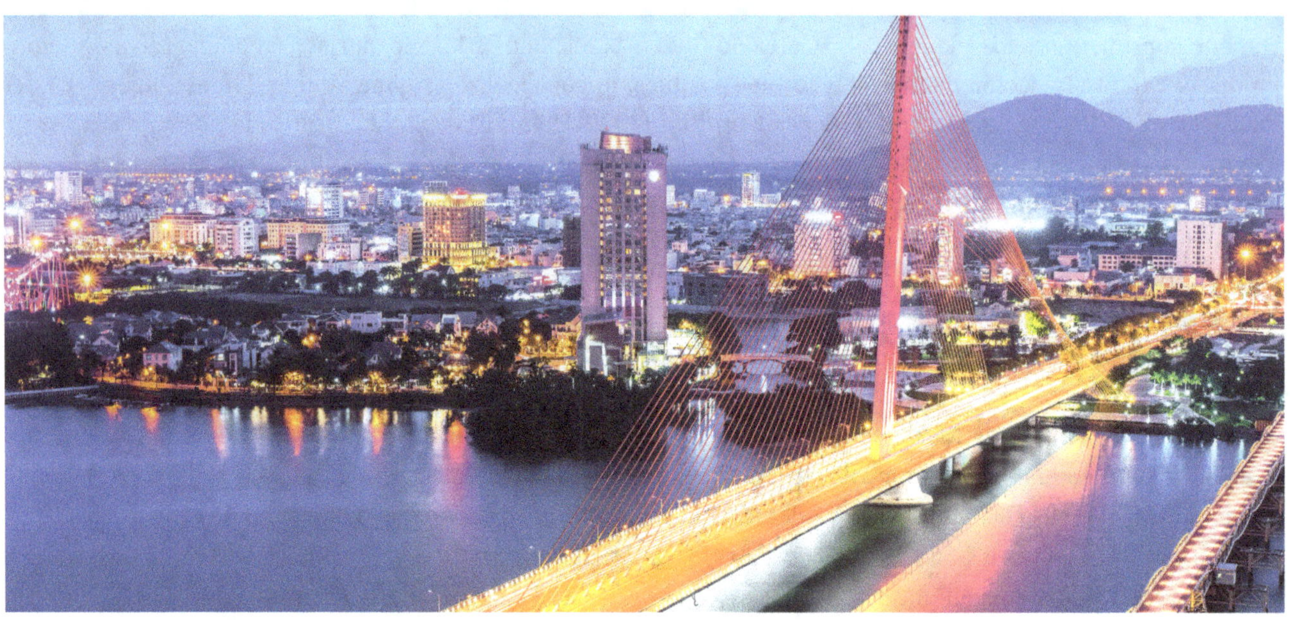

Pero los coreanos son conocidos por su indomable espíritu de "poder hacer". En la década de 1950, la débil economía de la nación apenas se sostenía gracias a la ayuda de Estados Unidos, que empezó a reducirse a partir de finales de la década. Para rectificar la situación, la nación comenzó a buscar formas de desarrollar su propia economía. Tras el colapso del gobierno del primer presidente **Rhee Syngman 이승만** como resultado de la **Revolución del 16 de abril**, la Segunda República estableció un plan quinquenal de desarrollo económico, que no se aplicó hasta que la administración de **Park Chung-hee 박정희** asumió el poder mediante el **golpe militar del 16 de mayo**. El gobierno de Park impulsó enérgicamente el plan quinquenal de desarrollo económico, una política de crecimiento que pretendía convertir a Corea en un **país orientado a la exportación**. Al mismo tiempo, fijó la "modernización" como objetivo de la política nacional y lanzó la campaña *Saemaul Undong* 새마을운동 (Movimiento de las Nuevas Ciudades), que pretendía arreglar, mediante la modernización, la disparidad del nivel de vida entre las zonas urbanas, en rápida industrialización, y las zonas rurales, que seguían sumidas en la pobreza. El eslogan de la campaña, "*Jalsarabose*" 잘살아보세 ("Intentemos vivir mejor") resonó en el pueblo coreano y sirvió de motor de la deslumbrante transformación. Cada día, la gente se levantaba motivada para participar en los proyectos de desarrollo y se iba a la cama sintiéndose orgullosa de la contribución que hacía a la nación. Gracias a los esfuerzos de los trabajadores coreanos, que pudieron aportar mano de obra de calidad con bajos salarios, las industrias ligeras se desarrollaron enormemente.

Fuera de Corea, la mano de obra cualificada era también su principal exportación. En la década de 1960, se enviaron **mineros y enfermeras** a **Alemania**, y en la de 1970 **los coreanos trabajaban en las obras de construcción de Oriente Medio**. También durante esta época, más de 320.000 soldados coreanos lucharon en la **guerra de Vietnam (1964-1973)**, y los subsidios y asignaciones para el combate en el extranjero, junto con los préstamos recibidos de Estados Unidos a cambio de sus participantes, se invirtieron en el fomento de **las industrias ligeras**, así como **en proyectos nacionales de desarrollo de la tierra**.

En la década de 1970, aumentaron las industrias pesadas y químicas, como el refinado de petróleo, la construcción naval y los fertilizantes, y la industria del automóvil comenzó a crecer gradualmente. Como resultado de los esfuerzos del gobierno y del pueblo, la economía de la nación creció a una velocidad sin precedentes en la historia moderna del mundo. La renta per cápita de Corea era de sólo 67 euros en 1953, pero superó los 1.000 euros en 1977 y los 10.000 euros en 2000. Las exportaciones superaron los 10.000 millones de euros en 1977 y los 170.000 millones en 2000, frente a los 22 millones de euros de 1957. En poco más de 30 años se ha multiplicado por cientos el crecimiento. Este periodo de reconstrucción, transformación y desarrollo económico increíblemente rápido se conoce como *hangang eui gijeok* 한강의 기적 "Milagro en el río Han,", una analogía incorporada originalmente por el primer ministro **Chang Myon** 장면 de la Segunda República durante el discurso de Año Nuevo de 1961 para animar a los compatriotas a superar los tiempos difíciles logrando un repunte económico similar al del "Milagro del Rin", la exitosa reconstrucción de Alemania Occidental mediante la revitalización económica tras la Segunda Guerra Mundial. La economía coreana siguió progresando y se la denominó uno de los "**cuatro tigres asiáticos**", entre los que también estaban Hong Kong, Singapur y Taiwán. En 1996, Corea alcanzó un hito simbólico e hizo una declaración al mundo al convertirse en el vigésimo noveno país en ingresar en la **OCDE** (Organización para la Cooperación y el Desarrollo Económicos), compuesta mayoritariamente por países avanzados. Corea demostró con éxito su capacidad al acoger una serie de eventos mundiales, como los **Juegos Olímpicos de Verano de Seúl 1988**, la **Copa Mundial de la FIFA Corea/Japón 2002** y los **Juegos Olímpicos de Invierno de Pyeongchang 2018**, por nombrar algunos. En 2018, Corea del Sur fue el séptimo país exportador con el 12º PIB (Producto Interior Bruto) y el 30º RNB (Ingreso Nacional Bruto).

Me pregunto cómo le va a **Corea del Norte**, que eligió un camino enormemente diferente. Desde 1974, que fue la última vez que Corea del Norte estuvo por delante de Corea del Sur en términos de RNB, la brecha siguió aumentando y en 2018, los norcoreanos ganaron apenas 1.300 euros por persona, mientras que los surcoreanos ganaron 29.900 euros por persona. En cuanto al PIB, el Norte ganó 1/43 de lo que ganó el Sur. "El milagro del río Han" es uno de los logros más notables de la historia moderna de Corea, que la convirtió en un ejemplo para los países en desarrollo que esperan emular el éxito.

¿POR QUÉ LOS COREANOS DICEN "POR EL IMF"?

Como retrata con precisión la película *Gukgabudoeui Nal* 국가부도의 날 (Default, 2018), la racha ganadora de la economía coreana se detuvo en seco cuando cayó en una emboscada en 1997. La crisis financiera asiática tomó a la región por asalto, provocando un colapso en serie de la debacle económica. Corea fue uno de los países más afectados por el repentino golpe y estuvo a punto de caer en el impago debido a la escasez de divisas. Innumerables empresas se declararon en quiebra, la gente perdió sus empleos y las familias se vieron obligadas a salir a la calle. Corea consiguió salir de apuros gracias a las ayudas financieras internacionales, incluido el **IMF** (International Monetary Fund = **FMI** (Fondo Monetario Internacional), pero a un precio muy alto. El gobierno tuvo que llevar a cabo una amplia reestructuración empresarial y mejoras institucionales a lo largo de los años, y la gente tuvo que apretarse el cinturón. Este periodo, uno de los más difíciles y desgraciados de la historia moderna de Corea, se conoce comúnmente como la "**Era del IMF**", y la expresión "**por culpa del IMF**" fue utilizada por las personas cuya vida cambió drásticamente como consecuencia de ello.

LA CAMPAÑA DE RECOGIDA DE ORO

La "Campaña de Recogida de Oro", *Geum Moeugi Undong* 금모으기 운동, fue un movimiento patriótico nacional que tuvo lugar a raíz de la crisis financiera de 1997 con el objetivo de recoger oro del público, exportarlo y convertirlo en dólares para aumentar las reservas de divisas para pagar la deuda de divisas que ascendía a más de 300.000 millones de euros. Participaron más de 3,5 millones de personas, que sacaron voluntariamente sus objetos más preciados, como anillos de boda o medallas de oro, y la campaña consiguió reunir un total de 227 toneladas de oro, el doble de lo que el Banco de Corea tenía en reserva. Con el esfuerzo unificado del pueblo y el éxito de la reestructuración de la economía, Corea pudo anunciar el 4 de diciembre de 2000 que todos los préstamos del IMF estaban pagados y, por lo tanto, salió completamente de la crisis financiera.

Gukgabudoeui Nal 국가부도의 날 ("Default", 2018)

¿POR QUÉ LOS COREANOS ADORAN EL SPAM?

¿Qué sería un buen regalo navideño en Corea? Sorprendentemente, uno de los regalos más populares durante las fiestas es el SPAM. ¿Cómo ha llegado a ser el jamón SPAM tan popular en Corea cuando en Estados Unidos se le trata como un "pseudoalimento barato" o "comida que recuerda a la guerra"? Según la NPR de EE. UU., Corea del Sur es el segundo país que más come spam después de EE. UU. Fue durante la Guerra de Corea cuando se introdujo el SPAM en el país, cuando los alimentos escaseaban, especialmente la carne. En aquella época, el SPAM era un alimento de lujo que sólo podían permitirse los ricos y los vinculados a la base del ejército estadounidense, y para los menos afortunados, el *budaejjigae*, elaborado con las sobras de la comida de la base del ejército estadounidense, era un medio maravilloso ya que contenía SPAM, una valiosa fuente de proteínas.

Por supuesto, el budaejjigae no es la única razón por la que los coreanos adoran el SPAM. Una de las razones es que el sabor salado del SPAM combina perfectamente con el arroz y el *kimchi*. El aumento del número de familias con dos ingresos y de hogares unipersonales que disfrutan de esta práctica receta es también un factor que contribuye. Además, la serie de anuncios que promueven la imagen de "carne procesada de calidad" funcionó a las mil maravillas.

¿QUIÉNES SON LOS CHAEBOLS?

Chaebol 재벌, compuesto por dos caracteres chinos *jae* 재 財 "riqueza" y *beol* 벌 閥 "clan/facción", se refiere a los grandes conglomerados coreanos de propiedad y control familiar con filiales diversificadas. Los chaebols, que ocupan una parte del león en varios ámbitos de la economía coreana, fueron fomentados intensamente por la política de desarrollo económico del gobierno coreano en las décadas de 1960 y 1970. Durante este proceso, los chaebols desempeñaron un papel crucial como motor del rápido crecimiento económico, pero debido a que ampliaron su poder mediante alianzas estratégicas con otros círculos políticos y empresariales, se han producido efectos nocivos como la monopolización y la retaguardia política.
K-dramas sobre chaebol como **Royal Family (2011, MBC) y** *Sangsokjadeul* 상속자들 (The Heirs, 2013, SBS) retratan el singular estilo de gestión coreano de los *chaebol*, cuya característica más notable es la enorme cantidad de poder y autoridad que puede ejercer la familia propietaria, que a menudo suplanta a la de los directivos.En 2019, los 5 mayores chaebols en términos de activos totales eran Samsung, Hyundai Motors, SK, LG y Lotte, y su presencia en la economía coreana es enorme, ya que el activo total combinado de los 4 principales fue casi la mitad del PIB total de Corea en 2017. El concepto de *chaebol* es tan único que es una de las palabras coreanas incluidas en el Diccionario Oxford.

En la cultura pop coreana, *chaebol* se utiliza coloquialmente para significar "super-rico" y es el personaje más popular en un drama de historia tipo Cenicienta. Una escena cliché involucra a un engreído y arrogante hijo de una familia chaebol que cree que su dinero puede comprar cualquier cosa, incluido el amor, pero que cambia por completo tras conocer a una inocente chica humilde, dándose cuenta de que el corazón sincero es lo único que puede comprar el amor.

ENTONCES, ¿CÓMO ES TRABAJAR EN COREA?

Según las estadísticas de la OCDE (Organización para la Cooperación y el Desarrollo Económico), la media de horas de trabajo anuales por persona en Corea fue de 2.024 horas, sólo superada por las abrumadoras 2.258 horas de México. Teniendo en cuenta que la media de horas de trabajo anuales en 36 países de la OCDE es de 1.746 horas, los coreanos trabajan 278 horas más al año que la media de la OCDE, según el informe.

Pero ¿estar más tiempo sentado frente a una mesa de estudio significa que se obtendrá una mejor puntuación en un examen? No necesariamente. Aunque los coreanos trabajan más horas, la puntuación de productividad de los trabajadores coreanos no es alta en comparación con otros países de la OCDE. La puntuación de productividad de los trabajadores coreanos ocupa el puesto 29 entre 36 países. Irlanda, el país con mejor puntuación, tiene una productividad por hora de 86 euros, más del doble que la de Corea. La productividad horaria de los trabajadores coreanos ha crecido ligeramente desde 2011, cuando superó los 30 euros, pero sigue siendo inferior a la de otros países avanzados. Los analistas afirman que el aumento de las horas de trabajo está perjudicando a la media.

¿Qué se añade a las horas de trabajo? Principalmente es el *yageun* 야근, o trabajar horas extras por la noche. Aunque Corea tiene una semana laboral reglamentaria de 40 horas y 12 horas extras pagadas entre semana y 16 horas los fines de semana, muchos centros de trabajo anticuados obligan a sus empleados a hacer horas extras porque tienen la percepción errónea de que trabajar horas extras significa "trabajar duro."
En los lugares con malas condiciones de trabajo, la gente suele hacer horas extras y quedarse despierta toda la noche sin recibir una remuneración adecuada. Además, el hecho de no fichar antes que tus superiores es otro factor que contribuye a las largas jornadas de trabajo. Pero con la gente exigiendo un mejor "equilibrio entre el trabajo y la vida privada" y las empresas priorizando la eficiencia sobre el aumento de las horas de trabajo, las condiciones laborales en general están mejorando constantemente.

TU PRIMER DÍA DE TRABAJO EN COREA PUEDE EMPEZAR EN UN CAMPO DE ENTRENAMIENTO

En muchas grandes empresas coreanas, tu primer día de trabajo no empieza en el cubículo de la oficina. En lugar de ello, como nuevo recluta, te pondrán en un campo de entrenamiento y pasarás por un programa intensivo de creación de equipos.

Más conocido como OT (orientación) o OJT (On-the-Job-Training), los nuevos empleados permanecerán durante unas semanas en un centro de formación y aprenderán sobre la empresa: la ideología fundacional, la historia, la línea principal de servicios y productos, los valores y el himno de la empresa. Al finalizar con éxito el programa, se habrán transformado en una pieza perfecta para el sistema.

¿POR QUÉ TANTOS AJUSSHIS COREANOS RETIRADOS DIRIGEN RESTAURANTES DE POLLO FRITO?

Choegoeui Chikin 최고의 치킨
(*Best Chicken*, MBN, 2019)

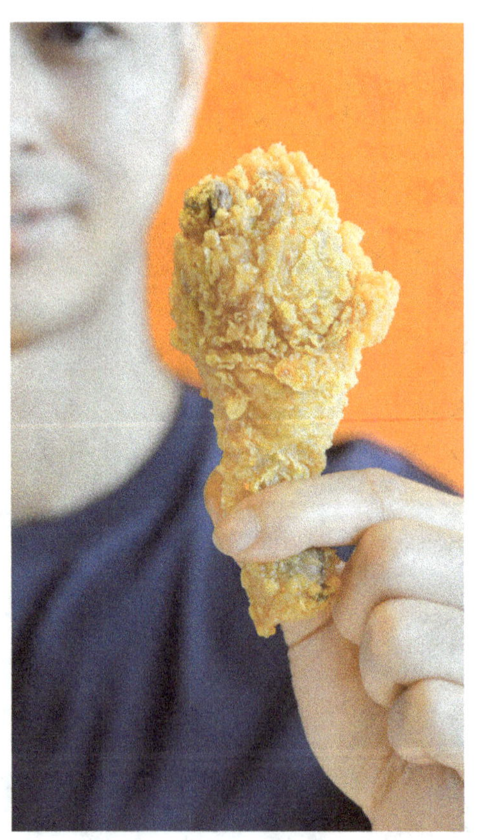

En la comedia romántica de drama coreano, ***Choegoeui Chikin* 최고의 치킨** (Best Chicken, MBN, 2019), el sueño de Park Choi-go es abrir su propio restaurante de pollo frito. Deja pomposamente su trabajo como empleado en una gran corporación para perseguir su sueño. Aunque la idea de pasar de teclear en los cubículos de una oficina a freír pollos en la cocina puede parecer una transición extraordinaria, en realidad es una de las opciones postprofesionales más populares que buscan los coreanos tras la jubilación. ¿Por qué? Sabiendo lo mucho que les gusta a los coreanos el pollo frito y el combo de cerveza chimaek, no debería sorprender desde una perspectiva puramente empresarial, pero hay algo más. Los coreanos tienen la tendencia a identificarse con el trabajo que tienen, y el lugar de trabajo es una extensión de su hogar. Por ello, tienen la noción de "trabajos para toda la vida", y seguir una única carrera continua se considera una virtud. Con una esperanza de vida que aumenta cada año y con la idea de que "los 60 son los nuevos 50", los coreanos siguen queriendo y teniendo que seguir siendo económicamente activos para mantener su vida después de la jubilación (la edad legal de jubilación es de 65 años en Corea). Entonces, ¿qué hacen? Habiendo seguido una única carrera, intentar algo nuevo parece peligroso, así que, naturalmente, se ven obligados a elegir algo que cualquiera puede hacer: una franquicia de restaurantes de pollo frito. El mayor mérito es que se trata de un negocio supuestamente "llave en mano": la central de la franquicia lo prepara todo por ti, desde la selección del local hasta el marketing y el diseño interior. Puedes centrarte en freír pollos y recibir un flujo estable de ingresos. ¿Qué es lo que no te gusta? En realidad, no es tan halagüeño como parece. La competencia es feroz: hay más de 409 marcas de franquicias de pollo frito y más de 87.000 establecimientos, y 14.509 de ellos sólo en Seúl. En comparación, en Corea hay 1.350 locales de Lotteria Burger, 436 de McDonald's y 442 de Domino's Pizza. Como resultado, se convirtió realmente en un "juego de la gallina", y hay más locales que cierran que los que abren, porque si se tienen en cuenta los derechos de franquicia y los royalties, suele ser la franquicia la que gana dinero. Así que, en cierto sentido, la abundancia de restaurantes de pollo frito muestra la realidad de las limitadas opciones que tienen los coreanos tras su jubilación.

¿Por qué a los coreanos les gusta tanto el pollo frito? P. 65

EDUCACIÓN EN COREA

하이스쿨: 러브온 (*Hi! School-Love On*, KBS, 2014)

스카이캐슬 (*SKY Castle*, JTBC, 2018)

¿CÓMO ES ESTUDIAR EN COREA?

Tu Dios te ofreció la oportunidad de empezar tu vida de nuevo, pero aquí está la letra pequeña: como estudiante en Corea, ¿la aceptarías? Bueno, la respuesta variaría mucho dependiendo del tipo de drama que vieras. Si el burbujeante drama romántico adolescente como **하이스쿨: 러브온** (*¡Hi! School-Love On*, KBS, 2014) fuera tu tipo de drama, firmarías el contrato en un santiamén. Por otro lado, definitivamente rechazarías la oferta y te alejarías de la mesa si hubieras visto recientemente **스카이캐슬** (*SKY Castle*, JTBC, 2018) - donde los padres llegan a chantajear, intimidar y hacer todo tipo de tejemanejes con tal de poner a sus hijos por delante de los demás para que ingresen en universidades de prestigio, y sobre todo para mantener su ego inflado a costa de la libertad de sus hijos. Fue un shock para los espectadores de todo el mundo, acostumbrados a creer que todo lo que hacían los chicos y chicas de los institutos coreanos era intercambiar caramelos y cartas de amor. SKY Castle no trata sobre el amor de cachorros, sino que refleja el lado terriblemente sombrío del sistema educativo coreano. Aunque lo mejor es ver la serie completa para entender cómo es, permítanme que les guíe rápidamente a través de una versión abreviada de un día en la vida de un típico estudiante de secundaria coreano. Respira hondo y agárrate fuerte.

La primera clase comienza a las 9 de la mañana, 5 días a la semana, pero debes llegar antes porque tienes que pasar un riguroso proceso de selección que puede añadir minutos adicionales. Cuando llegas a la entrada principal, los profesores de guardia y los miembros del consejo estudiantil comprueban tu vestimenta, es decir, si llevas el uniforme escolar de acuerdo con las normas del centro.

"*¡Qué intolerancia!*" Te dices a ti mismo en voz alta, mientras te diriges al aula. Bien, ya estás en el aula, y la clase empieza puntualmente a las 9 de la mañana. Un día escolar consta de 7 sesiones, cada una con 50 minutos de clase y 10 minutos de descanso entre ellas. El almuerzo es de 13 a 14 horas y se sirve en el aula o en el comedor de estudiantes. La última sesión termina a las 16:50. ¡Sí! ¿Libre por fin? ¡No tan rápido! Tienes que asistir a actividades extracurriculares durante una hora. ¡Y luego es la hora de comer otra vez! Después de una hora de cena, ya son las 7 de la tarde. ¡Ha sido un día tan largo! Entonces... eso significa que finalmente puedes empacar e irte a casa, ¿verdad? ¡No tan rápido! Después de la cena hay una sesión de autoestudio de 3 horas de duración, que solía ser de asistencia obligatoria hasta hace muy poco (la mayoría de las escuelas de hoy en día lo han cambiado a un sistema voluntario). Bien, entonces, ¿qué haces ahora con las preciadas 3 horas extra?

La mayoría de los estudiantes acuden a *hagwon* 학원 (empresas de enseñanza extraescolar) o reciben clases particulares en casa. Si no quieres quedarte atrás (¡cuánta presión de los compañeros!), podrías considerar una de las dos (¿o las dos?) opciones, ¿no? Oh, espera... ¡No te olvides de hacer los deberes! ¡Uf!

Y así es como los estudiantes de secundaria coreanos pasan el día, y multiplicando por 5 es como pasan la semana. Los fines de semana tampoco son días de descanso: se sigue estudiando en los hagwons o en casa con clases particulares. Pero lo peor viene cuando se llega al *gosam* 고삼 (abreviatura de "3er año de instituto", clase de graduación) ¡donde todo se intensifica! ¿Cómo es de malo?

Un famoso dicho coreano, "*sam dang sa rak*" 삼당사락 ("tres horas (de sueño) apruebas y cuatro horas (de sueño) suspendes"), te dará una idea bastante clara. Así que... ¿Qué opinas? ¿Te parece divertido volver a empezar tu vida como estudiante en Corea? Te dejo que decidas, y mientras sopesas los pros y los contras de cada escenario, vamos a investigar un poco por qué los coreanos están tan obsesionados con la educación en primer lugar.

¿POR QUÉ LOS COREANOS ESTUDIAN TANTO?

¿Merecen todas las profesiones el mismo respeto? Los coreanos del pasado ciertamente no pensaban así. La ideología tradicional del yugyo, llamada *sa nong gong sang* 사농공상, o "las cuatro categorías de ocupaciones" (eruditos, campesinos, artesanos y mercaderes enumerados en el orden de su estatus social), dominaba la sociedad coreana y la llevaba a favorecer a los eruditos, dándoles más estatus social y prestigio frente a los de otras categorías, a los que a menudo se miraba con desprecio.

En cuanto a las personas nobles, la puerta de acceso al éxito y al prestigio era aprobar el examen de la administración pública estatal, llamado *gwageo* 과거, para convertirse en miembro de los funcionarios del Estado. Era de tal importancia que los aspirantes que no lo conseguían seguían intentándolo años tras años, y muchos morían sin dar frutos. Estos rasgos nacionales siguen intactos en la sociedad coreana actual, pero el fervor por la educación es mucho mayor que en el pasado. Como ya hemos aprendido, los coreanos dedican innumerables horas a estudiar para poder hacer un buen papel en el equivalente al gwageo moderno, el *suneung* 수능, o "examen nacional de acceso a la universidad". Al igual que en el pasado, aprobar el examen con una puntuación competitiva te permitirá acceder a una de las mejores universidades (las tres universidades más prestigiosas son la Universidad Nacional de **S**eúl, la Universidad de Corea (**K**orea) y la Universidad de **Y**onsei, de ahí el nombre de Castillo **SKY**).

Al igual que en el drama, los padres utilizan todos los medios imaginables para que sus hijos entren en una de esas universidades, ya que ello conlleva la posibilidad de obtener puestos de trabajo prestigiosos y una conexión con la exitosa red de exalumnos. Era tan importante que los solicitantes que no tenían éxito seguían intentándolo años tras años hasta que conseguían entrar en la universidad de sus sueños. Para garantizar el éxito y todas las ventajas que conlleva, los padres invierten una gran cantidad de dinero en la educación, con la esperanza de que su inversión sea rentable.

SUNEUNG - EL GRAN DÍA DE LOS ESTUDIANTES

El segundo o tercer jueves de noviembre de cada año, cuando se termina el plan de estudios regular, es el gran día que todo estudiante de gosam que se gradúa espera con ansiedad. ***suneung* 수능**, abreviatura de ***daehak suhak neungryeok shiheom* 대학수학능력시험** "Test de Aptitud Escolar Universitaria", es un examen nacional que pone a prueba la capacidad de los estudiantes requerida para una educación universitaria. Los temas incluyen la lengua coreana, la historia de Corea, el inglés, las matemáticas, la segunda lengua extranjera/Hanja (caracteres chinos y clásicos), los estudios sociales, la ciencia y la formación profesional, y los resultados de la prueba son un elemento importante que afecta a la probabilidad de ser aceptado en una universidad. El evento recibe la atención nacional (porque todo el mundo tiene que hacer la prueba como estudiante) y todo el mundo se mueve con pies de plomo, lo que a menudo no tiene ningún sentido a los ojos de un extranjero. Por ejemplo, el día del examen, los aviones permanecen en tierra o dan vueltas alrededor de los aeropuertos para evitar hacer ruido durante la sesión de la prueba de audición.

Los mercados de valores tienen una hora de inicio retrasada, mientras que el transporte público ofrece un mayor número de viajes para evitar atascos y que los estudiantes que se examinan puedan llegar al lugar de la prueba a tiempo. En raras ocasiones (pero ocurre todos los años), los coches de policía acuden al rescate de un estudiante con problemas que llega tarde proporcionándole un viaje de emergencia. Fuera de los lugares de examen están los padres pegando *chapssaltteok* 찹쌀떡 ("pastel de arroz glutinoso") y *yeot* 엿 ("caramelo") en la puerta, ambos simbolizan la superación de la prueba. Y aunque este día significa una meta para muchos estudiantes, los que no están contentos con sus resultados volverían a correr la pista, con la esperanza de lograr la puntuación necesaria para entrar en la universidad que desean. Los estudiantes se deciden por el *jaesu* 재수 ("segundo intento"), el *samsu* 삼수 ("tercer intento"), o incluso el *sasu* 사수 ("cuarto intento"). Para algunos estudiantes, la presión es tan enorme que llegarían a quitarse la vida por decepcionar a sus padres.

"¡LIBERTAD PARA NUESTROS PEINADOS!" NORMAS DE CORTE DE PELO

Si estás acostumbrado a ver los peinados llamativos y sexys de los ídolos del K-Pop, puede que hayas asumido que es el aspecto de los típicos adolescentes coreanos en la vida real. Pero las escuelas coreanas siguieron manteniendo un código de normas estrictas sobre el corte de pelo hasta hace muy poco. Considerado como uno de los últimos vestigios de la Ocupación japonesa, cuyo sistema educativo estaba modelado según el de su academia militar, fue criticado por despersonalizar a los estudiantes, y finalmente fue levantado en 2018, y cada escuela adoptó versiones más relajadas de las regulaciones.

¿POR QUÉ LOS ESTUDIANTES COREANOS ESTUDIAN TANTO EN EL EXTRANJERO?

¿Has tenido algún estudiante coreano estudiando en tu país? No son una rareza porque, como se ve en el gráfico, ¡los estudiantes coreanos son una de las cosas que Corea exporta mucho! Sabemos que estudiar en el extranjero cuesta una fortuna: la matrícula, los gastos de manutención y todo lo demás, pero ¿por qué tantos padres coreanos siguen enviando a sus hijos a estudiar al extranjero a una edad temprana?

- Para evitar las limitaciones de la educación de empollamiento en Corea centrada en el ingreso a la universidad y el estrés de la competencia feroz.
- Aprovechar la avanzada infraestructura educativa y capitalizar la escasez y la prima de obtener un título de una universidad de prestigio, lo que daría una ventaja competitiva para encontrar un trabajo en Corea.

Desde el punto de vista monetario, estudiar en el extranjero era un privilegio que sólo podían permitirse los ricos. Para los que estaban por debajo de la clase media, exigía un enorme sacrificio de sus padres.

¿QUIÉNES SON LOS "PAPÁS SALVAJES" COREANOS?

Llamados *gireogi appa* 기러기 아빠 en coreano, los "Wild-Goose Daddies" son padres coreanos que trabajan en Corea y envían dinero para mantener a sus hijos menores de edad que estudian en el extranjero y a sus esposas que también se quedan allí para cuidarlos. Se denomina así porque tienen que tomar un vuelo de larga distancia para visitar a su familia, de forma similar a como los gansos emigran recorriendo una gran distancia.

DÓNDE VAN LOS ESTUDIANTES COREANOS A ESTUDIAR AL EXTRANJERO

2019 - 213.000 estudiantes (Fuente: Veritas Alpha @ veritas-a.com)

Asia - 78.861 (37% - China 50.600 / Japón 17.012)
América del Norte - 71.108 (33,4% - EE. UU. 54.555 / Canadá 16.495)
Europa - 36.539 (17,2% - Reino Unido 11.903 / Francia 6.948, Alemania 6.835)
Oceanía - 25.431 (11,9% - Australia 18.766, Nueva Zelanda 6.645)
África - 604 (0,3% - Sudáfrica 490)
América Central y del Sur - 457 (0,2% - México 229)

DIVERTIDAS Y EXTRAVAGANTES SUPERSTICIONES Y CREENCIAS COREANAS

COMER UN BLOQUE DE TOFU DESPUÉS DE SALIR DE LA CÁRCEL

En ***Chinjeolhan Geumjassi*** **친절한 금자씨** (*Lady Vengeance*, 2005), la vengativa heroína Geum-ja, que tuvo que asumir la culpa de un crimen (asfixiar a un niño) que no cometió y cumplir 13 años de prisión, recibe de un pastor un bloque de tofu al salir de la cárcel. Comer un bloque de tofu después de salir de la cárcel es uno de los clichés de las películas/K-dramas que más aparecen. Pero para toda costumbre social tiene que haber una razón válida. Desde el punto de vista práctico, se cree que comenzó durante la ocupación japonesa (1910-1945), cuando un gran número de activistas independentistas coreanos sufrían de desnutrición causada por

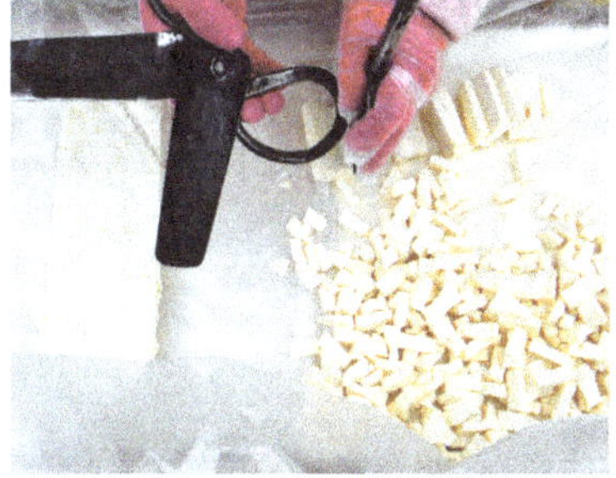

las penurias de la vida en prisión y la persecución. Al salir de la cárcel, tenían que encontrar una forma de reponer su cuerpo de la manera más eficiente y económica posible - y el tofu, rico en proteínas, grasas saludables, carbohidratos y aminoácidos esenciales, encajaba en la lista. Simbólicamente, el color blanco del tofu se asocia con la "pureza" y la "paz", por lo que comer tofu es una ceremonia para desear que el exconvicto no vuelva a la cárcel.

EL YEOT (CARAMELO COREANO) TE HARÁ APROBAR EL PRÓXIMO GRAN EXAMEN

¿Cuál es el artículo de moda entre los estudiantes coreanos que se preparan para un gran examen? Es el taffy coreano, o *yeot* **엿**. Elaborado con arroz cocido al vapor, arroz glutinoso, sorgo glutinoso, maíz, boniato o mezcla de granos, la creencia viene del hecho de que la expresión coreana de "pasar un examen" es ***butda*** **붙다**, que significa literalmente "pegarse (al grupo/lista de aprobados)". Por la misma lógica, el pastel de arroz coreano, *tteok* **떡**, hecho con arroz glutinoso, es otro artículo popular debido a su pegajosidad. Hoy en día, los tenedores son un regalo popular porque simbolizan "elegir (la respuesta correcta)".

EVITAR COMER MIYEOKGUK (SOPA DE ALGAS) ANTES DE LOS GRANDES EXÁMENES

Por el contrario, los examinadores coreanos evitan comer *miyeokguk* **미역국** (sopa de algas hecha con caldo a base de mejillones, ternera o anchoas y aderezada con salsa de soja) el día del examen porque su naturaleza resbaladiza simboliza que uno se resbala/cae (el rango del examen) y suspende el examen. Por esta razón, los coreanos utilizan la expresión idiomática "comí *miyeokguk*" cuando uno suspende un examen.

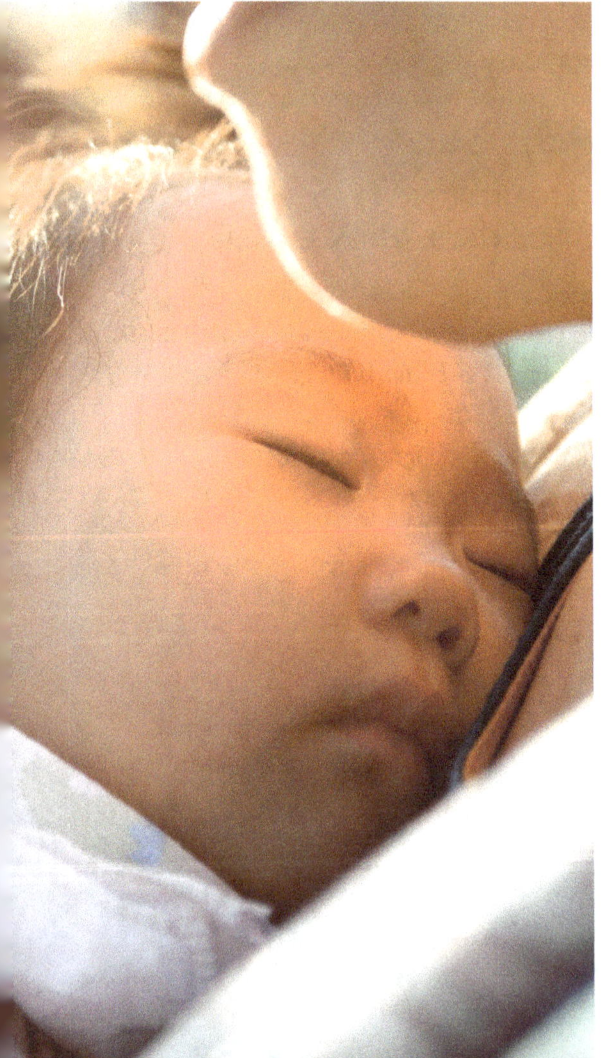

PERO SÍ COMEN MIYEOKGUK (SOPA DE ALGAS) EN LOS CUMPLEAÑOS

El *miyeok*, o alga marina, está lleno de beneficios para la salud: contiene una cantidad sustancial de yodo y calcio, que son los nutrientes más importantes para las madres embarazadas y lactantes en la cultura coreana. Por esta razón, las madres comen *miyeokguk* después de dar a luz, para restaurar rápidamente la nutrición perdida y promover la circulación sanguínea para acelerar el proceso de recuperación. Por eso, desayunar miyeokguk en los cumpleaños tiene un doble propósito: celebrar el cumpleaños y honrar a la madre. Por eso tus amigos te preguntan si has comido *miyeokguk* en tu cumpleaños. ¿Qué debes hacer si tu cumpleaños cae en un día de examen importante? ¿Debes comer *miyeokguk* o no? Bueno, la decisión es totalmente tuya, pero ¿qué tal si comes miyeokguk y comes tteok (pastel de arroz) o yeot (caramelo coreano) para anular el mal presagio?

¿QUIÉN/QUÉ CREEN LOS COREANOS QUE TRAE A LOS BEBÉS?

Mientras las cigüeñas están ocupadas atendiendo partos en otras partes del mundo (sobre todo en Europa y América del Norte, ya que se cree que el mito se popularizó gracias a un cuento escrito por el danés Hans Christian Andersen en el siglo XIX), en Corea también hay alguien trabajando las 24 horas del día. Conocida como **Samshin Halmoni 삼신 할머니** (diosa/espíritu de la abuela), donde *samshin* puede interpretarse como "diosa/espíritu triple", es conocida como la diosa que hace la sangre, la diosa que junta los huesos y la diosa que ayuda durante el parto, a menudo simplemente representada como una sola diosa del parto. Junto con *halmoni* (abuela), representa a "la diosa de la concepción y el embarazo que aparece en forma de abuela amorosa". En comparación con las cigüeñas, cuyo deber es sobre todo encontrar a los bebés en cuevas o macerados y llevárselos a la madre, las funciones y responsabilidades de la diosa abuela coreana son bastante complejas. Incluyen y no se limitan a: 1) escuchar las oraciones de las parejas que desean tener un hijo, 2) bendecir a las parejas con un bebé, 3) velar y proteger a todos los bebés que aún están en el vientre materno, 4) garantizar un parto seguro y sin problemas tanto para la madre como para el bebé, 5) proteger al bebé de las enfermedades hasta la edad de siete años (después, son protegidos por el dios de las Siete Estrellas). Para rendir respeto y agradecimiento a Samshin halmoni por ese amor y cuidados incondicionales, las familias le ofrecen una mesa especial dedicada a ella, presentada con algas, arroz y agua recién sacada (y en algunas regiones, la gente puede poner también tijeras, hilo y dinero), de la que se hace la primera comida para la madre inmediatamente después del parto.

94

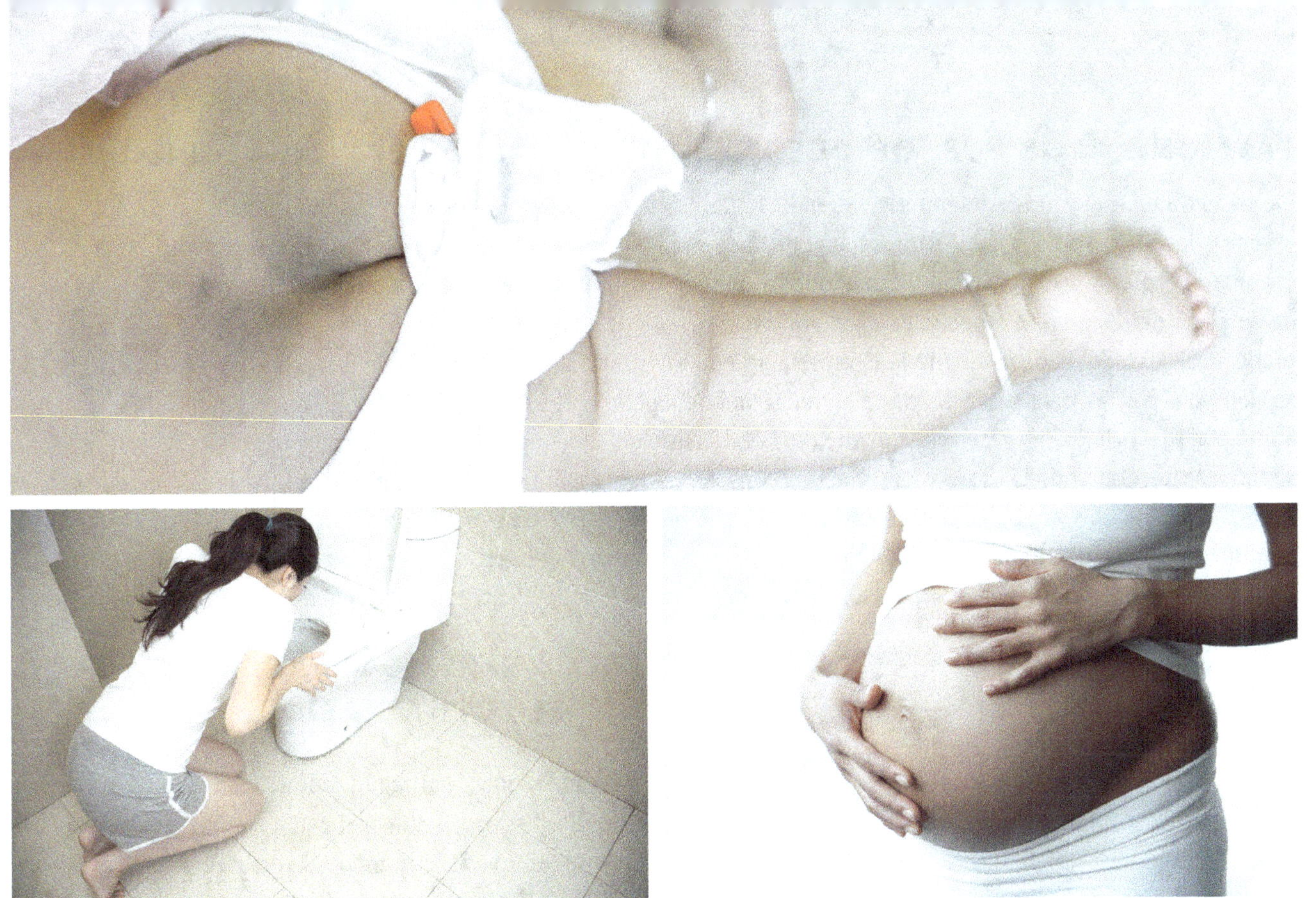

¿MARCAS DE NACIMIENTO MONGOLAS? - LAS OBRAS DE SAMSHIN HALMONI

Nuestra querida samshin halmoni es lo suficientemente inteligente como para registrar su trabajo mediante el proceso de marca. Casi todos los bebés coreanos (97%, según las investigaciones), independientemente de su sexo, nacen con una mancha o marca azulada en varias partes del cuerpo (nalgas y torso 97,3%, brazos 1%, piernas 0,8%, pecho y espalda 0,7% cabeza y cuello 0,2%), que suele desaparecer al crecer. Según un mito coreano, una mujer embarazada tenía dificultades para dar a luz, y samshin halmoni acudió al rescate y le dio un masaje en el vientre, y ¡voilá! El bebé salió como por arte de magia. Pero el problema no acabó ahí: ¡el bebé no respiraba ni lloraba! Incluso una veterana como la propia samshin halmoni se quedó sorprendida porque no es algo que ocurra a menudo. Como medida ad hoc, le dio una buena bofetada en las nalgas, y sólo entonces el bebé empezó a llorar y a respirar. Y la bofetada fue tan fuerte que dejó una mancha azulada en las nalgas del bebé. Por esta razón, se cree que las manchas azuladas que aparecen en los bebés coreanos proceden de la bofetada divina, y sirven como recordatorio de que la abuela-espíritu guardián ha inspeccionado cuidadosamente al bebé y le ha puesto un sello de calidad. En realidad, las manchas, conocidas como **mongo banjeom 몽고반점** o manchas mongólicas, se encuentran entre los bebés de otros países asiáticos (China 86,3%, Japón 81,5%), así como entre los nativos americanos (62,2%), y latinoamericanos (46%) y caucásicos (5-10%). ¡Samshin halmoni debe estar muy ocupado viajando por todo el mundo!

IPDEOT - FORMA COREA DE DECIR "ESTAR EN CINTA O EMBARAZADA"

En una mesa de desayuno con todos los miembros de la familia presentes, justo cuando el hombre de la casa está a punto de levantar su cuchara, una joven salta bruscamente de su asiento y corre directamente al baño, tapándose la boca, y todos en el comedor la oyen vomitar salvajemente. A continuación, la cámara enfoca los rostros confusos de la familia que queda colgada en la mesa, y todos dicen: "Un momento... ¿Está ella...?". La condición médica conocida como **ipdeot 입덧**, o "náuseas matutinas" en español, es también un cliché de drama coreano popularmente utilizado para decir: "¡Uh-oh! ¡Creo que puedo estar embarazada!". Aunque es uno de los muchos síntomas y dificultades posibles que experimentan las mujeres embarazadas durante el primer período, se utiliza con mayor frecuencia debido a su efecto dramático. Así que, si ves esto en un drama coreano, ¡sabes que es un signo revelador de embarazo!

TAEMONG - LOS SUEÑOS QUE PRESAGIAN LA CONCEPCIÓN DE UN NIÑO

Desde ver a un majestuoso dragón ascendiendo al cielo (=haciendo un ascenso en el mundo) hasta ver a un antepasado fallecido con cara de preocupación (=advertencia de un peligro/desgracia inminente), a los coreanos les encanta interpretar los sueños identificando los símbolos y asignándoles un significado. Y el *taemong* 태몽 (sueño de concepción) es un tipo especial de sueño que se cree que es un presagio de concepción, a partir del cual se puede predecir el sexo del bebé mediante la interpretación de los símbolos. A diferencia de otros sueños, el taemong puede ser tenido por otras personas cercanas a la madre del bebé, como el padre, los abuelos, los familiares del bebé, aunque la mayoría de las veces es la madre del bebé la que tiene el sueño de concepción, y los periodos en los que se tiene el taemong pueden variar: antes de ser consciente del embarazo o durante el mismo. Al igual que otros sueños, hay signos y símbolos específicos que hay que buscar, pero, en general, se basan en las similitudes con los genitales masculinos y femeninos (por ejemplo, maíz, berenjena, chile frente a flor, castaña) y sus características masculinas y femeninas (por ejemplo, sol, tigre, dragón, carpa, gallo frente a medialuna, almeja, pájaro, huevo).

¿POR QUÉ LOS BEBÉS COREANOS CELEBRAN EL CENTENARIO?

Baekil janchi 백일잔치, que significa literalmente "fiesta de los 100 días" (*baekil* "100 días" + *janchi* "fiesta") es un evento festivo en el que participan los miembros de la familia y los parientes cercanos para celebrar los 100 días del bebé. Como la tasa de mortalidad infantil era alta en el pasado, superar los primeros 100 días desde el nacimiento era un logro notable. Como el número 100 simboliza, fue un hito importante que indica a todos que el bebé ha superado la marca crítica y se espera que tenga una vida larga y saludable. A los invitados se les ofrecen varios tipos de tteok 떡 como *baekseolgi* 백설기, *susugyeongdan* 수수경단, y *songpyeon* 송편 y se comparten palabras de bendición para el bebé. Así que, si eres aficionado al tteok, es un evento que no querrás perderte.

¿POR QUÉ LAS PAREJAS COREANAS CELEBRAN EL CENTENARIO?

Teniendo en cuenta la explicación anterior, debe explicarse por sí mismo por qué las parejas coreanas hacen un gran alboroto por su marca de 100 días: es un símbolo de haber perseverado a través de los primeros 100 días más críticos de una relación. También es una celebración y una promesa de que vendrán más días felices.

¿POR QUÉ LOS COREANOS CELEBRAN CON TANTA INTENSIDAD SU 60 CUMPLEAÑOS?

Al igual que hacemos una fiesta a nuestros bebés por llegar a los 100 días y al primer año, nuestros padres también se merecen una celebración por derecho propio cuando alcanzan un hito en su vida, es decir, su 60º cumpleaños *hwangap* 환갑. Según un estudio de investigación, el promedio de vida de la gente durante la dinastía Joseon (1392-1897) era muy inferior a la mitad de lo que tenemos hoy en día (78 para los hombres / 85 para las mujeres, pero hay que tener en cuenta que la alta tasa de mortalidad infantil jugó un papel en el descenso del promedio).

La situación no fue muy diferente para los elegidos: la edad media a la muerte de los 27 reyes de la Dinastía fue de 46,1 años, aunque hubo algunos valores atípicos como el rey **Yeongjo** 영조 que vivió unos largos 81,5 años de vida. Por lo tanto, llegar a los 60 años era sin duda algo que había que celebrar y felicitar, por lo que sus hijos organizaban fastuosas fiestas e invitaciones a los amigos de la familia y a los vecinos del pueblo, compartiendo palabras de bendición y sabiduría.

Sin embargo, con el avance de la ciencia médica y la mejora de las condiciones de vida, la esperanza de vida media ha aumentado drásticamente, y el 60 cumpleaños ha perdido importancia. En lugar de celebrar grandes fiestas, las familias suelen optar por cenar en un buen restaurante o hacer un viaje en familia. Ah, pero no supongas fácilmente que ya han terminado de hacer fiestas: esas grandes fiestas se guardan para los 70 cumpleaños *chilsun* 칠순 y los 80 cumpleaños *palsun* 팔순.

*Técnicamente, la palabra *hwangap* 환갑 representa la finalización de un ciclo de 60 años del sistema zodiacal asiático utilizado para calcular el tiempo en China y en la esfera cultural de Asia Oriental y el comienzo de otro ciclo.

DOLJABI - ¡LO QUE AGARRA TU BEBÉ DETERMINA SU FUTURO!

Si el *baekil janchi* es un evento privado a pequeña escala en el que sólo participan los miembros de la familia y los parientes, el *doljanchi* 돌잔치 "fiesta de primer cumpleaños" (dol "primer cumpleaños/aniversario" + janchi "fiesta") es un evento que se celebra en todo el pueblo y en el que participa un espectro tan amplio de invitados como los amigos de la familia y los vecinos. Y el punto culminante del evento es el *doljabi* 돌잡이 = "coger el primer cumpleaños" (*dol* significa "primer cumpleaños/aniversario" + *jabi* 잡이 "coger"). ¡Es una ceremonia tradicional que tiene lugar con la creencia de que el objeto que el bebé coge de la mesa de cumpleaños predice su fortuna/futuro!

HAY UN LUGAR ESPECIAL DONDE
LAS MADRES COREANAS VAN DESPUÉS DE DAR A LUZ

¿Quiénes son los VVIP en Corea? Puede que se te ocurran algunos, pero las madres que acaban de dar a luz son sin duda uno de ellos. En Corea, el periodo que transcurre entre el parto y la recuperación es de suma importancia para la salud de las nuevas madres, ya que es difícil que éstas vuelvan de forma natural a sus niveles de salud anteriores al embarazo sin los cuidados adecuados. Por ello, existen unas instalaciones de servicios llamadas *sanhujoriwon* 산후조리원, que se pueden traducir como "centros de atención posparto", pero que ofrecen más servicios de los que parece. Por ejemplo, ofrece servicios como comidas diarias para las madres, cuidado de niños, cambio de pañales y baño de los recién nacidos. Además, las enfermeras están presentes y hay instalaciones para responder a las emergencias. Por supuesto, no se trata de un hotel de vacaciones para las nuevas madres: siguen teniendo que amamantar al bebé cada pocas horas y aprender a manejar al recién nacido. En resumen, se trata de una institución auxiliar que puede compartir la carga de las madres agotadas para facilitar su rápida y adecuada recuperación.

SAJU PALJA - ¡LOS COREANOS CREEN QUE SU FUTURO ESTÁ PREDETERMINADO!

"¿Debo dejar mi trabajo?" "¿Voy a conocer a alguien nuevo?" "¿Este plan de negocio me hará rico?". Independientemente de la cultura, siempre hemos sentido curiosidad por lo que nos depara el futuro, pero por desgracia, incluso en la era de los smartphones y la física cuántica, seguimos sin tener la bola de cristal para ver el futuro. ¿Y qué hacemos? En Corea, la gente utiliza un método bastante sofisticado para predecir la suerte y el destino. El día de Año Nuevo en Corea, la gente acude en masa a una tienda de *saju* 사주, con una lista de preguntas preparada de antemano. Se cree que tiene su origen en la antigua filosofía china, y el significado literal de saju es "los cuatro pilares del destino" que se asocian con el momento de tu nacimiento: año, mes, día y hora. Cada "pilar" está representado por dos caracteres: uno de las 12 "ramas terrestres" y otro de uno de los 10 "tallos celestiales", formando una combinación de ocho caracteres, razón por la que también se llama *saju palja* 사주 팔자 (cuatro pilares y ocho caracteres).

A continuación, los "ocho caracteres" se extraen de un conjunto de 60 caracteres, y cada carácter tiene una energía yin o yang. Además, se dividen en cinco elementos primarios, *ohaeng* 오행: madera, tierra, fuego, metal y agua. Dado que las características de cada elemento afectan a la personalidad de la persona debilitando o reforzando una determinada disposición, se necesita un experto "lector de saju" para interpretar y explicar con precisión el destino de la persona. Un lector de sajú expondrá el significado interpretado de tu sajú en un papel, y podrás hacer preguntas sobre tu vida por categorías (por ejemplo, matrimonio, carrera, salud, etc.), así como por diferentes marcos temporales (por ejemplo, predicción a 1 año, predicción a 10 años, después de los 50, etc.). Así que la próxima vez que visites Corea, pásate por una tienda de saju y haz que interpreten tu saju, pero no te emociones demasiado si el tuyo es un duplicado exacto del de Bill Gates, porque tener el mismo saju no significa que vayan a vivir la misma vida, ya que se ven afectados por muchos otros factores, como la relación con el saju de sus padres y otros factores circunstanciales y ambientales.

¿SOMOS COMPATIBLES? GUNGHAP - LA COMPATIBILIDAD MATRIMONIAL DE UNA PAREJA

Gunghap 궁합 "(compatibilidad matrimonial)" es el análisis y la interpretación de la compleja interacción entre los 2 *sajus* de una pareja, y un intento de echar un vistazo a cómo sería su futuro. A las parejas coreanas, tanto las nuevas como las antiguas, también les gusta visitar una tienda de saju para que les evalúen su gunghap y presagien todo lo que va a pasar en la relación, tanto lo bueno como lo malo. El papel de un lector de saju es proporcionar una medida precisa de lo bien que cada parte se complementa o entra en conflicto con la otra. A menudo, algunas

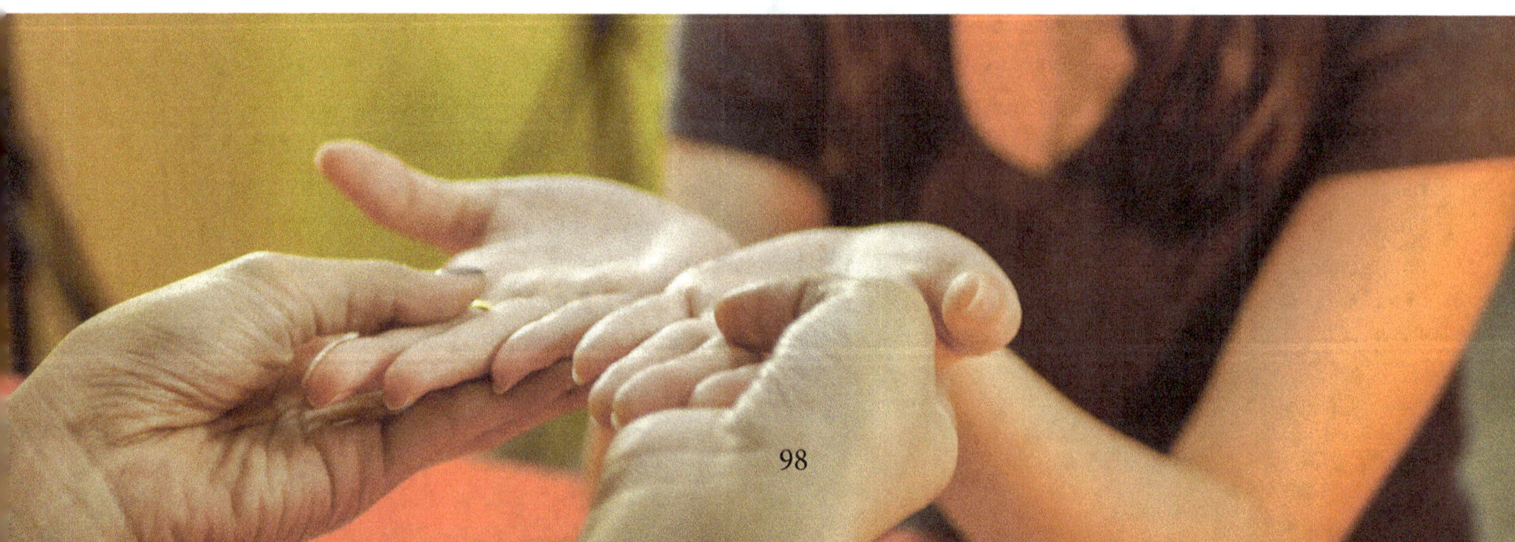

familias tradicionales coreanas le dan la máxima importancia como factor decisivo del matrimonio, y no es raro escuchar historias de ruptura por su incompatibilidad. Por esta razón, algunos llegan a falsificar sus certificados de nacimiento o incluso compran a un lector de saju de antemano para que su historia esté hecha a medida para que parezca una pareja perfecta. Este tipo de situaciones se representan con frecuencia en los K-dramas.

Por el contrario, *chaltteok gunghap* 찰떡 궁합 significa "una pareja hecha en el cielo" porque *chaltteok* significa "pastel de arroz glutinoso", y su pegajosidad representa la compatibilidad y armonía perfectas. Creerlo o no depende de uno mismo, pero es una pieza fascinante de la cultura coreana que representa el intento del pueblo coreano de descifrar los misteriosos códigos de nuestra suerte y destino.

¡PAREJAS CUIDADO! ¡CAMINAR POR EL CAMINO DEOKSUGUNG STONEWALL HARÁ QUE LAS PAREJAS ROMPAN!

Hay un lugar en Seúl que deberías evitar visitar con tu pareja: es el *Deoksugung Doldamgil* 덕수궁 돌담길 ("camino del muro de piedra"). Por fuera, es un bonito sendero a lo largo del muro de piedra que rodea el Palacio Real Deoksugung, pero hay una leyenda/mito urbano que dice que caminar por el sendero del muro de piedra hará que las parejas se rompan. Aunque el origen de esta creencia no está claro, el sendero serpentea hasta el Tribunal de Familia de Seúl, que está muy cerca, por lo que muchas parejas que deciden separarse tienen que bajar por el sendero para llegar allí, de ahí el mito.

REGALAR ZAPATOS A TU PAREJA HARÁ QUE SALGA CORRIENDO

Las parejas coreanas tienen una fuerte aversión a regalarse zapatos porque creen que les hará huir (basándose en la superstición de que unos zapatos nuevos les llevarán a un lugar mejor y encontrarán a alguien mejor). Otra expresión relacionada es "ponerse los zapatos de goma al revés", una expresión idiomática que se utiliza para describir cómo una chica deja a su novio o le engaña mientras él está haciendo el servicio militar. Los zapatos de goma eran el tipo de calzado más popular que usaban las chicas antiguamente, y ponérselos al revés simboliza el cambio de opinión.

GWANSANG – PREDECIR LA FORTUNA DE UNO "LEYENDO LA CARA"

En la película **Gwansang** 관상 (*The Face Reader*, 2013), el experto en *gwansang* (fisonomía) Nae-gyeong es un afamado lector de rostros conocido por su capacidad para evaluar la personalidad de una persona, su estado mental, su buena suerte y las desgracias con las que nace para predecir su destino. Se encuentra en medio de la investigación de un asesinato en la Corte Real, donde se le pide que utilice sus habilidades para identificar al asesino. Después, ayuda al rey (que, irónicamente, le preguntó si tenía "cara de rey" antes de subir al trono) a eliminar a los posibles rebeldes y cortarlos de raíz. Aunque no es tan tecnológico como los ordenadores, el gwansang, que se cree que se originó en la antigua China, es la esencia de la filosofía de Asia oriental. La idea central del gwansang es que nuestro rostro es un pequeño universo con el equilibrio del yin y el yang, que se divide en tres partes, cada una de las cuales predice la fortuna para determinados períodos de nuestra vida: la frente **sangjeong** 상정 (hasta los 30 años), la zona entre las cejas y los pómulos **jungjeong** 중정 (hasta los 40 años), y desde el surco nasal hasta la barbilla **hajeong** 하정 (a partir de los 50 años). Y las características de los rasgos faciales, como la forma y el contorno, tienen diferentes significados y sus relaciones determinan la fortuna general de cada uno. Algunos de los principales puntos de lectura son:

La frente: La reputación, los padres
Cejas: Habilidades Interpersonales, Hermanos
Ojos: Amor, Niños Pómulos: Ambición, Poder
Nariz: Riqueza, activos líquidos
Boca: Aspiración, Talentos
Barbilla: Activos inmobiliarios, empleados

Al igual que el *saju*, la función del lector de *gwansang* es analizar e interpretar las complejidades de los rasgos faciales de una persona para predecir su futuro. Aunque no es nada científico, es una práctica común en Corea de la que disfrutan personas de todas las edades, como la lectura de cartas del tarot y la lectura de la mano. Pero, de nuevo, hay quien lo jura, y algunas grandes empresas incluso contratan a lectores de rostros cuando entrevistan a nuevos candidatos. Y según los expertos en lectura facial, las cirugías plásticas no alteran el destino, y la raza, la cultura y la etnia son irrelevantes en la técnica de lectura facial. Así que deja la bola de cristal y mírate al espejo, porque tu futuro ya está escrito en tu cara.

¡Que cara y cabeza tan pequeña tienes! ¡Te envidio! P. 109

¿Por qué los coreanos se hacen tanta cirugía plástica? P. 213

TENER UN SUEÑO CON UN CERDO = BUENA SUERTE EN TU CAMINO

En muchas culturas del mundo, los cerdos son un símbolo de prosperidad, abundancia y fertilidad, pero los coreanos son sin duda los que más fe tienen en este regordete animal; si ven un cerdo en su sueño, 10 de cada 10 saltarán de la cama y se dirigirán directamente a una tienda de lotería. Esta creencia se ve reforzada por los innumerables incidentes en los que los ganadores de la lotería afirman que la razón por la que compraron un billete fue el sueño del cerdo.

Bueno, en coreano, el carácter chino 豚 (cerdo) se pronuncia *don* 돈, que es la palabra coreana para "dinero". Así que cerdo = dinero. Y por esa razón, la gente a veces "compra" el sueño de otra persona a cambio de dinero, creyendo que la propiedad del sueño auspicioso y el buen augurio asociado se transfieren al comprador.

¿POR QUÉ LOS COREANOS REGALAN PAPEL HIGIÉNICO Y DETERGENTE PARA LA ROPA EN LAS FIESTAS DE INAUGURACIÓN?

PAPEL DE INODORO - "QUE TU FUTURO SEA SIN NINGÚN PROBLEMA" porque la palabra coreana *pulida* 풀리다 significa "desplegar (un rollo de papel higiénico)", pero también significa "resolver (un problema)".

DETERGENTES PARA LA ROPA - "PUEDE BURBUJEAR LA FELICIDAD"

ESPELUZNANTES SUPERSTICIONES Y CREENCIAS COREANAS

EL LUGAR DONDE ESTÁN ENTERRADOS TUS ANTEPASADOS PUEDE TRAER BUENA SUERTE O DESGRACIAS A LOS DESCENDIENTES.

Pungsujiri 풍수지리 ("viento-agua-tierra-principios-teoría"), término coreano para el arte asiático de la geomancia adivinatoria, más conocido por el término chino feng shui (viento-agua). En pocas palabras, es el estudio de la topografía basado en la creencia de que el destino de uno está moldeado por el entorno natural. Así, se cree que los analistas del pungsujiri son capaces de identificar si un lugar concreto es propicio o no, interpretando la relación entre la energía de la fuerza vital y su entorno, y los analistas del pungsujiri afirman que la mala energía responsable de las desgracias puede sofocarse o evitarse mediante la colocación estratégica de diversos elementos.

Según los registros históricos, fue un monje budista de la **dinastía Silla 신라** (57 a.C. - 935 d.C.) quien trajo la filosofía del feng shui de China y la adaptó para hacerla encajar en la cultura coreana. Y existe una fuerte creencia coreana de que los lugares propicios para las tumbas de los antepasados pueden traer buena suerte y prosperidad a los descendientes (algunos incluso desentierran una tumba antigua y la reubican en un lugar más "propicio" cuando se imputa un hechizo de desgracia a la antigua tumba gafada del antepasado).

Esto es un reflejo de la cultura confuciana, en la que el respeto a los mayores, incluso después de su muerte, es de suma importancia. El **general Kim Yu Sin 김유신** (595-673), de la dinastía Silla, que lideró la unificación de los Tres Reinos de Corea, y el rey **Taejong Muyeol 태종 무열왕** (604-661) incorporaron la idea del pungsujiri en la selección de sus tumbas, y las familias nobles ricas llegaron a retrasar el internamiento durante meses para encontrar un lugar de enterramiento propicio.

Myeong Dang 명당 (*Feng Shui*, 2018"), representa una historia en la que la gente se pelea por el lugar ideal para enterrar a sus antepasados. Hoy en día, la tradición sigue viva: los conglomerados coreanos de alta tecnología contratan a afamados analistas de pungsujiri para que les asesoren en la distribución de un nuevo edificio de la empresa, por ejemplo. Así que la próxima vez que compre su futón en IKEA, estudie antes el pungsujiri, porque el lugar donde lo coloque podría afectar a su futuro...

¿QUÉ ES EL CHAMANISMO COREANO - MUSOK Y MUDANG?

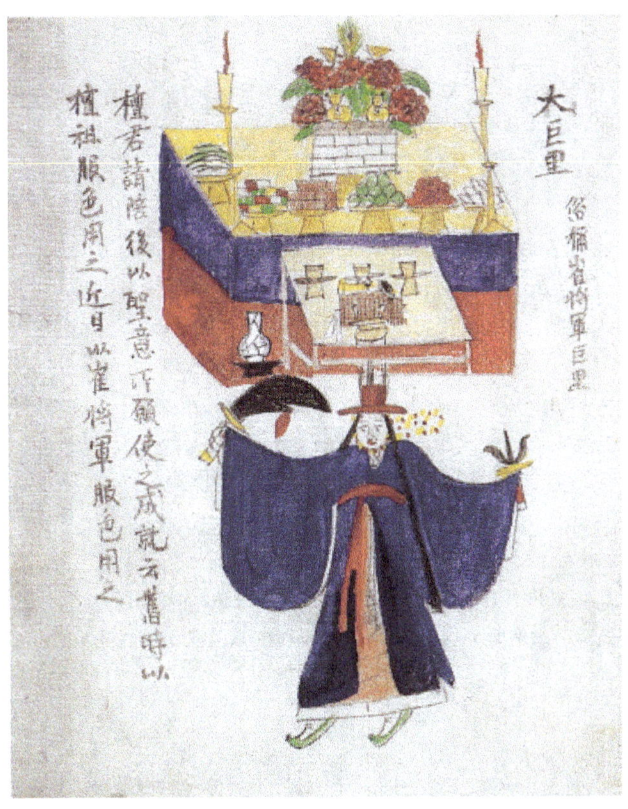

Una ilustración del *mudangnaeryeok* 무당내력, una recopilación de los métodos tradicionales de exorcismo de los chamanes coreanos a finales de la dinastía Joseon (1800). Actualmente se encuentra en Gyujanggak, en la Universidad Nacional de Seúl.

"¡El poder de Cristo te obliga!" En la película de Hollywood *El exorcista* (1973), unos intrépidos padres católicos unen sus fuerzas en Georgetown, Washington D.C., Estados Unidos, para expulsar desesperadamente al espíritu maligno de Regan, una niña cuyo cuerpo se considera poseído. Luchan contra el espíritu maligno utilizando diversos medios, como colgar el Santo Rosario, rociar con agua bendita el cuerpo del poseído y recitar oraciones para invocar a Dios y a los ángeles para que intervengan. Ahora, en la película de terror coreana *Gokseong* 곡성 (*The Wailing*, 2016), después de una serie de horripilantes homicidios en todo el pueblo, cada sospechoso muestra una serie de anormalidades, como tener una extraña erupción en la piel y pronunciar palabras sin sentido. Una niña llamada Hyojin, sufre los mismos síntomas, pero sus condiciones empeoran y comienza a gritar obscenidades y a comer en exceso sin razón aparente. Convencida de que está poseída, su abuela convoca a Ilgwang, para que realice un exorcismo. Ilgwang, que lleva un traje ritual negro decorado con mangas de colores a rayas rojas, verdes, azules y amarillas, es un *mudang* 무당, o chamán coreano (técnicamente, un chamán masculino se llama *baksu mudang* 박수무당), y son personajes importantes del chamanismo popular coreano llamado *musok* 무속. Normalmente, la mayoría de los mudangs se ven obligados a convertirse en uno, en lugar de elegirlo, y suelen pasar por la fase de experimentar diversos fenómenos sobrenaturales, (definidos por los científicos como "un episodio maníaco psicótico agudo temporal") llamado *shinbyeong* 신병 ("enfermedad de los dioses"), como ver fantasmas y padecer enfermedades desconocidas, que desaparecían por completo tras ser poseídos voluntariamente por las deidades locales o los espíritus de los antepasados a través de un *naerimgut* 내림굿, un rito de invocación de un aspirante a médium de otro mudang. El trabajo de un mudang es bastante amplio: se le invita a celebrar ceremonias llamadas *gut* 굿 en los pueblos. El gut es un rito o ritual realizado por los chamanes coreanos, que suele incluir ofrendas y sacrificios a varias deidades locales y espíritus de los antepasados, y la mayoría de las veces es un evento que se celebra en todo el pueblo porque es todo un espectáculo: consiste en bailes rítmicos, hermosas ropas que se cambian varias veces, canciones alucinantes, oráculos misteriosos y oraciones.

Se cree que tienen la capacidad de comunicarse entre los seres espirituales y la humanidad, y el papel de los chamanes no se limita al exorcismo: se trata de pedir a las deidades y a los antepasados que intervengan en la fortuna de los hombres, desde curar enfermedades, atraer la buena suerte, alejar a los malos espíritus y obtener una buena cosecha. Tras la muerte de alguien, un chamán también ayuda al alma del difunto a dejar la vida terrenal sin remordimientos y a encontrar el camino del cielo.

MUDANG TAMBIÉN OFRECE SERVICIOS DE ADIVINACIÓN

Y un servicio popular que presta un mudang a quien lo desee es el *jeom* 점, o adivinación mediante la comunicación con los seres espirituales. Es fundamentalmente diferente del saju porque se basa únicamente en los mensajes obtenidos supuestamente de los seres del otro mundo, así como en varios métodos de adivinación como el análisis del patrón de los granos de arroz esparcidos sobre la mesa y la interpretación del significado de un palo dibujado al azar, mientras que el saju trata de tener un enfoque sistemático y deductivo de la interpretación del destino de uno utilizando la información objetiva como la fecha de nacimiento, la hora y el año. Al igual que el saju, los servicios de adivinación del mudang son muy populares y algunas personas dan fe de su exactitud, pero utilice el servicio bajo su propio riesgo porque hay muchos casos civiles de un (falso) mudang que convence a la víctima de pagar una enorme cuota de servicio con el pretexto de un tributo para apaciguar a las deidades locales o a los espíritus ancestrales. Es una situación que aparece a menudo en los K-dramas en la que un personaje ingenuo regala todo su dinero ganado con esfuerzo a un (falso) *mudang*. En pocas palabras, un mudang es un personaje coreano polivalente que sirve de oráculo, consejero, médium y chamán.

¿POR QUÉ LOS COREANOS PONEN UNA CABEZA DE CERDO HERVIDA EN LA CEREMONIA DE APERTURA DE UN NEGOCIO?

Tirar unas monedas en la alfombra del coche recién comprado (lo que se conoce como "acuñar") y llevar una pata de conejo son algunos de los ejemplos de diversos rituales y amuletos en los que la gente confía para tener buena suerte y protección divina en todo el mundo. Los coreanos también realizan un ritual de bendición llamado gosa 고사, que puede realizarse con o sin necesidad de un mudang, y la gente lo hace para todo tipo de situaciones: desde llevar su flamante coche a la carretera por primera vez, y abrir un nuevo negocio, hasta comenzar una nueva temporada de producción de un programa de televisión, ¡e incluso cuando se lanza un satélite de última generación al cielo! Y en el centro de la mesa se encuentra una cabeza de cerdo sonriente porque es el símbolo de la fertilidad, la prosperidad (el carácter chino 豚 (cerdo) se pronuncia don 돈, en coreano, que es la palabra coreana para "dinero") y la buena suerte: nada dice "suerte" como una cabeza de cerdo en la cultura coreana. La cabeza de cerdo, cortada y hervida, es una ofrenda de sacrificio para las deidades locales y los espíritus de los antepasados. Se acompaña de muchos otros elementos típicos de los chamanes, como el incienso, la comida y el alcohol, y los visitantes del ritual introducen fajos de billetes en la boca, las orejas e incluso la nariz de la cabeza de cerdo, como muestra de ofrenda y contribución. El dinero recaudado se destina al anfitrión de la ceremonia. Hoy en día, la tradición de la gosa sigue viva, pero mucha gente se siente incómoda utilizando una cabeza de cerdo real para el evento debido a su aspecto grotesco y a la preocupación por la crueldad animal. En su lugar, la gente la sustituye por una réplica de silicona o una tarta con forma de cabeza de cerdo.

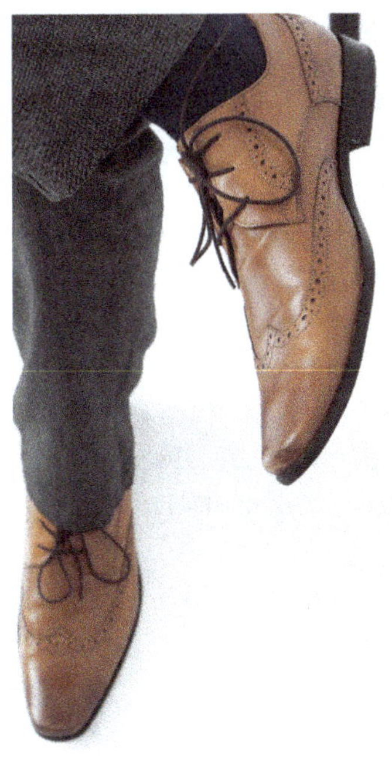

COSAS QUE HACEN QUE LAS BUENAS FORTUNAS SE VAYAN - SACUDIR LAS PIERNAS Y COLOCAR UNA CUCHARA PANZA ARRIBA

En Corea hay dos formas seguras de recibir una buena bofetada de mamá en la mesa: Sacudir las piernas y colocar la cuchara al revés, o con la barriga hacia arriba, porque se cree que traen mala suerte. Como muchas otras supersticiones, es difícil averiguar quién tiene los derechos de autor de estos cuentos, pero podemos hacer una conjetura. En la sociedad coreana, altamente confuciana, el decoro y el orden son de gran importancia, y todo lo que se sale de ese ámbito está mal visto y se desaconseja. Sacudir las piernas, considerado de mala educación sobre todo delante de personas mayores, marca todas las casillas. Del mismo modo, colocar la cuchara con la barriga hacia arriba levanta la bandera porque los coreanos consideran que comer es uno de los elementos más importantes de la vida, y servir una gran cantidad de arroz es símbolo de salud y riqueza. Así, para los ojos coreanos acostumbrados a ver las cucharas colocadas ordenadamente con la parte interior hacia arriba, significa "tomar una cucharada de" buena suerte, y que esté en la dirección contraria significa "quitar una cucharada de" buena suerte.

¿POR QUÉ NO HAY UNA CUARTA PLANTA?

La palabra coreana para el número 4 *sa* 사, se pronuncia igual que la palabra china "muerte" 死. Por esta razón, el número 4 se sustituye a menudo por el alfabeto inglés "**F**" en los ascensores (y a menudo se salta/omite en lugares como las habitaciones de los hospitales. Esta práctica supersticiosa de evitar los casos del número **4** (similar al número 13 en la cultura occidental) se denomina tetrafobia (palabra griega antigua tetrás que significa "cuatro", y "fobia" = "miedo al número cuatro") se encuentra comúnmente en las naciones de Asia oriental que utilizan caracteres chinos como parte de su lenguaje escrito. El ferrocarril nacional de Corea, Korail, omitió el número de tren 4444 al asignar los números de tren a partir del 4401. Algunos coreanos se desternillan si reciben una llamada telefónica de un número que termina en 4444, a las 4:44 de la madrugada.

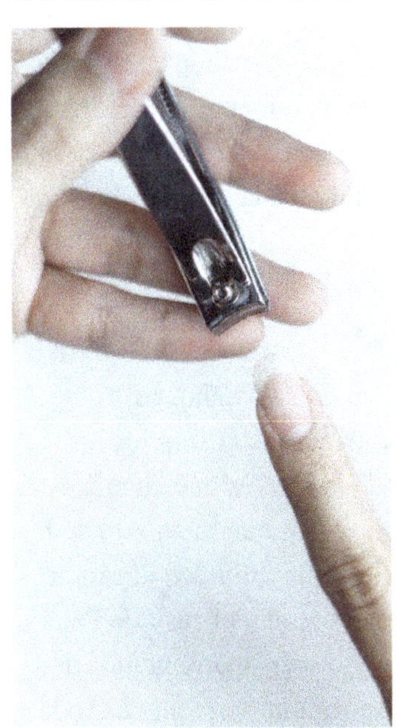

NUNCA TE CORTES LAS UÑAS POR LA NOCHE

Y si pensabas que las serpientes eran espeluznantes, esto es aún peor. Si te cortas las uñas por la noche, las ratas entrarán en tu casa y se comerán los recortes del suelo para transformarse en humanos y adoptar tu forma. Por extraño que parezca, se supone que se originó en la época anterior a la invención de la electricidad y los cortaúñas. Así que, naturalmente, cortar las uñas por la noche en la penumbra era peligroso, y la parte de la limpieza también era difícil.

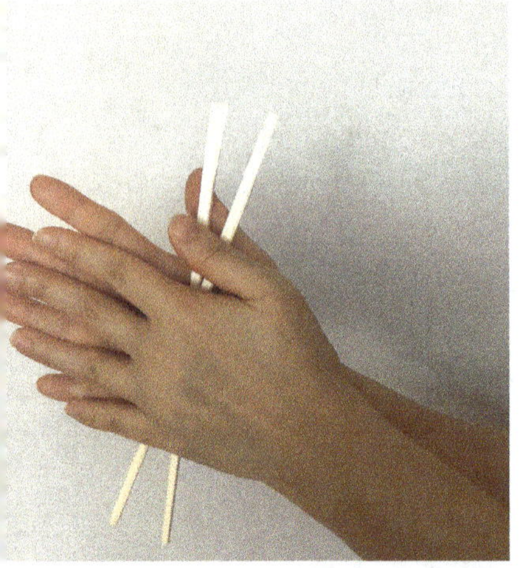

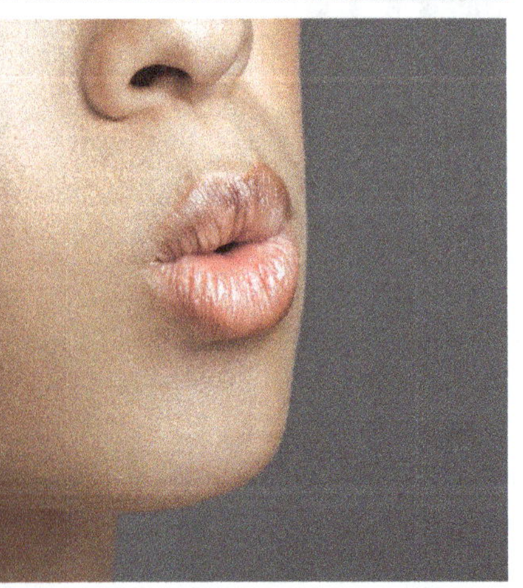

¡ESCRIBIR EL NOMBRE DE ALGUIEN EN ROJO ES UN GRAN NO-NO!

De todos los colores disponibles, hay uno que siempre hay que evitar al escribir el nombre de alguien en Corea: el rojo. Esto es especialmente cierto entre la generación más antigua y hay muchas teorías al respecto. En primer lugar, la teoría es que el rojo simboliza la muerte, ya que es el mismo color que la sangre. La segunda teoría tiene su origen en la historia de Corea. Cuando el **Gran Príncipe Suyang 수양대군**, el segundo hijo del Rey Sejong el Grande de la Dinastía Joseon (1392-1897) estaba tramando un golpe de estado, utilizó tinta roja para hacer una lista de enemigos del bando contrario. La tercera teoría afirma que durante la Guerra de Corea se utilizó la tinta roja para tachar los nombres de los civiles y soldados muertos en combate. Sea cual sea el caso, ¡sería prudente elegir un color diferente al escribir el nombre de alguien!

METER LOS PALILLOS DIRECTAMENTE EN UN CUENCO DE ARROZ TAMBIÉN ESTÁ PROHIBIDO.

Esto también es un gran no en la cultura coreana porque se asemeja a una ceremonia funeraria coreana y a la jesa 제사, una ceremonia conmemorativa que se celebra en el aniversario de la muerte del antepasado. Durante la ceremonia, los quemadores de incienso suelen estar llenos de arroz para que hagan de soporte, y las cucharas se clavan directamente en el cuenco de arroz (algunas familias optan por colocarlas junto al cuenco, en su lugar). Para evitar ofrecer inadvertidamente a la persona sentada a su lado un servicio conmemorativo (¡todavía no estoy muerto!), guarde sus palillos en otro lugar, normalmente encima del cuenco o en la mesa. A menudo, se coloca un pequeño soporte de cerámica en la mesa.

¿POR QUÉ LOS COREANOS FROTAN LOS PALILLOS ANTES DE COMER?

Es posible que te hayas preguntado cuando has cenado con tu amigo coreano. ¿Por qué frotan los palillos antes de comer? ¿Es algún tipo de ritual? ¿Intentan provocar un incendio? La respuesta rápida es para deshacerse de las posibles astillas, y por esa razón, esa práctica sólo se aplica a los palillos de madera, sobre todo a los baratos que se rompen y que tienen esas pequeñas astillas que sobresalen. Dado que los coreanos han sido los únicos pueblos del mundo que han utilizado palillos metálicos, se puede afirmar con seguridad que se trata de un hábito adquirido recientemente. Frotar los palillos no es algo que esté mal visto, pero es posible que quieras tener cuidado cuando te inviten a cenar porque hacerlo podría enviar una señal equivocada de que crees que los palillos son de mala calidad, ofendiendo al anfitrión.

NO SILBES POR LA NOCHE

Por muy feliz que seas, silbar por la noche es algo que los padres coreanos te impedirían hacer porque se cree que atrae a las serpientes (pero si te gustan los reptiles, inténtalo por todos los medios). La lógica detrás de la idea es que en el pasado los cazadores de serpientes utilizaban el silbido, que es similar al sonido de las serpientes, para atraerlas y controlarlas. Y son los adultos los que difunden el rumor para provocar un comportamiento (¡silencio por la noche!), como en el caso de Papá Noel. Dado que la mayoría de las familias coreanas viven ahora en apartamentos de hormigón y probablemente nunca tengan la oportunidad de ver una serpiente en toda su vida, la idea está bastante obsoleta.

LA MUERTE DE LOS VENTILADORES
EL ASESINO SILENCIOSO

¿POR QUÉ LOS COREANOS CREEN QUE DEJAR EL VENTILADOR ENCENDIDO MIENTRAS DUERMES TE MATARÁ?

¿Puedes adivinar cuál es la principal causa de muerte en verano en Corea? Naturalmente, pensarías en cosas como la insolación o la deshidratación cuando el mercurio puede superar los 40 grados centígrados durante los días de perros. Pero los coreanos pondrían en el primer lugar de la lista algo que no se esperaba: La muerte de los ventiladores. En primer lugar, se refiere a los ventiladores eléctricos y no a los letales ventiladores de mano hechos de chapa afilada que utilizan las maestras de Kung Fu. En segundo lugar, no son las aspas de los ventiladores eléctricos las que causan daños físicos directos para matar a la gente. La forma en que esos malvados ventiladores eléctricos matan a la gente es más sigilosa de lo que crees. La muerte por ventilador es una creencia entre los coreanos de que dormir con un ventilador eléctrico en marcha en una habitación cerrada sin ventanas abiertas matará a la persona. Las causas propuestas son la hipotermia (la temperatura corporal desciende anormalmente por el ventilador), la asfixia (sofocación por agotamiento del oxígeno e intoxicación por dióxido de carbono) y la parálisis facial. En 2006, la Junta de Protección del Consumidor de Corea emitió una alerta sobre la seguridad de los consumidores, afirmando que la "asfixia por ventiladores eléctricos y aparatos de aire acondicionado" era una de las cinco principales causas de muerte en Corea. Ha habido numerosos intentos por parte de los círculos científicos y médicos de desacreditar la leyenda urbana, argumentando que esas muertes alegadas eran una mera coincidencia, y un caso de falso sesgo de atribución: murieron por otras causas naturales, pero fue el ventilador en marcha de la habitación el que se llevó la culpa. Pero la creencia está tan extendida que los canales de noticias coreanos siguen informando de casos de muerte de ventiladores cada año.

¿MUDANZA? ELIGE ESTOS DÍAS PARA MANTENER A RAYA A LOS ESPÍRITUS MALIGNOS

¡Enhorabuena! Acaba de firmar el contrato de alquiler de su nuevo apartamento en Seúl y ha llegado el momento de fijar la mejor fecha para la mudanza. Al llamar a muchas empresas de mudanzas para pedir un presupuesto, descubres rápidamente que los precios fluctúan, y que algunos días llegan a duplicar o triplicar el precio de otros días, pero no puedes entender a qué se debe porque es muy aleatorio. Desconcertado, llama a su amigo coreano favorito y le explica lo que ocurre. "En Corea, la gente tiene la creencia de que los espíritus malignos se interpondrán en tu camino el día de la mudanza, ¡e incluso te seguirán hasta tu nuevo hogar! Según el folclore coreano, este espíritu maligno, llamado *son* 손, es un desagradable espíritu maligno que recorre los cuatro puntos cardinales según el día de la semana y se divierte molestando y acosando a los humanos. ¿Cuándo? Cada mes del calendario lunar, están activas en el Este los días 1 y 2, en el Sur los días 3 y 4, en el Oeste los días 5 y 6, y en el Norte los días 7 y 8. Suben a los cielos los días 9, 10, 19, 20, 29 y 30, así que estos son los días a los que hay que aspirar. Estos días se llaman *son eopneunnal* 손 없는날 (día sin espíritu maligno), y la gente pagaría una prima para reservar estos días, lo que haría subir el precio en esos días. Bueno, ahora ya conoces toda la historia y la decisión es tuya. ¿Desembolsarías unos cuantos dólares más para asegurarte de que ningún espíritu maligno te sigue a tu nueva casa?

¿CUÁL ES TU TIPO DE SANGRE? DETERMINA TU PERSONALIDAD

Un 75% de los coreanos cree firmemente que el grupo sanguíneo está estrechamente relacionado con los rasgos de la personalidad y llegan a estereotipar a las personas según su grupo sanguíneo. Si tienes una cita a ciegas, es muy probable que te pregunten cuál es tu grupo sanguíneo, así que asegúrate de conocerlo de antemano.

Mientras que muchos se ríen y dicen que lo hacen sólo por diversión, algunos se lo toman realmente en serio. Pues bien, veamos la historia que hay detrás. Originalmente, se cree que todo comenzó cuando un profesor japonés llamado Takeji Furukawa publicó su trabajo titulado "El estudio del temperamento a través del tipo de sangre" en 1927. Aunque se consideró en gran medida como no científica debido a la falta de credenciales, la idea debió ser muy intrigante porque rápidamente ganó popularidad. En la década de 1970, la idea se amplió aún más con una publicación de un periodista japonés que defendía la idea del profesor. Desde entonces, llegó a Corea y se convirtió en una creencia popular. Otra cosa a tener en cuenta es el hecho de que todos los niños de la escuela primaria tienen que pasar por un examen anual obligatorio de salud de los estudiantes (que incluía la prueba del tipo de sangre hasta 2016), y podría haber contribuido a la proliferación de esta idea porque son más sensibles a dicha teoría que los niños de otros países que no conocen su tipo de sangre. Muy bien, eso debería ser suficiente para una introducción, así que aquí está la parte divertida. A continuación, se presentan las descripciones utilizadas habitualmente para ilustrar las características de cada tipo de sangre. Léelas bien y compáralas con tu propia autoevaluación para ver lo (in)precisas que son.

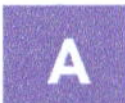
A PERFECCIONISTA INTROVERTIDO

- Conservador / Introvertido.
- Encuentra dificultades para expresar sus emociones o confiar en los demás.
- A menudo se le llama fundamentalista y perfeccionista.
- Tener un fuerte sentido de la responsabilidad en el trabajo y ganarse fácilmente la confianza de la organización.
- Siempre hace planes con extrema precaución, pero a menudo se considera que carece de flexibilidad.
- Parece un trabajador duro, pero puede ser un fiestero disfrazado.
- Puede ser bastante aventurero cuando sale con alguien.

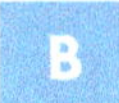
B CREATIVO Y (DEMASIADO) CURIOSO

- Inquisitivo / Lleno de curiosidad.
- Tiene una reserva interminable de temas de conversación.
- Lleno de ideas originales.
- Capacidad excepcional en la planificación de proyectos.
- Tienen un gran interés por las cosas nuevas y a menudo tienen problemas para concentrarse.
- A veces se le llama incoherente.
- Prefiere trabajar a su propio ritmo que en entornos organizativos.
- Compasivo y de corazón tierno, pero a veces se le considera demasiado entrometido.

O LÍDER COMPETITIVO

- Personalidad - De corazón cálido / Comportamiento - Orientado a los objetivos.
- No le molestan los obstáculos menores y tiene la capacidad de concentrarse en las tareas encomendadas.
- Fuerte sentido del compañerismo, asumiendo a menudo el papel de líder dentro de un grupo.
- A menudo se le considera un romántico que persigue sueños, pero puede ser sorprendentemente frío en situaciones apremiantes.
- Odiar perder y ser competitivo- puede ser visto como condescendiente y autocomplaciente.

AB ANFIBIO MISTERIOSO

- Imprevisible: características diferentes según el lado de la combinación A&B que se encienda.
- Excelente capacidad de adaptación a cualquier situación.
- Objetivo en la toma de decisiones, por lo que es menos propenso a cometer errores.
- A menudo se le ve como alguien que se deja guiar fácilmente, pero también puede ser indeciso.
- Prefiere mantener su vida personal en privado y tampoco se preocupa mucho por la de los demás.

Entonces... ¿hasta qué punto son exactas? La Sociedad Coreana de Hematología anunció oficialmente que no hay ninguna base científica para esta creencia y que la personalidad es un subproducto de factores ambientales como la familia y la educación. De hecho, muchos expertos dicen que hay que atribuirlo a lo que se conoce como el efecto Barnum, la tendencia a abrazar cierta información como verdadera y relevante para uno mismo. Algunos ejemplos son las pruebas de evaluación del carácter, los horóscopos o la lectura del tarot. La similitud entre ellos es que las descripciones proporcionadas son tan vagas que pueden aplicarse a cualquiera, lo que lleva a la gente a creer falsamente que se adaptan a sus circunstancias únicas, cuando en realidad no es así. Tal vez sea porque nuestro deseo de buscar explicaciones a lo que sucede a nuestro alrededor está profundamente arraigado en nuestra naturaleza humana y éstas son herramientas eficaces para aliviar nuestras incertidumbres. Y, por supuesto, hay que tener en cuenta el valor de entretenimiento que proporcionan: ¿no nos sentimos un poco mejor cuando nuestro horóscopo (o una galleta de la fortuna) dice algo esperanzador?

Una anécdota adicional: existe incluso una tabla de compatibilidad entre los tipos de sangre para mostrar su grado de compatibilidad (química). Como habrás adivinado, una investigación realizada por una empresa de búsqueda de parejas concluyó que no tenía fundamento. Examinaron de cerca a 3.000 parejas y descubrieron que el tipo de sangre no tenía un impacto significativo en la posibilidad de que una pareja se casara. Pues bien, ahí lo tienes. ¿Te crees la teoría? ¡Entonces debes ser del tipo de sangre B! (sarcasmo)

¡QUE CARA Y CABEZA TAN PEQUEÑA TIENES! ¡TE ENVIDIO!

"¡Vaya! ¡Tu cara es del tamaño de un puño!" Si alguien te dice esto en la cara, no te asustes porque no está intentando pelear contigo. Más bien es un cumplido genuino que sale del corazón, porque uno de los estándares más importantes de la belleza coreana es tener un cuerpo bien proporcionado, y ellos consideran que el *pal deung shin* 팔등신 ("figura de ocho cabezas")" es ideal. De ahí que se admire tener un rostro más pequeño (especialmente entre las generaciones más jóvenes), ya que facilita la consecución de esa proporción ideal. Otra c reencia es que tener un rostro más pequeño (delgado y fino) da un aspecto más juvenil y hace que los rasgos faciales parezcan más definidos y, por tanto, fotogénicos. ¿Hasta qué punto son conscientes los coreanos del tamaño de sus rostros? Su fascinación por los rostros pequeños puede verse fácilmente en la televisión, donde se pide a las celebridades con rostros inusualmente pequeños que sostengan un objeto adyacente a sus rostros para medirlos rápidamente, y algunos incluso sacan herramientas de medición. Pero una de las formas más cómodas y populares de medir si tu cara está en la categoría de "pequeña" es sostener un CD-Rom sobre tu cara. Si eclipsa o cubre totalmente la mayor parte de tu rostro, ¡es súper pequeño! Pero esta gran tendencia sobre un ideal diminuto no termina aquí. Existe incluso un estudio ("The Standard Figure of Korean People") que mide el tamaño de las caras. Según el estudio, la longitud media de la cara de hombres y mujeres es de 23,6 cm y 22,3 cm, respectivamente. Sé que ya has sacado tu regla: ¿Te ajustas a estas medidas?

Gwansang - Predecir la fortuna de uno "leyendo la cara"
P. 100

MUERTE Y VIDA DESPUÉS DE LA MUERTE

¿QUÉ CREEN LOS COREANOS SOBRE LA VIDA DESPUÉS DE LA MUERTE?

Jeonseoleui Gohyang 전설의 고향
(Korean Ghost Stories / Hometown Legends,
1977~2009, KBS)

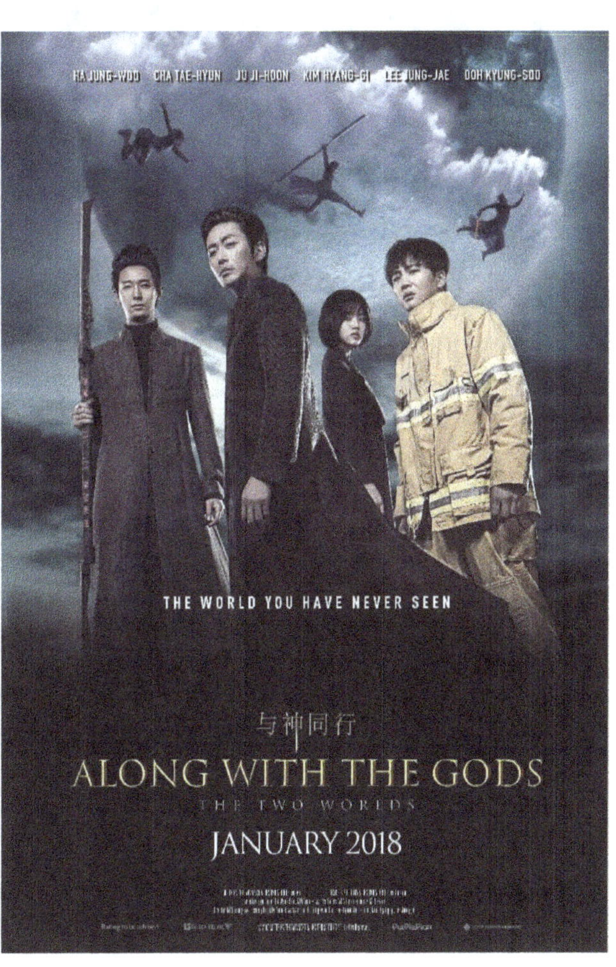

Shingwa Hamkkae 신과함께
(Along With The Gods, 2017)

Una de las formas más populares de los coreanos para sobrellevar los calurosos días de verano es ver una serie de televisión espeluznante como ***Jeonseoleui Gohyang* 전설의 고향** (*Korean Ghost Stories / Hometown Legend*s, 1977~2009, KBS), que es una recopilación de cuentos populares coreanos tradicionales, mitos y leyendas que se transmiten de generación en generación. Además de dar mucho miedo, son un material didáctico muy divertido sobre la visión de los coreanos sobre el más allá. También te sugiero que veas la película ***Shingwa Hamkkae* 신과함께** (*Along With The Gods*, 2017), que te ayudará a entender el concepto coreano sobre el más allá.

¿Por qué los coreanos comen samgyetang caliente a fuego lento en los días más sofocantes del verano?
P. 56

JEOSEUNG SAJA - EL MENSAJERO DEL OTRO MUNDO

Gimakhin Yusan 기막힌 유산 (*Brilliant Heritage*, KBS, 2020)

¿Qué pasa cuando uno se muere? Esto es lo que los coreanos piensan que sucede después del último aliento. En primer lugar, inmediatamente después de la muerte, un mensajero del otro mundo, *Jeoseung Saja* 저승사자 llega para guiarte al otro mundo (si se ve mientras uno está vivo, presagia que su muerte es inminente). Por lo general, se les representa completamente vestidos de negro, con un *gat* 갓, sombrero tradicional coreano, y un rostro más pálido que el de un muerto. Para añadir los efectos numinosos, sus piernas están enterradas en la niebla, enmascarando su marcha, como si flotaran (en las pinturas tradicionales, sin embargo, se les pinta como un fiscal vestido con un estilo colorido pero solemne). Su trabajo comienza con la comprobación de la identidad para asegurarse de que se llevan el alma correcta. Aunque son seres de otro mundo, cometen errores como los humanos y a menudo recogen a la persona equivocada que no debe irse al otro mundo. Conociendo su lado "humano", los coreanos realizan un ritual llamado *gobok* 고복, en el que la familia del difunto prepara 3 cuencos de arroz, verduras, sopas, 3 pares de zapatos, junto con algo de dinero en la entrada de la casa (una parte importante que ilustra que los coreanos pensaban que los mensajeros trabajan en equipo de 3). Con este ritual, la gente buscaba consuelo, ya que creía que sus ofrendas ablandarían a los mensajeros, asegurando que su ser querido tuviera un viaje sin problemas al otro mundo.

YEOMRA DAEWANG - EL REY DEL INFIERNO

Lo que hace que el Jeoseung Saja sea más relatable es que también tienen un jefe al que rendir cuentas. Una vez que todos están a bordo, llevan el alma del difunto a *Yeomra Daewang* 염라대왕 (Rey Yeomra El Grande), el rey del Infierno, un gobernante todopoderoso (hay 10 gobernantes en el inframundo, conocidos como *Shiwang* 시왕 "10 reyes", pero él es el más conocido) encargado de juzgar los pecados de los difuntos y decidir a dónde deben ser enviados. Dado que su trabajo principal es impedir que las almas malas entren en el cielo, se le representa sobre todo con una mirada iracunda y un aullido de rabia ensordecedor. Aunque por fuera parece tener un corazón frío, también tiene su lado blando. En algunos casos, concede magnánimamente otra oportunidad y revive a los muertos, al escuchar sus lamentables historias.

Yeomra Daewang en una pintura budista

CRIATURAS MÍTICAS Y SERES FANTASMALES DE COREA

NADA MÁS PELIGROSO QUE UNA MUJER DESPECHADA- CHEONYEO GWISHIN EL "FANTASMA VIRGEN"

En los tiempos extremadamente patriarcales de la primera Corea, la vida de una mujer era bastante difícil. Enseñada a estar subordinada a los hombres y con una educación limitada o nula, la vida consistía sólo en sacrificios: servir a su padre, al marido, y criar a los hijos, al tiempo que se cumplía con la lista de tareas domésticas. Como resultado de su vida reprimida, muchas mujeres coreanas en el pasado tenían resentimiento, rencor o han de por vida, lo que se intensifica aún más si uno muere sin casarse, y el alma lamentable no puede dejar este mundo y se convierte en un *cheonyeo gwishin* 처녀귀신, o "fantasma virgen". Vestidas con la tradicional ropa blanca de luto llamada *sobok* 소복, con el largo pelo negro como el carbón colgando sobre su cara como una cortina (sólo las mujeres casadas pueden recogerse el pelo), deambulan alrededor de las personas, normalmente los varones que les causaron daño, y les persiguen hasta que su resentimiento queda satisfecho. El equivalente masculino se llama *chonggak gwishin* 총각귀신 ("el fantasma del soltero").

MATRIMONIO DE LAS POBRES ALMAS

Cuando uno o ambos miembros de la pareja mueren antes de contraer matrimonio, se realiza la *yeonghon gyeolhonshik* 영혼결혼식, o "ceremonia de boda para el alma (del fallecido)", un ritual chamánico destinado a apaciguar el alma del difunto para que deje este mundo en paz y no se convierta en un cheonyeo o chonggak gwishin.

TEN CUIDADO CUANDO ESTÉS CERCA DEL AGUA - MULGWISHIN EL "FANTASMA DEL AGUA"

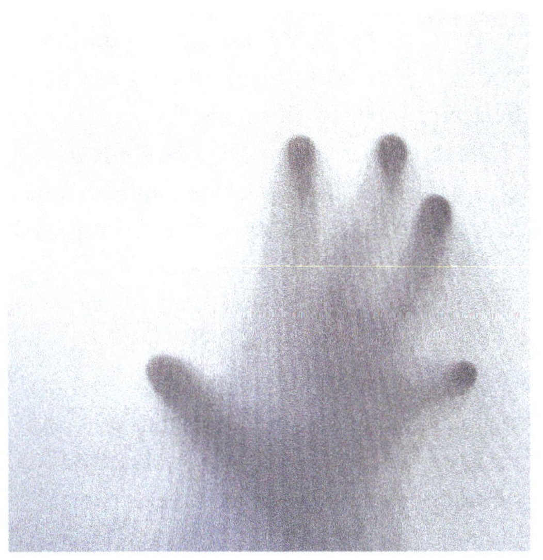

Aunque se sepa nadar mejor que Michael Phelps, hay una buena razón para ser doblemente precavido cuando se está cerca del agua en Corea. Los *mulgwishin* 물귀신 ("fantasmas del agua") son los espíritus de alguien que se ahogó, y en términos de entorno residencial, las frías y solitarias profundidades acuáticas son seguramente las peores. Por eso, te arrastran hasta su lugar de residencia eterna, y ni siquiera el nadador más experimentado puede escapar de sus garras...

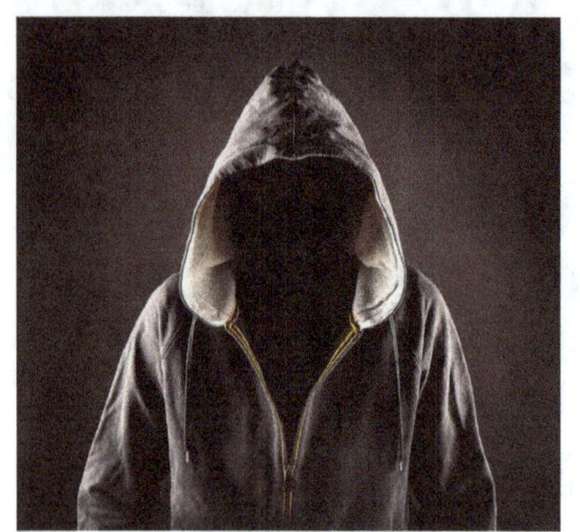

POBRE ALMA QUE AÑORA SU HOGAR - GAEKGWI EL "FANTASMA ERRANTE"

***Gaekgwi* 객귀**, o "fantasma vagabundo", es el espíritu perseguido de alguien que tuvo una muerte prematura mientras estaba lejos de su ciudad natal antes de alcanzar el tiempo de vida asignado, o ***cheonsu* 천수**. Por el rencor que sienten, son incapaces de abandonar el mundo de los vivos y ascender a los cielos. Atrapados entre los dos mundos, vagan entre los humanos alrededor de su lugar de muerte, causando daños a los transeúntes.

MONSTRUOS TRAVIESOS - DOKKAEBI EL "DUENDE COREANO"

Koby-Koby 꼬비꼬비 (KBS, 1995)

Los ***Dokkaebi* 도깨비**, o "duendes coreanos" son criaturas sobrenaturales del folclore coreano que a menudo se describen como deidades o espíritus de la naturaleza. Mientras que otros fantasmas o espíritus se forman por la muerte de un ser humano, los Dokkaebis se forman como resultado de la posesión espiritual de objetos no vivos, como un viejo atizador de madera o una vieja escoba, a partir de los cuales se transforman en una forma humana para gastar bromas y engañar a los humanos. A pesar de su carácter travieso, también tienen un lado humano y ayudan a los humanos que lo necesitan. El garrote mágico que llevan, conocido como ***dokkaebi bangmangi* 도깨비 방망이**, puede invocar cualquier cosa y transformarla en la forma que deseen. Tradicionalmente, se les representa como una criatura aterradora con cuernos en la cabeza y colmillos sobresalientes de gran tamaño, pero también pueden aparecer en forma de ser humano mediante el cambio de forma. Y el drama coreano homónimo ***Dokkaegi* 도깨비** (*Goblin*, 2016) hace un excelente trabajo al interpretar las ideas tradicionales con un toque moderno, junto al romance como tema principal (es un K-Drama, después de todo).

GUMIHO - EL "ZORRO DE NUEVE COLAS" QUE QUERÍA CONVERTIRSE EN MUJER

Si un zorro vive mil años, se convierte en ***gumiho* 구미호** (zorro de nueve colas). Suelen aparecer en historias de miedo, pero se dice que albergan un fuerte deseo de convertirse en humanos. La leyenda dice que se transforma en una hermosa mujer y que se enamora de un hombre y se casa con él porque se cree que, si puede vivir 100 Días sin que su verdadera forma sea revelada por el marido, se convertirá en una mujer de verdad. Sin embargo, al final de la leyenda, el gumiho ve expuesta su identidad cuando sólo le queda un día, e incapaz de cumplir sus deseos, acaba abandonando a su marido. Un drama televisivo titulado ***Nae Yeoja Chinguneun Gumiho* 내 여자친구는 구미호** (*My Girlfriend is Gumiho*, 2010) es una burbujeante historia romántica con el motivo proveniente de la leyenda y que definitivamente vale la pena ver. En otras versiones de la leyenda, se les representa como criaturas malignas que atraen a los hombres a la muerte y se comen su hígado. No sé tú, pero yo prefiero la primera versión.

FUNERAL COREANO – CÓMO SE DESPIDEN LOS COREANOS

	TRADICIONAL	**MODERNO**
DURACIÓN	3 / 5 / 7 / 9 Días	3 Días / 2 Días
LUGAR	Inicio	Salas funerarias de hospitales
ORGANIZADOR	*Sangju* (Jefe de Duelo)	Proveedor de servicios funerarios
ROPA DE LUTO	Vestido / sombrero de cáñamo, zapatos de paja	Traje de etiqueta negro, brazalete de tela
QUIENES SON LOS INVOLUCRADOS	Todo el pueblo	Familia / Parientes
CÓMO LLEGAR AL LUGAR DE ENTERRAMIENTO	Los vecinos de la aldea llevan el Sangyeo juntos a pie	Coche fúnebre
GRIEVING	En voz alta	Mínimo
DEJAR EL PERIODO DE LUTO	3 Años / *Sangju* vive junto a la tumba	49 Días / 1 Año

¿CUÁNTO DURAN LOS FUNERALES COREANOS?

En el pasado, los funerales coreanos comenzaban con la partida de un ser querido y podían durar 3, 5, 7 o 9 días (los números impares se consideran auspiciosos), según el estatus social y las tradiciones familiares. Durante esta época se lleva a cabo un conjunto de ritos extremadamente elaborados y arduos, ya que representan la esencia de la filosofía confucianista coreana que da la máxima importancia a la piedad filial y a la estricta jerarquía entre los miembros de la familia. Y se cree que esto asegura una transición sin problemas de un ser querido a la otra vida. Pero debido a la modernización y a la sociedad de alto ritmo en la que la gente carece tanto de tiempo como de espacio, la gente se ha inclinado por un enfoque práctico, y los funerales tradicionales se han simplificado, siendo la norma la versión de tres días y ocasionalmente los funerales de dos días. A pesar de la transformación, los elementos esenciales se mantuvieron y siguen siendo el núcleo de los funerales coreanos actuales. Veamos el orden típico de un funeral coreano moderno para el padre de alguien:

Bugo 부고 Aviso necrológico

Binso 빈소 Montaje de la funeraria / sala conmemorativa

Yeomseup 염습 Vestir el cuerpo del difunto

Ipgwan 입관 Colocación en el ataúd

Seongbok 성복 Llevando Ropa de Luto

Munsang (*Jomun*) 문상 (조문) Recibir a los dolientes invitados

-- tiene lugar el último día del funeral --

Balin 발인 Sacar el ataúd / Procesión

Anjang 안장 *Entierro*

¿DÓNDE SE CELEBRAN LOS FUNERALES COREANOS?

También ha cambiado el lugar donde se celebran. Antes, los funerales se celebraban en el domicilio del fallecido y así se sigue haciendo en las zonas rurales. En las ciudades, la gente opta mayoritariamente por pasar sus últimos días al cuidado de centros de atención profesional, como residencias de ancianos y hospitales. Los grandes hospitales también cuentan con salas funerarias dentro de su complejo, lo que facilita las cosas a las familias.

¿QUIÉN ORGANIZA LOS FUNERALES?

Tradicionalmente, el *sangju* 상주 (jefe de duelo), el hijo mayor o el nieto del fallecido, es el responsable de organizar, dirigir el funeral, saludar a los visitantes, así como de buscar el mejor lugar para el entierro. En el pasado, el *sangju* no podía lavarse el pelo ni afeitarse durante el funeral como expresión de dolor. Hoy en día, la carga se ha aligerado considerablemente, gracias a la aparición de proveedores de servicios funerarios. En las funerarias de los hospitales, tienen asesores funerarios que supervisan todos los aspectos de los funerales.

Féretro perteneciente a la Casa Goryeongdaek del Clan Jeonju Choe, Sancheong, Importante Patrimonio Cultural Folclórico de la República de Corea No. 230
국립민속박물관 (National Folk Museum of Korea) / KOGL Type 1 (kogl.or.kr/open/info/license_info/by.do)

¿QUIÉN ESTÁ INVOLUCRADO EN LOS FUNERALES COREANOS?

En el pasado, los funerales implicaban a todo el pueblo. Cuando los familiares en duelo estaban ocupados llevando a cabo un sinfín de ritos, preparando la comida y recibiendo a los invitados (y encima, hacerlo durante 3,5,7 e incluso 9 días agota sus energías hasta la extenuación), la gente del pueblo se reunía y ofrecía ayuda. Hoy en día, con la ayuda de proveedores de servicios profesionales, las familias en duelo pueden centrarse más en la recepción de los invitados. Como resultado del cambio mencionado, llegar al lugar del entierro ha cambiado significativamente. En el pasado, el *sangyeo* 상여 o el féretro funerario era llevado a pie por los vecinos del pueblo. Este proceso ha sido sustituido por un coche fúnebre.

¿QUÉ LLEVA LA GENTE EN LOS FUNERALES COREANOS?

Lo que hay que llevar también es diferente. En el pasado, se llevaba el *sangbok* 상복 (púa de luto) hecho de *sambe* 삼베 (tela de cáñamo) de color hueso. Se componía de vestido de cáñamo, sombrero de cáñamo, llamado *gulgeon* 굴건 y *jipshin* 짚신 (zapatos de paja). Según el profesor Lee Cheol-yeong de la Universidad de Eulji, la ropa de cáñamo la llevaban tradicionalmente los pecadores, y uno es un pecador que carece de piedad filial porque "dejó morir a su padre", y el sombrero se pone para ocultar la cabeza y la cara del cielo. Hoy en día, las familias en duelo llevan ropa formal moderna, de color negro. El *sangju* 상주 (jefe de los dolientes) se pone un brazalete de cáñamo con rayas, aunque no está claro el origen de las rayas y su significado, se considera que es el resultado de una mezcla de elementos tradicionales y modernos.

GUÍA DEL VISITANTE REGLAS Y ETIQUETA EN UN FUNERAL COREANO MODERNO

LOS OBITUARIOS se envían por Kakaotalk, correo electrónico, llamadas telefónicas e incluso canales de redes sociales como Instagram, detallando quién ha fallecido, dónde se celebra el funeral y cuándo es el cortejo fúnebre y el entierro.

EL FUNERAL DE 3 DÍAS es lo más común, pero algunas familias hacen un funeral de 2 días. Asegúrese de asistir al funeral dentro de los tres (dos) días siguientes al anuncio.

QUÉ LLEVAR

JOEUIGEUM / BUEUIGEUM 조의금 / 부의금 (DINERO PARA CONDOLENCIAS)

Lo normal es entre 50.000 y 100.000 wones coreanos (entre 50 y 100 euros).

FLORES

No se requiere ni se espera que los invitados individuales traigan flores. Si usted representa a una gran empresa, puede enviar coronas de crisantemos preestablecidas a través de tiendas de flores.

CÓDIGO DE VESTIMENTA

UTILICE COLORES OSCUROS

El negro es el color del luto, si no se dispone de él, hay que llevar ropa oscura (por ejemplo, gris oscuro, azul marino, marrón) y evitar la ropa de colores.

CORBATAS Y CALCETINES NEGROS

Una cosa que la gente suele pasar por alto es el uso de corbatas y calcetines negros. Los calcetines son especialmente importantes porque hay más ocasiones en las que los calcetines están expuestos de lo que cabría esperar. Así que elige los que sean lo suficientemente largos para cubrir tu tobillo.

ESTAR AHÍ ES IMPORTANTE

Hay casos en los que no puedes cumplir el código de vestimenta (por ejemplo, te has enterado de la noticia en el último momento mientras estabas fuera). En este caso, es mejor hacer una visita que faltar, porque tu presencia será muy apreciada y la gente lo entenderá.

SER CONSERVADOR

En el caso de las mujeres, si llevan falda, evitad las que son demasiado cortas o ajustadas.

En un funeral coreano

1   FIRMAR EL LIBRO DE VISITAS

Al entrar en la sala de velatorios, se le pedirá que firme en el libro de visitas.

Consejo: Escribe tu nombre en vertical. Si alguien se ha equivocado y ha escrito su nombre en horizontal, escriba su nombre en vertical justo debajo.

2   ENTRAR EN LA SALA CONMEMORATIVA 빈소 BINSO

Después de firmar en el libro de visitas, se le guiará a la sala conmemorativa. Debe quitarse los zapatos antes de entrar, como si entrara en una casa. Si la visita se produce en un momento de gran afluencia de público, deberá hacer cola fuera de la sala conmemorativa.

3   OFRENDA DE FLORES Y QUEMA DE INCIENSO

Al entrar, haz una leve inclinación de cabeza al jefe de los dolientes. Dirígete al altar y coge (o te darán) una flor del altar y colócala delante del retrato del fallecido, con el capullo hacia él, y ofrece un breve momento de silencio. Si se visita en grupo, la persona de más edad puede hacerlo en nombre del grupo.

Una vez hecho esto, arrodíllate ante la pequeña mesa que hay delante del altar, coge una varilla de incienso (tradicionalmente 3, pero hoy en día 1 está bien) y enciéndela con una vela. NO apagues la llama. Utiliza la otra mano (normalmente la izquierda) para apagarla. A continuación, ponla en posición vertical en el incensario.

4   RESPETAR A LOS FALLECIDOS

Aléjate del altar, y:

- Haz 2 reverencias completas *keunjeol* 큰절 (para las mujeres, también es aceptable *banjeol* 반절), poniéndote de rodillas, con las palmas de las manos tocando el suelo, con la mano derecha encima de la izquierda para los hombres y la izquierda encima de la derecha para las mujeres.

- La reverencia se omite si el fallecido es menor de edad.
Gírese para mirar a la afligida familia, y:

- Haga una reverencia completa al jefe de los dolientes (él corresponderá a la reverencia completa al mismo tiempo) y ofrezca palabras de condolencia.

Consejo: Incluso si el jefe de los dolientes es su amigo íntimo, utilice *jondaemal* u honoríficos.
No preguntes demasiados detalles sobre el fallecido o el jefe de duelo. Puedes hacerlo más adelante.

5   DINERO DE LA CONDOLENCIA

Al igual que el *chukeuigeum* 축의금 ("dinero de felicitación") en las bodas coreanas, la cantidad a dar depende de su relación con la familia doliente, pero como regla general entre 50.000 y 100.000 wones coreanos (50 - 100 euros) es un rango seguro. Pero, de nuevo, puedes contribuir con más si te sientes obligado, ya que el dinero se destinará a la familia para cubrir los gastos del funeral. ***En muchos casos, el dinero de las condolencias puede entregarse inmediatamente después de firmar el libro de visitas.**

CANTIDAD: REGLA GENERAL

MUERTE DE UN...

Familiar de un compañero de trabajo - 50.000 wones coreanos
Familiar de un amigo - 100.000 wones coreanos
Familiar de un amigo muy cercano - 100.000+ Won coreanos

Consejo: Tenga dinero en efectivo de antemano - El dinero en efectivo es el único medio que se espera, así que asegúrese de visitar un cajero automático de antemano, o si eso no es una opción, pídale prestado a alguien.

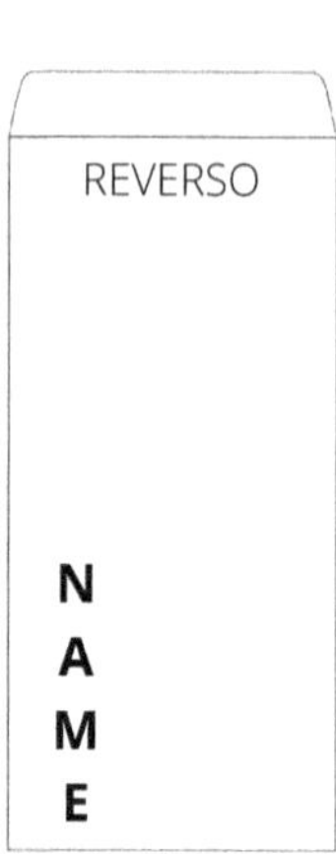

① **Coge un sobre para** *joeuigeum / bueuigeum* 조의금 / 부의금
(**"Dinero para condolencias"**) - Si no ha preparado un sobre, puede obtenerlo en la recepción.

② **Escriba su nombre en el sobre**- En la esquina inferior izquierda del reverso del sobre, escriba su nombre.

③ **Ponga el dinero en el sobre y déjelo caer en la caja -** Asegúrese de no doblar el billete de papel y déjelo caer en la caja provista. **No** entregue el dinero de las condolencias directamente al doliente principal o a la familia doliente.

Ahora le guiarán al comedor adjunto a la sala conmemorativa. Aquí le servirán en platos desechables una serie de platos como arroz, *yukaegaejang* 육개장 (sopa de carne picante), *jeon* 전 (tortitas coreanas), *tteok* 떡 (pasteles de arroz) y varias selecciones de banchan 반찬, junto con *soju* y otros refrescos.

No choques los vasos cuando bebas con otros invitados.

¿POR QUÉ LOS COREANOS SE LAMENTAN TANTO EN LOS FUNERALES?

Una diferencia notable en los funerales coreanos es la expresión del dolor. En el pasado, las mujeres de la familia del fallecido debían demostrar su dolor llorando y lamentándose continuamente porque servía como indicación del valor y la importancia de la persona fallecida. Por el contrario, a los familiares varones no se les permitía mostrar su dolor y se esperaba que reprimieran sus emociones. La tendencia en los funerales modernos se ha inclinado hacia la reducción de la muestra abierta de duelo excesivo.

¿POR QUÉ LOS COREANOS VIVÍAN JUNTO A LA TUMBA DE SUS PADRES DURANTE TRES AÑOS?

Por último, el tiempo requerido para el *talsang* 탈상, o "quitarse la ropa de luto" (= dejar el periodo de luto) es diferente. En el pasado, para presentar sus respetos por la deuda de gratitud contraída con sus padres y como arrepentimiento por la impiedad cometida de niño, el sangju construía una cabaña de barro junto a la tumba de sus padres y habitaba en ella, cuidando de la tumba durante tres años, mientras llevaba la ropa de luto de cáñamo. Al cumplirse, el sangju podía por fin quitarse la ropa de luto, y era una ceremonia reverente. Hoy en día, se suele hacer justo después del entierro, o en el día 49 o al cumplirse un año del fallecimiento, con el *jesa*, un servicio conmemorativo para el fallecido.

Hay quien dice que los funerales deben ser animados y bulliciosos ("cuanto más bullicioso, mejor es el funeral") porque se considera que ser así es una forma de consuelo. Por ello, es frecuente encontrar a gente jugando a las cartas y hablando en voz alta. Pero, de nuevo, depende de la situación, así que usa el sentido común (o el *nunchi* 눈치) y mide cómo actúan los demás y tómalo como vara de medir.

Consejo: En caso de fallecimiento de un familiar de un compañero de trabajo, se espera que los subalternos del equipo del compañero ofrezcan ayuda en el funeral. Puede ser cualquier cosa, desde guiar a los visitantes, limpiar las mesas del comedor y alinear cuidadosamente los zapatos de los invitados.

¿POR QUÉ LOS COREANOS COMEN YUKGAEJANG EN LOS FUNERALES?

El *Yukgaejang* 육개장, o estofado de carne picante, se considera un alimento básico para las funerarias, habiendo dos teorías sobre su origen. En primer lugar, se cree que el color rojo de la sopa expulsa los malos espíritus. En segundo lugar, para servir a muchos visitantes, había que elegir un alimento que no se estropeara fácilmente, y el yukgaejang se ajustaba a la perfección, ya que contiene mucho polvo de pimienta roja y sal, que actúan como conservantes naturales.

¿QUÉ PREFIEREN LOS COREANOS? ¿ENTIERRO O CREMACIÓN?

Aunque tradicionalmente los coreanos prefieren los entierros naturales en el campo, el índice de cremación está aumentando debido a la falta de espacio y tiempo asociados al entierro y a la gestión de la tumba. En su lugar, muchos optan por la cremación.

¿POR QUÉ LOS COREANOS TIRAN SAL CUANDO VUELVES DE UN FUNERAL?

Al volver a casa después de un funeral, los coreanos arrojan sal a la puerta antes de entrar en el hogar, para ahuyentar a los espíritus malignos que puedan haber "acompañado" el funeral. Esta práctica supersticiosa se basa en la creencia de que la sal, que ayuda a que los alimentos no se estropeen, se asocia con la "pureza" y la "limpieza", por lo que arrojar sal es un ritual de purificación. En la cultura popular coreana, también se utiliza como una forma de expresar un fuerte descontento e insultar a alguien, como a un invitado no deseado. "¡Sácalo de aquí y tira sal!" es una expresión popular.

JESA

¿POR QUÉ LOS COREANOS OFRECEN COMIDA A LAS FOTOS DE LOS ANTEPASADOS?

Si le gusta ver dramas familiares coreanos conmovedores como *Neongkuljjae Gulleo-on Dangshin* 넝쿨째 굴러온 당신 (*My Husband Got a Family*, KBS 2, 2012), donde familias extensas de muchas generaciones conviven bajo el mismo techo (lo que era típico hasta hace poco), hay una escena en la que todos los miembros de la familia se reúnen en torno a una enorme mesa de comedor baja en la que se presenta una amplia gama de platos tradicionales coreanos y frutas de temporada delante de las fotos de los antepasados, seguida de una serie de rituales como quemar incienso, hacer una reverencia, ofrecer vino de arroz y meter una cuchara en vertical en un cuenco de arroz.

Lo que acaba de ver es una ceremonia tradicional en memoria de los antepasados llamada *jesa* 제사. Se clasifican según la fecha en que se celebran. Aquí tienes una larga lista de rituales y sus fechas que puedes recordar de antemano.

- HASTA SUS ABUELOS DEL LADO PATERNO.
- SI AMBOS HAN FALLECIDO, SE CELEBRA UNA ÚNICA JESA POR AMBOS, EN EL ANIVERSARIO DE LA MUERTE DEL ABUELO.

Charye 차례 – **Seollal** 설날 (Año Nuevo Lunar coreano) y **Chuseok** 추석
(Fiesta de la Cosecha de Otoño, 15º día del 8º mes del calendario lunar).

Gijesa 기제사 – La noche anterior o la mañana del aniversario de la muerte del antepasado.

Sije 시제 – Cada temporada, para los antepasados que son la quinta generación y más.

Myoje 묘제 – Ceremonia conmemorativa celebrada en la tumba.

Seongmyo 성묘 – En **Hansik** 한식 (5 de abril) y **Chuseok**.
Es una ceremonia conmemorativa que se realiza en la tumba de los antepasados.
Además de la ceremonia conmemorativa, las familias limpian la tumba
cortando la maleza y segando la hierba.

ORDEN DE LA CEREMONIA

A decir verdad, los rituales son bastante complicados y hasta las familias confucianas más ortodoxas tienen dificultades para recordarlo todo, por no hablar del coreano medio. Pero enfrascarse en las reglas y tener un dolor de cabeza no es lo que quieren los antepasados. Lo que realmente querrían es que todo el mundo se reuniera, se divirtiera mientras recuerda y honra a los que les precedieron. Sin embargo, para preservar la tradición, este es el orden típico de la ceremonia conmemorativa.

Kangshin 강신 – "Invitando a las almas de los antepasados"

Todos los asistentes se ponen de pie ante el altar mientras el descendiente varón de mayor edad, *jeju* 제주, se arrodilla ante el altar conmemorativo. Quema tres varillas de incienso y hace dos reverencias. (A veces se salta la reverencia). El *jeju* se arrodilla de nuevo. Otra persona (normalmente la esposa) le da al jeju una taza vacía con un platillo y la vierte (aproximadamente un 30% llena). A continuación, el *jeju* coge la copa y hace un círculo tres veces sobre el incienso. El licor se vierte en un cuenco lleno de arena, llamado *mosa* 모사, en tres vertidos iguales. La copa vacía y el platillo se devuelven a la esposa. El *jeju* hace dos reverencias completas. Se cree que el incienso invita a las almas de los antepasados de lo alto y el licor invita a las del subsuelo (que la arena simboliza).

Chamshin 참신 – "Saludo a las almas de los antepasados"

Todos los asistentes hacen reverencias completas (dos veces para los hombres y cuatro para las mujeres).

Choheon 초헌 – "Primera ofrenda de vino de arroz"

El *jeju* hace la primera ofrenda de vino de arroz, seguido por su esposa. Al finalizar la primera ofrenda ritual, el *jeju* hace dos reverencias completas y la esposa cuatro.

Aheon 아헌 – "Segunda ofrenda de vino de arroz"

El segundo descendiente varón de mayor edad dentro de la familia (los siguientes hijos mayores o yernos) hace una ofrenda de vino de arroz, siguiendo el mismo procedimiento.

Jongheon 종헌 - "Ofrenda final"

La ofrenda de vino de arroz continúa hasta que no queda ningún descendiente masculino de alto rango.

Sapsi 삽시 - "Servir comida"

Los jeju sirven la comida a los antepasados, clavando una cuchara en posición vertical en el centro del cuenco de arroz.

Yushik 유식 – "Recepción de las ofrendas"

Todos los asistentes abandonan la sala o se apartan durante unos minutos para que las almas de los antepasados puedan disfrutar de las ofrendas.

Cheolsang 철상 - "Retirada de la mesa"

La mesa se limpia soplando primero las velas y retirando los platos de la mesa, empezando por el más interior. Todos los asistentes hacen dos reverencias completas, despidiendo a los espíritus.

Eumbok 음복 - "Recibiendo bendiciones"

Los asistentes comparten las ofrendas de comida retiradas de la mesa y participan en el festín, y simboliza la recepción de las bendiciones de los antepasados.

¿QUÉ SE OFRECE EN LA MESA?

Cuando se trata de lo que se pone en la mesa, no hay una respuesta correcta. Es diferente de una región a otra, y de una familia a otra. Con el cambio de los tiempos, lo que no estaba disponible en el pasado, como los platos coreanos no tradicionales y las frutas como la pizza y el plátano, empezaron a aparecer en la mesa, porque la idea es que al final son los antepasados fallecidos para los que se celebra la ceremonia conmemorativa, y si les gustaban cuando estaban vivos, entonces ¿por qué no servirles lo que les gustaba? Por supuesto, los tradicionalistas coreanos no verían con buenos ojos este montaje. Dicho esto, veamos un montaje de mesa típico para una ceremonia Jesa para ver cómo es.

Fila 1 - Arroz y sopa, pero en Seollal se sirve en su lugar *tteokguk* 떡국 (sopa de pastel de arroz). Cuando se sirve licor, tiene que ser claro (por ejemplo, vino de arroz filtrado). El *Songpyeon* (pastel de arroz en forma de medialuna) sustituye al licor y al arroz durante el Chuseok.

Fila 2 - Varios tipos de carne, panqueques y pescado. Cuando pongas el pescado, mantén la cabeza orientada hacia el este (derecha). Coloca la carne en el lado izquierdo, y el pescado en el lado derecho.

Fila 3 - Sopas diversas. Colocar en el orden de sopa de carne, sopa de tofu y sopa de pescado. Colocar salsa de soja entre ellas.

Fila 4 - Verduras, pescado seco y *shikhye* 식혜 (bebida de arroz dulce). Coloca el pescado seco a la izquierda (oeste). El *shikhye* va en el extremo derecho.

Fila 5 - Coloque las frutas, las galletas y los postres.

ALIMENTOS RESTRINGIDOS

- Los melocotones porque expulsan a los fantasmas y a los espíritus.

- Ningún pescado que termine en "chi", como el *kkongchi* 꽁치 (caballa) y el *galchi* 갈치 (pez alfanje), porque se cree que los peces sin escamas son "baratos".

- No se pueden servir alubias rojas, comida con *gochugaru* 고추가루 (pimiento rojo en polvo) o condimento de ajo porque los fantasmas y los espíritus odian el color rojo y el ajo.

¿HAY REGLAS PARA EL ORDEN DE PRESENTACIÓN DE LOS ALIMENTOS?

Banseogaengdong 반서갱동: Arroz en el oeste, sopa en el este (frente a los vivos).

Jeokjeopgeojung 적접거중: Carne asada en el centro.

Eeodongyukseo 어동육서: El pescado en el este y la carne en el oeste.

Dongdoseomi 동두서미: La cabeza hacia el este y la cola hacia el oeste.

Baebokbanghyang 배복방향: Pescado seco con el lomo hacia arriba.

Sukseosaengdong 숙서생동: Verduras cocidas al oeste y *kimchi* crudo al este.

Hongdongbaekseo 홍동백서: Frutos rojos en el este y blancos en el oeste.

Jwapouhye 좌포우혜: Pescado seco en el extremo izquierdo y *shikhye* en el extremo derecho.

Dongjoseoyul 동조서율: Los dátiles en el este y las castañas en el oeste.

Joyulishi 조율이시: Empezando por la izquierda, coloca dátiles, castañas, peras y caquis.

Aunque sus orígenes no están claros, las reglas anteriores han pasado como costumbre por la posteridad, y algunas de ellas se contradicen. Por ejemplo, si colocas los dátiles rojos a la izquierda, siguiendo la regla del *joyulishi* 조율이시, estás violando la regla del hongdongbaekseo, que dicta que el rojo debe ir al este (derecha). ¿No son complicadas de seguir? A menudo provocan peleas entre los miembros de la familia.

¿QUÉ SON LAS TABLAS ANCESTRALES?

Antes del rito se confeccionaba el *jibang* 지방, un *shinwi* 신위 (tablilla conmemorativa de madera) desechable. Contiene la información del nombre y el cargo oficial del fallecido en un trozo de papel y se quemaba después de la ceremonia conmemorativa. Hoy en día, las fotos tipo retrato son una opción más popular.

¿POR QUÉ SE INSTALA UN BIOMBO DURANTE UNA CEREMONIA JESA?

El *byeongpung* 병풍 es un biombo con una caligrafía poética escrita a lo largo del mismo que se coloca orientado al norte, ya que es la dirección de los muertos. No sólo cubre otros objetos de la casa, como el televisor, durante el jesa, sino que simboliza la presencia del muerto porque, en los funerales tradicionales, el cuerpo del difunto se ponía detrás de él.

¿POR QUÉ SÓLO LAS MUJERES SON RESPONSABLES DE LA PREPARACIÓN DE JESA?

Aunque muchas esperan con ilusión este largo día festivo, es un momento que muchas coreanas casadas temen: el interminable trabajo en la cocina, pasando todo el día en ella, preparando un gran festín para el *jesa* y el *charye* que se celebra para los antepasados de sus maridos. Esto se debe a que cuando una mujer se casa en Corea, pasa a formar parte de la familia del marido, y siempre se da prioridad a los asuntos familiares de éste. Por ejemplo, visitar la casa de los padres del marido es esencial durante las vacaciones, mientras que la de los padres de ella no lo es. Inevitablemente, las emociones reprimidas salen a la superficie durante las fiestas: las tensiones entre la familia política y la desigualdad laboral son factores que contribuyen a que la tasa de divorcios se dispare después de las fiestas. Es un cliché de los K-dramas en el que las parejas se pelean en un coche de vuelta a Seúl desde su visita a la casa de los padres del marido en el campo.

¿CÓMO MANEJAN LOS COREANOS CON DIFERENTES RELIGIONES A JESA?

Corea es un país libre en el que la libertad de religión está garantizada por la Constitución. En cuanto a la jesa, los católicos (el Papa católico la reconoció formalmente como práctica civil en 1939) y los budistas practican las ceremonias conmemorativas, mientras que los protestantes no lo hacen (ya que podría considerarse como "adorar" a otras deidades además del Señor). Así que los miembros protestantes de una familia están exentos de participar en el ritual.

BODAS EN COREA

- Tradicional -

RITUALES PRE-BODA

Las bodas tradicionales coreanas encierran la esencia de los valores confucianos que giran en torno a *hyo* 효, "piedad filial": respetar a los padres, a los mayores y honrar a los antepasados. Por esta razón, los coreanos ven las bodas como la unión de dos familias y, puesto que los matrimonios se tomaban como algo sagrado, cada aspecto del mismo, desde la discusión inicial hasta finalmente atar el nudo, conllevaba una serie de elaborados procedimientos. En el pasado, la mayoría de los matrimonios eran arreglados por los padres.

El primer paso se llama *euihon* 의혼, o "discusión matrimonial", es cuando los padres de ambas familias discuten la posibilidad de casarse, y a menudo lo organiza un "casamentero" con buenos contactos. Y como las familias de élite consideraban el matrimonio como un medio para desarrollar estratégicamente o reforzar aún más su estatus social, había que tener en cuenta varios factores durante este proceso, como la edad, las costumbres familiares, el estatus social, los logros académicos, la riqueza, así como los trastornos hereditarios. Si todo cuadra, la familia del novio envía una carta de propuesta de matrimonio, y la familia de la novia responde con una carta de permiso. Genial. Ahora podemos pasar a fijar la fecha para sellar el trato. El segundo paso se llama *napchae*

납채, o "fijación de la fecha". A la hora de elegir la fecha perfecta para este día tan especial, se pueden tener en cuenta varios métodos de adivinación, como la observación de la posición de las estrellas, pero para los coreanos, el saju juega un papel importante. Como ya se sabe, se cree que el saju, que consiste en los "cuatro pilares", que son cuatro elementos del nacimiento, determina la suerte y el destino de una persona. El año, el mes, el día y la hora del novio se escriben en un papel, se envuelven con cuidado y se envían a un lector de saju que los analiza para dar con la fecha más propicia para la boda. Una vez hecho esto, la fecha se envía a la familia del novio. El último paso se llama *nappye* 납폐, o "envío de objetos de valor". Una vez elegida la fecha, la familia del novio envía a la novia un *ham* 함, una caja que contiene regalos de boda preparados por la familia del novio para su novia antes de la boda. En el *ham* hay muchos objetos, y algunos de los más importantes son el *honseo* 혼서, el *chaedan* 채단 y el *yemul* 예물. En primer lugar, el honseo son "papeles/documentos matrimoniales" que se entregan a la novia, que debe conservarlos durante todo el matrimonio. Al morir, se colocan junto a ella en el ataúd. El chaedan es un conjunto de telas rojas y azules, representativas de la filosofía tradicional del Yin/Yang. Se utilizan para confeccionar los trajes de boda. Otro conjunto de artículos es el yemul, una variedad de regalos para la familia de la novia, y suelen incluir joyas, ropa y artículos para el hogar.

Las bodas tradicionales coreanas se celebran en el patio o la casa de la novia, a la que el novio tenía que desplazarse a caballo el día de la boda. En este día especial, a la gente corriente se le permitía vestirse con ropas lujosas que sólo podía llevar la clase alta. A los novios se les permitía ponerse los trajes modelados según los de la corte real. El novio llevaba un sombrero negro y la novia se cubría la cara con un velo hasta la mitad de la ceremonia. En la cabeza, se puso un *jokduri* 족두리, una hermosa corona nupcial coreana decorada con bordados y muchos accesorios, con un *binyeo* 비녀, una horquilla ornamental para sujetar el moño.

ORDEN DE CEREMONIA

 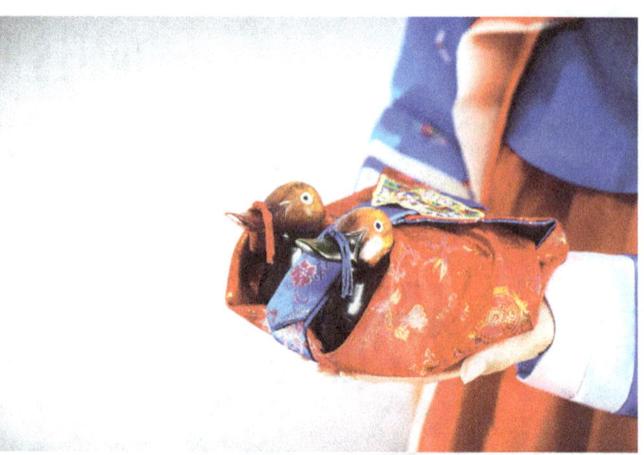

Chinyeongrye 친영례: La familia de la novia saluda al novio

-El novio entra en el patio donde se celebra la boda, conducido por el *gireokabi* 기럭아비, que lleva las ocas de la boda. Le entrega las ocas al novio.

Jeonanrye 전안례: Presentación de Los Gansos

- El novio coloca los gansos salvajes en la mesa donde está sentada su suegra y hace dos reverencias.
- La suegra acepta los gansos salvajes y los lleva a la casa.

*Los gansos salvajes, sustituidos por otros de madera en la actualidad, representan muchas virtudes que debe poseer una pareja de recién casados.

- Amor y lealtad – Se emparejan de por vida y no encuentran otra pareja, aunque la pierdan.
- Armonía - Incluso cuando vuelan en grupo, mantienen la jerarquía y el orden, creando así armonía.

Gyobaerye 교배례: Inclinándose el uno al otro

- Los ayudantes lavan las manos de los novios.
- Frente a frente, de pie en la alfombra del patio, se hacen reverencias completas entre sí, por turnos.

*Los ayudantes de cada lado tuvieron que asistir a la novia porque tuvo que sentarse con las piernas cruzadas y ponerse de pie.
¡*Sorprendentemente, esta fue la primera oportunidad de verse las caras porque los matrimonios fueron arreglados por los padres, lo que significa que sólo podían esperar que sus padres hicieran la elección correcta!

Hapgeunrye 합근례: Beber juntos

- Uno de los ayudantes vierte vino de arroz en una pequeña copa para el novio, que lo bebe. - Otro ayudante vierte vino de arroz para la novia, que sólo finge beberlo.
- A continuación, los ayudantes del novio vierten vino de arroz en el cazo de la calabaza y el novio vuelve a beberlo.
- La ayudante de la novia hace lo mismo en su cazo de calabaza.
- Los novios se unen y hacen tres reverencias completas por separado: una para sus padres, otra para sus antepasados y otra para los invitados.

*Beber en un cazo de calabaza simboliza la armonía conyugal porque la calabaza dividida por la mitad sólo tiene una contraparte perfectamente emparejada.

Seonghonrye 성혼례: Declaración de matrimonio

- Los novios se inclinan ante las familias y los invitados.
- La ceremonia ha concluido.

Tras la ceremonia nupcial, el novio lleva a su esposa en un palanquín bellamente decorado llamado *kkotgama* 꽃가마 a la casa de sus padres para que viva en ella.

¿QUÉ SON LOS PUNTOS ROJOS EN LA CARA DE LA NOVIA?

Yeonji 연지 se refiere a los cosméticos de color rojo que usan las mujeres, mientras que *gonji* 곤지 se refiere específicamente a un punto rojo dibujado en la frente con él. Los estudiosos están divididos sobre el origen: Lee Ik y Lee Gyu-kyung, eruditos confucianos de finales de la Dinastía Joseon, afirmaron que era una costumbre de los hunos que se introdujo en China y luego se extendió a la Dinastía Joseon, mientras que el poeta Choi Nam-sun afirmó que era una práctica de los mongoles que se introdujo en la Dinastía Goryeo. Pero sea cual sea el origen, que la novia lleve *yeonji/gonji* es en parte maquillaje y en parte ritual chamánico, que protege a la novia de las travesuras de los espíritus malignos. Pero no todas las novias se maquillaban sólo porque fuera el día de la boda. Era una costumbre que sólo se permitía en los primeros matrimonios.

¿POR QUÉ ESTABA PERMITIDO ESPIAR EN LA CÁMARA NUPCIAL EN SU PRIMERA NOCHE?

Después de que los recién casados entraran en el nido recién montado, los vecinos e incluso los familiares se reunieron frente a las puertas empapeladas, hicieron agujeros con los dedos y espiaron lo que ocurría dentro. Aunque parezca espeluznante y pervertido, se hacía por el bien de la pareja. En la época de la dinastía Joseon, el matrimonio precoz era una costumbre muy extendida, y los niños (los chicos de unos 10 años y las chicas en la adolescencia) no eran demasiado jóvenes para contraer matrimonio. Y, naturalmente, causaba muchos problemas imprevistos. Entre todos, estaba el tema de la novia asustada que se escapaba en la noche de bodas, y en casos extremos, un amante secreto le robaba la novia al desprevenido noviecito. Para evitarlo, los vecinos y familiares formaron una "guardia vecinal" y vigilaron los desafortunados acontecimientos. El espionaje, por supuesto, debía ser una forma de asegurarse de que todo iba bien en el interior: sabían que su deber había terminado cuando el novio apagaba la luz de las velas. Es una vieja costumbre que hoy en día está completamente extinguida.

- Moderno -

Hoy en día, las bodas modernas, o de estilo occidental con un toque coreano, son la opción más popular entre las parejas, sobre todo por la sencillez y la comodidad. En comparación con las bodas tradicionales, lleva menos tiempo y, lo que es más importante, es más fácil encontrar un lugar de celebración, ya que las bodas tradicionales se celebran en el exterior, lo que las hace vulnerables a las inclemencias del tiempo. Veamos cómo son las bodas coreanas modernas.

RITUALES PRE-BODA

SANGGYEONRYE - ¡LOS SUEGROS SE ENFRENTAN!

Es posible que hayas visto en los K-dramas que la pareja que se va a casar y sus padres se reúnen en un bonito restaurante para cenar. Conocida como *sanggyeonrye* 상견례, es una reunión formal de los suegros (normalmente solo la pareja y sus padres, pero puede haber otros miembros de la familia también), y es una oportunidad para que ambas familias se conozcan. Como los coreanos ven las bodas como la unión de dos familias, pedir permiso a los padres sigue siendo de suma importancia. En los K-dramas (y también en la vida real), es donde surgen los conflictos más a menudo: hay una lucha de poder entre las dos familias, que se produce cuando los padres de una parte, o de las dos, consideran a la otra, o a la familia de la otra, "inadecuada", ya sea su situación económica o su estatus social. Además, dado que los padres apoyan monetariamente y materialmente la boda de sus hijos, existe el deseo de ejercer la mayor influencia posible en el matrimonio, lo que hace que, en casos extremos, se cancele el compromiso matrimonial.

YEDAN, YEMUL, Y HONSU

Aunque hayas superado el *sanggyeonrye*, es demasiado pronto para bajar la guardia porque hay otro obstáculo importante: acordar cuánto dar, recibir y contribuir. En las bodas coreanas, el *yemul* 예물 es el regalo de boda para la novia, normalmente conjuntos de joyas a juego como anillos de diamantes, pendientes y collares, mientras que el **yedan** 예단, que originalmente significa "regalo de seda para la familia del novio", es el regalo de boda para la familia del novio, que suele ser dinero en efectivo u otros artículos caros como bonitas vajillas de plata y artículos de lujo como bolsos de piel. Además, se espera que el novio proporcione la vivienda, mientras que la novia debe aportar artículos del hogar como el televisor y el frigorífico, conocidos como honsu 혼수, o dote. La mayoría de las veces, cuando estos regalos de la novia se quedan cortos respecto a las expectativas de los padres del novio, las cosas pueden desmoronarse, dando lugar a importantes peleas entre la pareja.

¿DÓNDE SE CELEBRAN LAS BODAS COREANAS MODERNAS?

Una de las ventajas de optar por una boda coreana de estilo moderno es la comodidad. En parte porque hay proveedores de servicios dedicados que se encargan de todos los aspectos de la boda, pero la razón más importante es la noción coreana de ***bbali bbali*** **빨리빨리** (¡rápido, rápido!), que valora la rapidez y la eficacia. Por este motivo, los lugares a los que se acude en la mayoría de las bodas son los salones de boda. Aunque es muy cómodo que los profesionales se encarguen de todo, también tiene sus inconvenientes. Los salones de boda están ahí para ganar dinero y tratan de meter el mayor número posible de bodas en un día determinado. Teniendo en cuenta que la mayoría de las bodas se celebran durante el fin de semana, es natural que maximicen su oportunidad de ganancia aumentando el índice de rotación (la típica ceremonia de boda no dura más de 90 minutos), lo que significa que justo cuando tu ceremonia está terminando, ya hay gente limpiando y preparándose para la siguiente pareja en la cola (¡fiestero!).

CÓDIGO DE VESTIMENTA

A la hora de vestir, sé conservadora y evita llevar algo que te haga destacar entre la multitud, como colores brillantes como el rojo y el amarillo. Algunas personas aconsejan evitar el blanco, especialmente las invitadas, porque es el color reservado para la novia. En cuanto al estilo, hoy en día se acepta el semiformal (sin vaqueros). Y en cuanto a si los invitados pueden llevar ***hanbok***, no es necesario porque lo llevan la madre y los familiares femeninos de los recién casados.

DINERO DE FELICITACIÓN, LIBRO DE VISITAS, VALE DE COMIDA Y PASE DE ESTACIONAMIENTO

Al igual que en los funerales coreanos, se espera que se ofrezca ***chukeuigeum*** **축의금** (dinero de felicitación) como regalo, que se utilizará para cubrir los gastos de la boda. Al entrar, encontrarás dos mesas, una para el lado del novio y otra para el de la novia, en las que encontrarás personas (normalmente sus amigos) recogiendo sobres de dinero, pidiéndote que firmes el libro de visitas y repartiendo el pase de aparcamiento junto con el vale de comida. En cuanto a los vales de comida, hay dos situaciones. Uno es la opción de comer sentado, normalmente en hoteles de categoría superior, donde se sirve un plato en una mesa redonda con otros huéspedes. Otra es la de tipo buffet, que tiene lugar en un comedor separado dentro del mismo edificio. En cuanto a los regalos, se aplican normas similares a las de los funerales coreanos. Hoy en día, el mínimo suele ser de 50.000 wones coreanos entre amigos o conocidos no tan cercanos, y ajusta la cantidad según consideres necesario. Si eres bastante cercano, 70.000 o 100.000 wones coreanos es una cantidad segura, y no dudes en aportar más si lo consideras necesario. Una cosa que hay que tener en cuenta es que si llevas a tu pareja, se aconseja duplicar la cantidad porque la boca extra significa el doble de gasto en comida para la pareja que se casa.

DESPUÉS DE LA CEREMONIA

¡HORA DE LA FOTO DE GRUPO!

Los recuerdos desaparecen, pero las fotos se quedan. Para muchos invitados a la boda, el momento de la foto de grupo puede ser la parte más importante del evento porque es una prueba irrefutable de su asistencia. Por eso, después de la boda, los invitados se quedan esperando el momento de la foto de grupo. En primer lugar, se invita a los miembros de la familia a subir al estrado para hacerse fotos. A continuación, los amigos y compañeros suben y se hacen fotos todos juntos. Durante esto, el fotógrafo pedirá a los invitados que participen en la creación de fotos dramáticas para la pareja, como por ejemplo que todos aplaudan mientras los novios se besan, o que enciendan las linternas de sus smartphones con el fondo iluminado como si un millón de luciérnagas estuvieran celebrando juntos.

PIROYEON 피로연 – AFTER PARTY/RECEPCIÓN

Tras la boda, los invitados serán guiados para reunirse en una sala aparte. Hoy en día, el banquete de bodas suele celebrarse en un salón de banquetes dentro del mismo edificio. Al entrar, tendrán que presentar al recepcionista el vale de comida que han recibido previamente en el vestíbulo tras firmar el libro de visitas. Aquí se sirven dos tipos de comidas: una sentada, en la que se le sirve un plato, frente a un buffet, en el que tendrá que servirse usted mismo. En algunos casos, especialmente las parejas más jóvenes, optan por celebrar su fiesta posterior por separado en lugar de la recepción de la boda. No es necesario ofrecer un regalo en metálico por separado.

¿POR QUÉ LOS COREANOS COMEN FIDEOS EN LA BODA?

Janchiguksu 잔치국수 ("fideos para fiestas/banquetes") es uno de los platos tradicionales de fideos coreanos que se sirven en las fiestas de cumpleaños y en las bodas, porque los fideos largos simbolizan la longevidad. Es una opción de menú muy popular en los eventos a gran escala porque es fácil de preparar con antelación en grandes cantidades. Sólo hay que añadir guarniciones y verter la sopa y ya está todo listo para disfrutar del plato. Por tradición, preguntar a un soltero cuándo se van a servir los fideos es una expresión idiomática de preguntar cuándo se va a casar.

PYEBAEK – QUIERES MUCHOS NIÑOS? ¡ENTONCES COGE LOS DÁTILES Y LAS CASTAÑAS!

¡HAY QUE ATRAPARLOS A TODOS! No, no estamos hablando de Pokémon GO, pero es algo que se oye durante la ceremonia privada *pyebaek* 폐백, sólo para la familia, que tiene lugar después del piroyeon, la recepción de la boda, cuando todos los invitados se van. Originalmente, la ceremonia era donde la novia hace su primera visita a sus suegros y se inclina como gesto de unirse a la familia del novio (técnicamente hablando, el término correcto para la ceremonia es *hyungugorye* 현구고례, y *pyebaek* significa un conjunto de objetos de valor preparados para sus suegros como regalos durante la ceremonia, pero se hizo más conocido como pyebaek propiamente dicho). Es un elemento importante de la boda tradicional coreana y las bodas modernas coreanas también lo adoptaron como parte de la boda porque subraya la importancia de tener una familia armoniosa, así como de respetar a los mayores. En la ceremonia, los recién casados hacen reverencias completas a los padres, y la novia presenta dátiles y castañas, una representación coreana de la fertilidad, a los suegros, que luego compartirán unas palabras de sabiduría. A continuación, el punto culminante del evento: el lanzamiento de dátiles y castañas que la pareja debe atrapar con la larga falda nupcial de la novia. Se dice que la cantidad que se atrapa puede predecir el número de hijos que se tendrá. Originalmente, el propósito de la ceremonia era presentar al nuevo miembro de la familia, la novia, a la familia del lado del novio. En las bodas modernas, los padres de la novia suelen participar en la ceremonia. La ceremonia termina con el novio dando a la novia un paseo a caballo.

COMIDA IBAJI - ¡MUESTRA TUS HABILIDADES CULINARIAS!

El *ibaji eumsik* 이바지 음식 (comida de contribución), es una de las tradiciones nupciales que aún se mantienen en las bodas modernas. La comida casera, preparada con las recetas de la familia de la novia y con diversos ingredientes de temporada y regionales, es un símbolo de gratitud de los padres de la novia por aceptar a su "hija inadecuada y con muchos defectos" como nuera, y un firme propósito de servir a la familia política con el máximo respeto. Al mismo tiempo, era una oportunidad para mostrar las habilidades culinarias de su madre. Los alimentos se envuelven en telas de seda, se colocan cuidadosamente en cestas de bambú y se entregan a la familia del novio el día de la boda.

¿QUIÉN ES EL TIPO QUE LLEVA UNA MÁSCARA DE CALAMAR?

¿Recuerdas la antigua tradición de que el novio enviara *ham* 함, una caja con regalos de boda, a la familia de la novia antes de la boda? Pues bien, ha sobrevivido hasta nuestros días, con ligeros cambios en la forma de hacerlo. Mientras que antes lo enviaban los criados, hoy en día son los familiares o amigos íntimos del novio los que asumen el papel y se convierten en lo que se conoce como *hamjinabi* 함진아비. El portador del *ham*, junto con su mochila, hace un viaje a la casa de la novia, llevando una máscara de calamar seca (pero puede ser pintada con carbón en su lugar) porque se cree que aleja todos los espíritus malignos. Al llegar, el portador del *ham* grita " *¡Ham Saseyo* 함 사세요!" ("¡Compra el *ham*!") tres veces para convocar a los familiares y amigos de la novia. Luego regatearán el "precio" a pagar por el *ham*, lo que forma parte del entretenimiento. Los de la parte de la novia intentarán llevar el *ham* a casa con el mínimo esfuerzo y, por el contrario, el portador del *ham* maximizaría el "beneficio" pidiendo un "pago" por cada paso que dé. A veces pedía a las mujeres de la novia que cantaran, además de un "pago", sólo para divertirse un poco más. Aparte de repartir el ham en sí, también era una forma divertida de avisar a los vecinos de la boda. Aunque era una escena que se observaba con frecuencia hasta la década de 1990, y en los K-dramas de época, ya no es fácil de ver debido a que la gente vive mayoritariamente en apartamentos.

¿CÓMO ENCUENTRAN LOS COREANOS A SU MEDIA NARANJA?

SOGAETING 소개팅 – BLIND DATE

Sogae 소개 significa "presentación" y la palabra *ting* 팅 viene de "encuentro", por lo que el significado literal es un "encuentro concertado a través de la presentación (es decir, "cita concertada")", que es esencialmente una "cita a ciegas" organizada por otra persona, normalmente un amigo común.

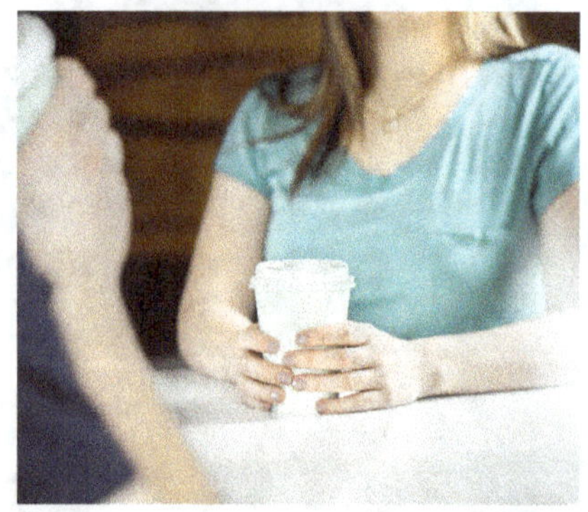

MEETING - HANGOUT DE GRUPO

Es similar al *sogaeting*, pero es ligeramente diferente porque involucra a dos grupos, participantes masculinos y participantes femeninos, reunidos en un esfuerzo de colaboración por un amigo del lado masculino y un amigo del lado femenino. Puede tener tan solo cuatro personas (2 hombres frente a 2 mujeres) pero no tiene límite superior. Es menos presionante que un sogaeting 1:1, en el que a menudo te encuentras intentando impresionar demasiado a tu cita. Por esta razón, suele organizarse en un pub donde la gente puede hacer "juegos de beber" y divertirse todos juntos, lo que puede explicar por qué en Corea hay tantos "juegos de beber".

MATSEON 맞선 - CITA CONCERTADA CON UN POSIBLE COMPAÑERO DE MATRIMONIO

Mientras que las dos anteriores llevan el estandarte del laissez-faire y la economía libre, el *matseon* 맞선, o *seon* 선, es una forma de cita más controlada por el sistema, ya que la establecen los padres, los familiares y las empresas de búsqueda de pareja con el objetivo de producir un matrimonio. Por esa razón, el objetivo principal es encontrar una pareja matrimonial que cumpla con muchos criterios como la educación, la ocupación y la riqueza, en lugar de un tipo ideal para salir. Es un cliché clásico de los K-dramas en el que la madre de un chico organiza un matseon sin decírselo, para separarlo de su amor, que proviene de una familia pobre, porque es "inadecuado" y no cumple con sus estándares.

DÍAS ESPECIALES PARA PAREJAS EN COREA

14 DE FEBRERO
DÍA DE SAN VALENTÍN

Una chica le da al chico chocolate y le invita a salir.

14 DE MARZO
WHITE DAY (DÍA BLANCO)

Un chico da a la chica un caramelo y la invita a salir. Si has recibido un chocolate de una chica en San Valentín, se espera que le correspondas.

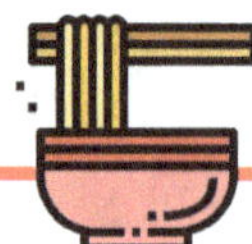

APR 14TH
BLACK DAY (DÍA NEGRO)

Es un día de consuelo para todos los solteros que no consiguieron chocolate durante los días mencionados. Te vistes de negro y comes *jjajangmyeon* 짜장면, fideos de frijol negro, con la esperanza de que pueda levantar la maldición...

NOV 11TH
DÍA DEL PEPERO

Un par intercambia Pepero (similar a Pocky), o puedes dárselo a tu enamorado y pedirle salir.

¿CUÁLES SON LAS FIESTAS OFICIALES DE COREA?

Shinjeong 신정- Día de Año Nuevo (1 de enero del calendario solar)

Como muchos otros países, se celebra el primer día del calendario gregoriano (solar), y muchos coreanos visitan la costa o las montañas para ver el primer amanecer del año.

Seollal 설날 – Día del Año Nuevo Lunar (1 de enero del calendario lunar)

Es el tradicional Día del Año Nuevo Lunar coreano (*Seollal*) y es una de las fiestas más importantes, mucho más significativa que el 1 de enero. La mayoría de la gente viaja a sus ciudades natales para visitar a sus familias. En este día, los coreanos se ponen el hanbok y hacen reverencias a sus mayores, y comen tteokguk (sopa de pastel de arroz) y *manduguk* 만두국 (sopa de albóndigas). También juegan a juegos tradicionales como el *yutnori* 윷놀이 (juego de mesa tradicional coreano), el trompo y el vuelo de cometas.

Samiljeol 3.1절 - Día del Movimiento de la Independencia (1 de marzo)

Es el día en que se conmemora la Declaración de Independencia, proclamada el 1 de marzo de 1919, contra la ocupación japonesa.

Eorininal 어린이날 - Día del Niño (5 de mayo)

Este es el día que todos los niños coreanos esperan. Las familias lo celebran con sus hijos, deseando que crezcan sanos e inteligentes. Suelen ir a parques de atracciones, zoológicos o centros comerciales (para comprar regalos).

Seokgatanshinil 석가탄신일 - Cumpleaños de Buda (8º día del 4º mes lunar)

Corea ha sido tradicionalmente un país budista y las huellas se encuentran por todas partes, especialmente en esta festividad. Es el octavo día del cuarto mes lunar, y se pueden ver templos bellamente decorados en todo el país.

Hyeonchungil 현충일 - Día de la Memoria (6 de junio)

Es un día muy emotivo para los coreanos, ya que conmemora y honra a los soldados y civiles caídos que perdieron la vida luchando por su país durante la Guerra de Corea. Las ceremonias se celebran en el Cementerio Nacional de Seúl.

Gwangbokjeol 광복절 - Día de la Liberación (15 de agosto)

Corea se liberó de la ocupación japonesa en este día, cuando Japón se rindió a los aliados en 1945, poniendo fin a la Segunda Guerra Mundial.

Chuseok 추석 – Festival de la Cosecha de Otoño (15º día del 8º mes lunar)

Junto con el Seollal, es otra fiesta tradicional muy importante: los coreanos celebran el éxito de la cosecha del año y las familias se reúnen para los rituales conmemorativos, llamados charye, de sus antepasados.

Gaecheonjeol 개천절 - Día de la Fundación Nacional (3 de octubre)

Según las historias de la fundación de Gojoseon 고조선, la primera nación construida en la península coreana, el legendario Dios-Rey Dangun 단군, proclamó el comienzo de la nación. La fecha de fundación, o *gaecheonjeol* 개천절 (El día de la apertura del cielo) se celebra en el Altar de Chamseongdan 참성단 en la cima de la montaña Manisan 마니산 en la isla de Ganghwado 강화도.

Día del Hangul 한글날 (9 de octubre)

Es cuando la publicación de *Hunminjeongeum* 훈민정음 (Los sonidos adecuados para la instrucción del pueblo), la base del alfabeto coreano, el *hangul*, fue proclamada en 1446 por el rey Sejong el Grande.

Navidad (25 de diciembre)

Corea tiene un gran porcentaje de cristianos, y la Navidad se celebra en todo el país, donde las parejas reafirman su amor y las familias se reúnen para pasar un buen rato.

¿POR QUÉ HAY DOS DÍAS DE AÑO NUEVO?

¿Los coreanos están locos por la fiesta? Los coreanos celebran el primer día del año nuevo dos veces al año: una vez el 1 de enero del calendario solar (gregoriano) y otra el 1 de enero del calendario lunar (normalmente entre la tercera semana de enero y mediados de febrero). Descubramos por qué. La cultura de los "dos años nuevos" se remonta a la época colonial japonesa. En 1910, Japón llamó al Año Nuevo Solar *Shinjeong* 신정 (Año Nuevo) y rebautizó el tradicional Año Nuevo Lunar, *Seollal* 설날, como *Gujeong* 구정 (Año Nuevo Antiguo), ya que Japón perseguía las costumbres festivas coreanas e imponía las tradiciones japonesas al pueblo coreano (en Japón, el Año Nuevo Lunar fue sustituido por el Año Nuevo Solar a finales del siglo XIX por el emperador Meiji). Además, al calificar la fiesta coreana de "antigua", restó importancia a la tradición coreana. Desde entonces, Japón designó el Shinjeong como la única fiesta nacional y la promovió subrayando que celebrar dos fiestas idénticas es un derroche social en muchos sentidos. Naturalmente, el tradicional Año Nuevo lunar pasó a un segundo plano. El Año Nuevo Lunar, que perdió su condición de fiesta tradicional bajo el dominio colonial japonés, no pudo encontrar su lugar hasta 75 años después. En 1985, volvió a ser fiesta nacional con el nombre de "Día del Folclore". En 1989, el nombre fue restaurado a Seollal, como fiesta de tres días. El Año Nuevo Lunar podría haber desaparecido si no fuera por el pueblo coreano, decidido a no perder sus tradiciones a pesar de la opresión del dominio colonial japonés. Incluso después de que el Seollal fuera reconocido oficialmente como el Día del Año Nuevo Lunar, el Año Nuevo Solar también mantuvo su estatus de fiesta oficial de tres días. Sin embargo, se redujo a dos días en 1991 y finalmente se convirtió en una fiesta de un día en 1999.

¿POR QUÉ LOS COREANOS COMEN TTEOKGUK (SOPA DE PASTEL DE ARROZ) EL DÍA DE AÑO NUEVO?

El *tteokguk* 떡국 (sopa de pastel de arroz) es un alimento básico para el Seollal, el Año Nuevo Lunar coreano. Según documentos históricos, en este día especial se servía tteokguk en lugar de arroz para el servicio conmemorativo ancestral conocido como *charye* 차례. Entonces, ¿por qué el tteokguk entre todas las demás opciones posibles? Pues bien, en el día de Año Nuevo nos despedimos de lo viejo y damos la bienvenida a lo nuevo para empezar de nuevo. Por esta razón, contiene la primitiva creencia religiosa de ser limpio y solemne, y el *garaetteok* 가래떡, un largo pastel de arroz blanco y cilíndrico, encaja perfectamente. Además, su forma alargada simboliza la longevidad, mientras que los trozos cortados simbolizan la "prosperidad" por su similitud con las monedas tradicionales coreanas.

El *tteokguk* era disfrutado todo el año por todos, desde la familia real y los aristócratas hasta la clase trabajadora, pero tenía un estatus especial en *Seollal*. Por esta razón, la literatura del siglo XIX sobre las costumbres de la Dinastía Joseon recoge que la gente decía en broma: "El número de cuencos de tteokguk que has comido hasta ahora es tu edad". Pero no te preocupes, aunque comas dos o tres cuencos, no envejeces más de un año.

SEBAE - HACER EL ARCO DE AÑO NUEVO (¡Y RECIBIR DINERO!)

El día de Año Nuevo, hombres y mujeres de todas las edades se ponen ropas nuevas, llamadas *seolbim* 설빔, a primera hora de la mañana y se reúnen para celebrar una ceremonia en memoria de los antepasados fallecidos. A continuación, se inclinan primero ante los abuelos y luego, por turnos, los miembros más jóvenes de la familia se inclinan ante los mayores para saludarles por primera vez en el Año Nuevo. Este saludo de Año Nuevo se llama *sebae* 세배. La gente visitaba las casas de los vecinos cercanos para felicitar el Año Nuevo. Era costumbre que los adultos sirvieran alcohol y comida a los que venían a hacer el sebae, pero a los niños se les daba un poco de dinero o tteok y frutas en lugar de alcohol. Hoy en día, los niños esperan el Seollal porque pueden ganar dinero de bolsillo haciendo sebae, pero si eres demasiado joven, probablemente irá al bolsillo de tu madre, que actúa como tu "administradora de dinero", felizmente, por supuesto. Al saludar a los ancianos, se pueden decir saludos de Año Nuevo como: "Que tengas más salud en el nuevo año" y "Feliz Año Nuevo y larga vida". Los ancianos responden con palabras de bendición, como: "Espero que consigas un ascenso en el nuevo año" y "Espero que consigas tu deseo en el nuevo año".

SEOLBIM - ¡AÑO NUEVO, TÚ NUEVO, CON VESTIDO NUEVO!

El día de Año Nuevo es un día para celebrar el nuevo año con una nueva resolución. Esta determinación se expresaba también a través de un nuevo vestido llamado *seolbim* 설빔 que se llevaba en la mañana de Año Nuevo. Llevar el seolbim, que se confeccionaba tejiendo y cosiendo el material a mano, era un ritual imprescindible incluso en los días en que la familia no era acomodada. Presentarse pulcros y aseados con ropa nueva era una forma de rendir respeto a los antepasados, además de rezar por los deseos del Año Nuevo. El seolbim de los niños era especialmente colorido. Los chicos llevaban un *durumagi* 두루마기 de cinco colores, y un abrigo tradicional coreano que incluía el azul, el rojo, el amarillo, el blanco y el negro, relacionados con la energía de los Cinco Elementos tradicionales (metal, madera, agua, fuego y tierra). Para las chicas, era típico el *jeogori* 저고리, la prenda superior de la ropa tradicional coreana, y una *chima* 치마, falda, de color rosa flor.

HWATU - ¿QUÉ ES ESTE JUEGO DE CARTAS QUE LOS COREANOS JUEGAN?

Tazza : The High Rollers 타짜 (2006)

¿Intercambio de cartas? Inténtalo bajo tu propio riesgo porque te costará la mano si te pillan. *Tazza : The High Roller* 타짜 (2006), es una película sobre el mundo del juego, que a veces implica un hacha, un martillo y amenazas de muerte. Cualquiera que haya jugado alguna vez al Texas Hold'em o al Mahjong entenderá rápidamente lo que ocurre en la película, pero no el juego en sí en la película.

A menudo se denomina 고스톱 "go-stop", el término formal es *hwatu* 화투 "batalla de flores". Este juego de cartas se originó en Japón y se llama *hanafuda* en japonés. Para ser precisos, *hwatu* es el nombre del juego de cartas, y "go-stop" es el tipo de juego más popular que se juega con las cartas. La razón por la que se llama "lucha de las flores" es porque hay imágenes de flores y plantas en las cartas, 12 barajas de 4 cartas, que representan los 12 meses del año. Algunos dicen que el hwatu fue introducido desde Japón durante la ocupación japonesa (1910 - 1945), pero se estima que el hwatu fue introducido en Corea a finales del periodo Joseon. El hecho de que en la sección de anuncios del **Hwangseong Shinmun 황성신문** (periódico) de 1902 aparecieran cartas de hwatu demuestra que ya estaba muy extendido antes de la ocupación japonesa. De hecho, el hwatu es uno de los tipos de juegos de mesa más populares en Corea, pero también existen opiniones negativas porque la imagen de juego ilegal está muy vinculada. Las reglas varían de una partida a otra, pero si se acumula una determinada puntuación antes que el oponente (normalmente 3-4 personas juegan a ir-parar), se gana, aunque se tiene la opción de "ir" y seguir acumulando más puntos a riesgo de permitir que los demás vengan por detrás y perder la partida o "parar" y llevarse lo que se haya ganado. En Corea, se puede ver a personas mayores jugando al "go-stop" en los funerales, pero no es solo por jugar. En el pasado, los consoladores hablaban a propósito en voz alta para crear un ambiente ruidoso y estridente, para distraer a la familia doliente de estar perdida en el dolor y ayudarla a concentrarse en saludar y atender a los visitantes.

Juegos tradicionales coreanos
1. *Tuho* 투호 - Lanza palos a un bote para ganar la partida.
2. *Yutnori* 윷놀이 - Los jugadores lanzan un conjunto de cuatro palos para recibir un número determinado de movimientos para llevar a casa las cuatro fichas antes que el oponente.

Lucky Charms coreanos
3. *Bokjumeoni* 복주머니 - "Bolsa de la fortunag"
4. *Bokjori* 복조리 - "Colador de la fortuna"

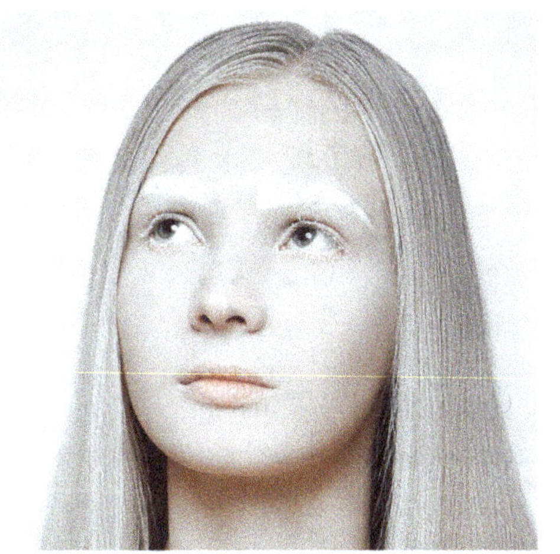

NO DUERMAS EN FIN DE AÑO O TUS CEJAS SE VOLVERÁN BLANCAS

En el pasado, los coreanos no dormían en Nochevieja, pues creían que dormir haría que las cejas se volvieran blancas. Los niños que no podían superar la somnolencia eran objeto de burla por parte de los padres, que les ponían harina blanca en las cejas. Se cree que esta costumbre de pasar toda la noche en vela, llamada *suse* 수세, se originó para animar a la gente a trabajar duro para prepararse para la ajetreada mañana de Año Nuevo.

¿POR QUÉ LOS COREANOS ESCONDEN SUS ZAPATOS EN LA VÍSPERA DE AÑO NUEVO?

Hay un fantasma llamado *yagwang* 야광 que baja a donde vive la gente en Nochevieja, se prueba los zapatos de los niños y se lleva los que les quedan bien. Existía la creencia supersticiosa de que un niño que perdía sus zapatos tendría mala suerte todo el año, por lo que los niños ponían sus zapatos boca abajo o los escondían en sus habitaciones antes de acostarse.

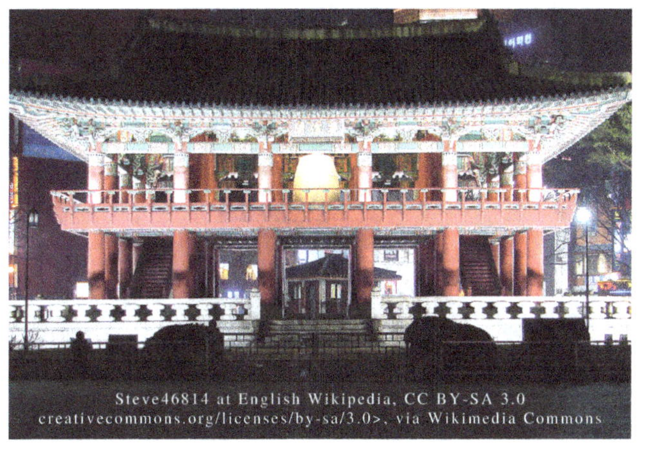

LA CUENTA ATRÁS DEL AÑO NUEVO COREANO - CEREMONIA DE REPIQUE DE CAMPANAS DE BOSINGAK

Se cree que tiene su origen en la ceremonia budista en la que la campana del templo se tocaba 108 veces en Nochevieja, como símbolo de la eliminación de las 108 impurezas de la humanidad. Sin embargo, la ceremonia de tocar la campana a medianoche, o *jeyaeui jong* 제야의 종 ("la campana de la noche del reloj"), el último día del año, se convirtió realmente en un ritual durante la ocupación japonesa. En 1928, la **estación de radiodifusión de Gyeongseong** emitió el toque de campanas el día de Año Nuevo como un programa especial (la campana que se utilizó entonces fue prestada del **templo Dongbonwonsa**, un templo japonés situado bajo la montaña Namsan, en Seúl). Tras la liberación de Corea del dominio colonial japonés, la ceremonia de medianoche comenzó a finales de 1953, cuando se reconstruyó la campana de **Bosingak** 보신각, destruida por la Guerra de Corea. Para la ceremonia, la campana se toca 33 veces, el mismo número que se utilizaba para anunciar la apertura de las 4 puertas a las 5 de la mañana durante la dinastía Joseon. También significa desear a la deidad guardiana budista la paz y la prosperidad de la nación. Este acontecimiento, similar a los eventos de cuenta atrás de todo el mundo, también es popular entre las parejas, pero puede que no sea tan emocionante como se espera porque habrá demasiada gente esperando celebrar el momento especial con sus seres queridos y usted tendrá suerte si puede echar un vistazo a la campana.

¿POR QUÉ VIAJA TANTA GENTE DURANTE EL CHUSEOK?

La fiesta **Chuseok 추석**, que significa literalmente "víspera de otoño", y **Hangawi 한가위**, palabra nativa arcaica coreana que significa "la gran mitad (del otoño)", cae el 15 de agosto del calendario lunar, y es una de las mayores fiestas de Corea del Sur, junto con Seollal. Originalmente, el propósito del Chuseok era cosechar algo de grano por adelantado tras pasar los momentos cruciales de la agricultura para realizar ritos ancestrales para rezar por una buena cosecha. Como los trabajos agrícolas del verano ya habían terminado y el tiempo era agradable antes de la gran cosecha del otoño, era un momento ideal para que la gente visitara las tumbas de los antepasados y disfrutara del tiempo libre. Por ello, el Chuseok es diferente del Día de Acción de Gracias, que es una ceremonia de agradecimiento tras finalizar la cosecha. Cuando faltan uno o dos días para el Chuseok, un gran número de coreanos regresan a sus ciudades de origen, lo que provoca un enorme atasco. Será un momento en el que el centro de Seúl esté vacío debido a la gran migración. Encontrar un billete de tren es extremadamente difícil, y si se opta por conducir, suele costar tres o cuatro veces más de lo habitual. Pero la gente soporta el dolor para estar junto a su familia. Cuando llegan por la noche, se quedan hasta tarde hablando entre ellos, y las mujeres están agotadas por las horas extra de cocinar y lavar los platos. En la mañana de Chuseok, la gente se levanta temprano, prepara el desayuno con la cosecha del año y celebra el rito ancestral, charye. Después de desayunar, visitan y presentan sus respetos en las tumbas de los antepasados, a los que previamente han tenido que visitar y limpiarles la maleza. Por la noche, piden un deseo a la brillante luna llena (y hacen songpyeon juntos). Hace tan sólo una década, la historia anterior era algo habitual en Corea. Sin embargo, a medida que los tiempos han cambiado, también lo ha hecho la forma en que la gente pasa el Chuseok. En lugar de ir a casa a visitar a sus padres y parientes, muchos se van de viaje al extranjero o descansan solos en casa.

¿POR QUÉ LOS COREANOS CREEN QUE HAY UN CONEJO VIVIENDO EN LA LUNA?

Los coreanos imaginaron que un conejo vivía en la luna, machacando algo con un mortero porque las manchas oscuras de la luna se parecen a eso. La historia, que se originó en los cuentos populares chinos y se extendió a Asia oriental, tiene diferentes cosas en el mortero. En Corea y Japón, se cree que el conejo está haciendo *tteok* y *mochi* (pastel de arroz), y en China, está haciendo el elixir de la vida.

¿LOS COREANOS LLEVAN KIMONO?

Es una de esas preguntas que harían que tus amigos coreanos, orgullosos de sus 5.000 años de rica historia y cultura, dijeran: "¡Ah, no!". Pero para hablar en defensa de los amigos extranjeros que no están familiarizados con la cultura asiática, kimono, palabra japonesa para "ropa", se percibe como un nombre familiar para la "ropa tradicional asiática", como Kleenex para el tejido facial y Band-Aid para una venda. Así que el kimono resulta ser el término más conocido (¡ventaja por ser el primero!). Para responder a la pregunta, los coreanos tienen su propia ropa tradicional llamada *hanbok* 한복, conocida por su armoniosa belleza de líneas rectas y sutiles curvas. Si tienes una imagen aproximada del hanbok, probablemente sea a través de los dramas históricos (es cierto, no eran kimonos coreanos). Sin embargo, a lo largo de casi 5.000 años de historia, Corea ha tenido muchos países y diversas culturas, algunas de ellas influenciadas por otras (incluso ahora, la moda de los años 60 es drásticamente diferente de lo que está de moda ahora, aunque la moda da muchas vueltas). Por eso, si uno mira los dramas históricos que representan distintas épocas, puede confundirse por las diferencias de estilo. A decir verdad, para los coreanos también es bastante difícil distinguirlas.
En cuanto al origen, se cree que procede de la antigua cultura escita-siberiana del noreste de Asia, con sus raíces en uno de los diversos trajes de los pueblos nómadas. A lo largo de la historia ha habido cambios menores, a veces mayores, pero básicamente tienen elementos comunes. El más importante es que sigue el estilo *sangyuhago* 상유하고 ("la prenda superior/chaqueta va arriba y el pantalón/falda va abajo"), ideal para actividades como la equitación y la caza.

PERÍODO DE LOS TRES REINOS (57 A.C. ~ 668 D.C.)

La Pintura del siglo VII de la dinastía Tang sobre enviados de los Tres Reinos ilustra los diferentes estilos de ropa que llevaban los habitantes de cada reino.

Aunque hubo más reinos antiguos antes de este periodo, empezaremos por aquí debido a la falta de registros históricos y reliquias de la antigüedad. Pero lo más importante es que el periodo de los Tres Reinos es cuando se estableció el estilo básico estandarizado del *hanbok*. Según las pinturas, reliquias y registros históricos, el formato básico para los hombres era *jeogori* 저고리 (prenda superior) y *baji* 바지 (pantalones), y para las mujeres, era jeogori y *chima* 치마 (falda). Ambos se ponían *durumagi/po* 두루마기/포 (chaqueta/abrigo exterior) encima. También se añadía el *gwanmo* 관모 (sombrero/tocado), el *dae* 대 (cinturón) y diversos accesorios según la clase y el estatus.

Un aspecto único del hanbok es que debe incluir pantalones, que incluso las mujeres llevan como ropa interior. Otra característica es que se lleva en muchas capas, hasta 5 ó 6 capas de partes superiores e inferiores (¡no te preocupes! Para el hanbok de verano se utilizan materiales más ligeros y transpirables, y las prendas del hanbok tienen un estilo abierto fácil de poner y quitar). Además, el hanbok se clasifica en ropa formal y casual, que a su vez se divide en hombre y mujer, adultos y niños, y de temporada. Durante el periodo de los Tres Reinos, las técnicas de fabricación textil mejoraron enormemente, pudiendo producir varios tipos de tejidos de seda y lana.

야금모행 *Yageummohaeng* "Un viaje nocturno secreto" de Shin Yun-bok representa el Hanbok de la era Joseon.

Otro aspecto importante de esta época era la estratificación de clases, en la que la ropa servía para representar a las distintas clases. La ropa de la clase privilegiada era diferente a la del pueblo llano.

Imágenes de las maquetas del Lotte World Folk Museum

1, Mural de la tumba de Muyonchong, del siglo V d.C., que representa una escena de caza.

2. Un modelo a escala en miniatura de un hombre de Goguryeo cazando.

3. Un mural de la misma tumba que representa a varios bailarines realizando la "danza de la manga".

4. Un mural de la tumba de Susanri que representa un desfile de mujeres.

5. Recreación en miniatura de la escena de la procesión pintada en las paredes del pasillo de la tumba nº 3 de Anak. En la imagen aparecen las sirvientas.

6. De izquierda a derecha: la ropa de una aristócrata, un aristócrata, la reina, el rey, las damas de la corte y el chambelán.

El pueblo **Goguryeo 고구려** estaba situado en el frío norte del país y siempre tenía que estar alerta ante posibles invasiones chinas. Esto se refleja en la ropa que llevaba el pueblo Goguryeo. La estructura básica de la ropa masculina de Goguryeo se separa en parte superior e inferior, ideal para actividades como disparar flechas, y el jeogori superior tenía mangas estrechas, pantalones y zapatos de cuello largo que eran adecuados para montar a caballo. El jeogori de la mujer era lo suficientemente largo como para cubrir las caderas, por lo que había que llevar un cinturón y una falda sobre el pantalón interior. Los hombres también llevaban un sombrero, el gwanmo. Tanto los hombres como las mujeres de Goguryeo llevaban *po* **포**, una chaqueta/abrigo exterior tanto para las ocasiones ceremoniales como para las ordinarias. Los aristócratas masculinos llevaban un tocado llamado *jeolpung* **절풍**, que estaba decorado con plumas, y también llevaban pendientes. La aristócrata femenina llevaba faldas largas y jeogori, que tenían un aspecto relajado con las mangas estiradas. La parte inferior del jeogori con bordados en la seda de alta gama y una falda plisada con varios colores de tela añaden al refinamiento general. Las mujeres llevaban faldas con muchos pliegues para marcar su alto estatus. La mujer plebeya casada llevaba el pelo bien atado y el hombre llevaba una capucha negra. Un cinturón alrededor de la cintura era común en el periodo de los Tres Reinos, normalmente anudado en la parte delantera. La mayoría de las mujeres plebeyas llevaban faldas plisadas de tela de cáñamo o pieles de animales.

No es fácil conocer el estilo del traje de **Baekje 백제** en detalle porque no hay muchos artefactos o registros relacionados con el traje de Baekje, pero según los relatos encontrados en el Libro de Liang, un texto histórico chino, se supone que es casi igual al de Goguryeo. Un aspecto único es que Baekje distinguía los rangos de los cargos gubernamentales con su sombrero, cinturón y colores oficiales. El Gwanmo estaba decorado con plata para los funcionarios de alto rango, con prendas moradas, rojas y azules que se usaban por separado según su rango. El rey llevaba un abrigo púrpura con mangas anchas, pantalones anchos de seda azul, un cinturón de cuero alrededor de la cintura, zapatos de cuero negro y un tocado de seda negra en forma de cono adornado con

accesorios de oro en los laterales. La reina llevaba un tocado similar, un jeogori (prenda superior) y una chima (falda), y encima un durumagi (capa exterior) o una camisa de manga corta. La familia real embellecía la tela con hilo de oro o láminas de oro y la decoraba con adornos de gran calidad, lo que realzaba la autoridad real. A los plebeyos no se les permitía llevar ropas rojas y utilizaban la corteza interior azul del kudzu o el cáñamo para las telas.

1. Un modelo a escala de un plebeyo de Baekje. 2. Un modelo a escala de una plebeya de Baekje. 3. Un modelo a escala de una aristócrata de Baekje. 4. De izquierda a derecha: la ropa de un funcionario, la reina, el rey y el secretario de Estado.

La ropa de Silla era similar a la de Goguryeo y Baekje hasta la unificación de los Tres Reinos. Tras la unificación, la cultura se hizo más madura y lujosa (Silla fue conocida como el "Reino de Oro"). Además, la vestimenta de la **dinastía Tang** llegó y provocó muchos cambios de estilo. Silla estableció una clase detallada de estatus para establecer la autoridad de la clase dirigente a medida que el país se fortalecía. En aquella época, además de la seda, la tela de cáñamo tejida se hizo popular, y la calidad de la tela era una indicación de la clase de cada uno. Los cinturones, los zapatos e incluso las peinetas eran diferentes según la clase. Tanto los hombres como las mujeres llevaban jeogori (prenda superior), baji/chima (pantalones/falda) y po (abrigo exterior).

El rey y la familia real llevaban una corona de oro *gwanmo* que era un símbolo de poder absoluto. Encima de un espléndido *durumagi*, un cinturón de oro lleno de adornos, que originalmente se creó con fines prácticos, (como llevar objetos personales, herramientas y armas) se convirtió en un accesorio de moda y se llevaba como tal. La reina iba suntuosamente adornada con pendientes y un collar de jades curvados que demuestran la gran calidad de la mano de obra y la sofisticación de Silla. La clase alta llevaba principalmente mangas y pantalones anchos, y el pueblo llano llevaba mangas y pantalones estrechos.

Silla Unificada recibió una gran influencia de la **dinastía Tang**, y se introdujo un nuevo estilo de ropa que no existía anteriormente durante el Período de los Tres Reinos. Los vestidos ceremoniales, como el *hwalot* 활옷, el *wonsam* 원삼 y el *dangeui* 당의, son ejemplos de ello. A la vez, se introdujo la prenda superior de manga corta *banbi* 반비.

1, Un modelo a escala de una familia plebeya de Silla.
2. Una maqueta de una familia aristócrata de Silla.
3.4.5. Modelos a escala de aristócratas de Silla.
6. Funcionario civil de Silla Unificada con bokdu y danryeongy una aristócrata.
7. Un retrato de la reina Seondeok (Yu Hwang, 1990, Templo Beobinsa).

Además, el gobierno adoptó el sistema de uniformes de la dinastía Tang para los funcionarios. Hasta el periodo de los Tres Reinos, cada uno tenía sus propios uniformes oficiales. Durante el reinado de la reina *Jindeok* 진덕여왕 de Silla, **Kim Chun-chu** 김춘추 visitó la dinastía Tang de China como enviado para reunirse con el emperador Taizong de Tang y trajo el sistema de uniformes oficiales, que incluía el *bokdu* 복두, tocado de cuello circular, y lo convirtió en el uniforme oficial de todos los funcionarios del gobierno. Después, desde Goryeo hasta la dinastía Joseon, se adoptaron las túnicas ceremoniales de estilo chino y se usaron como uniforme gubernamental. Según el **Gyeonggukdaejeon** 경국대전, una colección de códigos de reglas para el gobierno, se usaban diferentes colores según el rango de cada uno. Como resultado del intercambio cultural con la dinastía Tang, se desarrolló un nuevo estilo de vestimenta único basado en el estilo tradicional.

La ropa de **Goryeo 고려** fue heredada de la **dinastía Silla**, al tiempo que absorbió y desarrolló los estilos de las dinastías chinas. Los campesinos y mercaderes vestían ropas blancas de ramio y cáñamo. Goryeo adoptó el sistema de uniformes reales y oficiales de las dinastías Song, Yuan y Ming (se ponían una capucha negra y una capa blanca cuando no estaban de servicio). Los mongoles invadieron Goryeo en 1231, y posteriormente Goryeo perdió parte de su territorio a manos de los mongoles, que explotaron e interfirieron en los asuntos internos (pero Goryeo no fue conquistado ni perdió su independencia política), incluso obligando a adoptar las **costumbres mongolas**, incluido su estilo de vestir. Como resultado, todavía se encuentran en forma de tradición coreana.

En el sentido de las agujas del reloj: Familia plebeya de Goryeo, ropa de erudito confuciano, ropa ceremonial de la reina, ropa ceremonial del rey, *jokduri, otgoreum.*

Por influencia de los trajes mongoles, la longitud de los jeogori se acortó y las mangas se estrecharon, y el *otgoreum* **옷고름** (cinta de la prenda) sustituyó a la correa de la cintura. También era una costumbre mongola que la novia llevara en la cabeza *jokduri* **족두리** (corona nupcial) en una boda. El estilo mongol era popular entre las clases altas, mientras que los plebeyos se adherían a los trajes tradicionales. Debido a los activos intercambios humanos y culturales entre Goryeo y la dinastía Yuan, las costumbres mongolas se introdujeron en Goryeo, pero las costumbres de Goryeo también se introdujeron en la dinastía Yuan. Entre las costumbres de Goryeo, eran populares la ropa, los zapatos y los sombreros, y el estilo se denominaba *goryeoyang* **고려양** (una forma incipiente de *Hallyu* **한류**, la Ola Coreana...). Durante el 31º reinado del rey **Gongmin 공민왕**, la dinastía Yuan se derrumbó y la dinastía Ming de la tribu Han reinó en China. Como consecuencia, el estilo mongol fue desapareciendo.

El *hanbok* de la Dinastía Joseon es el más parecido a la imagen del hanbok que tenemos ahora, porque cronológicamente fue la Dinastía más reciente, de la que quedan más datos y registros. Como resultado, hay más dramas históricos de la Dinastía Joseon que de cualquier otro periodo, lo que aumenta la familiaridad. Durante esta época, el confucianismo era la filosofía gobernante, y el orden jerárquico se mostraba claramente a través de la ropa.

A principios de la dinastía Joseon, las faldas ***seuran* 스란** (una falda envolvente decorativa con dibujos de pan de oro), que eran casi similares a las de la dinastía Ming, eran populares, pero sólo las personas de alto estatus social podían llevarlas. Desde mediados del periodo Joseon, la longitud de la espalda en la ropa de hombres y mujeres era generalmente larga, llegando hasta la cintura, pero se acortó con el tiempo.

De izquierda a derecha: Una mujer con un *jeogori* (chaqueta) corto y ceñido y una *chima* (falda) abultada / Un hombre con *durumagi* (abrigo tradicional), Un hombre con *hanbok* masculino compuesto por *jeogori* (chaqueta) y *baji* (pantalón), Una mujer con una chaqueta con el precioso jogakbo (patchwork tradicional coreano).

En el siglo XVIII, el *jeogori* era tan corto que apenas cubría el pecho y había que llevar el cinturón alto. Las faldas eran largas y abundantes durante toda la Dinastía Joseon, pero eran especialmente largas y anchas en los siglos XVII y XVIII, lo que daba lugar a una silueta acampanada.En el siglo XIX, la zona de las rodillas y los tobillos se amplió para que el aspecto general tuviera una forma triangular, y todavía se usa mucho hoy.

Después de la mitad del periodo Joseon, la ideología confuciana se reforzó aún más y se impusieron más restricciones a la ropa de las mujeres. Las mujeres usaban una especie de capucha larga llamada *jangot* 장옷 o unas faldas llamadas *sseugaechima* 쓰개치마 para cubrirse la cara cuando salían. Los plebeyos llevaban una combinación de jeogori/chima/durumagi, el estilo básico que se remonta al periodo de los Tres Reinos.

Left: *jangot* / **Right:** *sseugaechima*
From paintings by Shin Yun-bok

Pintura por Kim Hong-do que ilustra las diferentes ropas que usan las diferentes clases.

Pintura por
Chae Yong-shin

Heungseon Daewongun y su *magoja*

El jeogori era largo y relajado, pero después de la invasión japonesa de Corea en 1592, apareció el estilo *hahusangbak* 하후상박 (parte superior de slip y parte inferior abullonada), con un jeogori pequeño y corto, una chima abullonada. En 1887, el regente **Heungseon Daewongun 흥선대원군**, que fue secuestrado por la dinastía Qing, regresó de Manchuria vistiendo *magua*, que era la chaqueta de la **dinastía Qing**, y ésta se convirtió en *magoja* 마고자, que se llevaba sobre el jeogori y tenía botones. A partir de la década de 1880 se popularizaron los chalecos con bolsillos (influenciados por los trajes occidentales), ya que compensaban las carencias del hanbok, que no los tenía. A medida que la cultura occidental empezó a inundar el país, se produjeron cambios en la vestimenta. La gente usaba tanto el hanbok como los trajes. La ropa de las mujeres también cambió, y el uso de faldas de una sola pieza sin costuras llamadas *tongchima* 통치마 y jeogori blanco fue el comienzo del *hanbok* modernizado. A medida que la sociedad cambió, hubo un movimiento para abolir el uso de jangeui y *sseugaechima*, que las mujeres tenían que ponerse para cubrirse la cara cuando salían.

Después de la Guerra de Corea, el hanbok y los trajes coexistieron, pero el hanbok perdió gradualmente su lugar debido al rápido desarrollo económico y la afluencia de la cultura de estilo occidental durante las décadas de 1960 y 1970. El *hanbok* se ha convertido en una prenda especial que se usa sólo durante las fiestas, pero hoy es difícil verlo incluso durante las fiestas. Sin embargo, con la Ola Coreana, los turistas extranjeros están mostrando un mayor interés por el *hanbok*, combinado con los esfuerzos de la generación más joven por revivir y mejorar la ropa tradicional, el futuro del *hanbok* no parece demasiado brillante.

¿CUÁLES SON LOS SOMBREROS MÁS CHULOS QUE LLEVABAN LOS ANTIGUOS COREANOS?

"Corea parece ser el país de los sombreros: se fabrican de todas las formas, y en ningún lugar he visto una mayor variedad, desde la corona de cartón dorado del gobernador provincial hasta la modesta diadema del campesino. "

- Charles Varat, explorador francés encargado de una misión etnográfica por el ministro de Instrucción Pública. <Voyage en Corée> *Le Tour du Monde, LXIII*, 1892 Premier Semestre. París.

Durante la Dinastía Joseon, llevar un sombrero era una parte importante del código de vestimenta, y un extranjero que visitó Joseon lo describió como "la tierra de los sombreros" porque había muchos tipos de sombreros que se llevaban dependiendo del estatus y la situación de cada uno. Así que, sin más preámbulos, ¡hagamos un viaje al mundo de los sombreros de la dinastía Joseon!

HOMBRES

Pintura por Shin Yun-bok

Chorip 초립 - Sombrero que se solía llevar antes de que se popularizara el *heukrip* 흑립. Está hecho de tiras de bambú. Originalmente, lo llevaban tanto los eruditos como la gente común, pero a finales de la dinastía Joseon, lo llevaban sobre todo los chicos que aún no estaban casados, pero tenían una ceremonia de mayoría de edad, ya que la gente empezó a llevar heukrip.

Heukrip 흑립 – Literalmente significa "*gat* negro 갓 (sombrero tradicional coreano hecho de tiras de bambú y crin de caballo)". Fue designado como sombrero oficial durante el reinado del rey **Gongmin** 공민왕 de **Goryeo** para acabar con las costumbres de la **dinastía Yuan** y establecer su propio sistema de atuendos, pero no se generalizó hasta finales de la **dinastía Joseo**n. Lo llevaban los *yangban* 양반 (nobles) y los *seonbi* 선비 (académicos).

Paeraengi 패랭이 – Sombrero que llevaban los funcionarios de las estaciones de correos (lo pintaban de negro), y gente de clase baja como los vendedores ambulantes (le ponían una gran bola de algodón), y los carniceros. Hecho de tiras de bambú.

Pintura por Kwon Yong-jeong

Hwiyang/Hwihang 휘양/휘항 – Gorro de invierno que llevan los hombres. Cubre la cabeza y los hombros. Está hecho de cuero, tela o algodón.

Pintura por Kim Yang-gi

Sungkyunkwan Scandal 성균관스캔들 (2010, KBS 2)

Yugeon 유건 - **Sombrero interior de los eruditos confucianos de Sungkyunkwan. Se lleva durante el estudio o los ritos ancestrales.**

¿CUÁL ES LA UNIVERSIDAD MÁS ANTIGUA DE COREA?

Sungkyunkwan, fundada a principios de la dinastía Joseon en 1398 por decreto real para promover la erudición en el confucianismo, fue el más alto y principal instituto educativo nacional. La actual Universidad de Sungkyunkwan sucedió a la original, lo que la convierte en la más antigua de Asia Oriental. La **Sungkyunkwan** original está situada en el extremo sur del Campus de Humanidades y Ciencias Sociales. Dentro del campus original, *seokjeon daeje* 석전대제, el rito ceremonial para honrar a Confucio y a los sabios confucianos de China y Corea se realiza en el Santuario *Munmyo* 문묘, el templo principal de Confucio, dos veces al año en mayo y septiembre.

Jeongjagwan, Chungjeonggwan, Dongpagwan 정자관, 충정관, 동파관 – Originalmente es uno de los sombreros de China. Siempre se lleva en la casa y es el símbolo de los *yangban* 양반, los nobles.

Retratos de Kim Je-deok, Kim Man-jung, Yi Chae luciendo *jeongjagwan, chungjeonggwan, dongpagwan*

Pintura por Kim Deuk-sin

Tanggeon 탕건 – Originalmente sólo lo llevaban los funcionarios del gobierno, es más parecido a un gorro/capucha que a un sombrero completo. Se fabricaba principalmente con crin de caballo o cuero, pero también se utilizaba tela o bambú.

Pintura por Sung Hyeop

Gamtu 감투 – Un sombrero similar al *tanggeon*. Lo llevaba la gente corriente que podía permitírselo. Hecho con crin de caballo, cuero o tela, y no tiene ala, lo que lo hace fácil de llevar. Este sombrero lo llevaba la gente de clase baja desde la dinastía Goryeo. Fue utilizado por los plebeyos durante la Dinastía Joseon.

Retratos del rey Yeongjo

Ikseongwan 익선관 – El rey de Joseon llevaba este sombrero cuando vestía su uniforme oficial. Fue introducido a partir de la dinastía Ming.

MUJERES

Neoul 너울 - Lo llevan las mujeres de la corte o de la clase alta para cubrirse la cara cuando salen.

Part of "The royal procession of King Jeongjo"

Jisatgat 지삿갓 – Se fabrica tejiendo bambú en círculo y aplicando *hanji* (papel tradicional coreano) y aceitándolo. Se utiliza para evitar la lluvia y el sol. Se lleva en la mano en lugar de fijarlo en el sombrero con una cinta.

Jeonmo 전모– Lo llevaban las mujeres de clase baja, como las *gisaeng* 기생. Hecho con *hanji*, al igual que el *jisatgat*. Decorado con letras y diversos motivos (principalmente mariposas y flores).

Pintura por Shin Yun-bok

"Go Out of the New Year" (1921) por Elizabeth Keith

Jobawi 조바위 – Gorro de frío para mujeres muy utilizado desde la aristocracia hasta la clase trabajadora a finales de Joseon. A medida que el ayam se hizo menos popular, desapareció el largo cordón de la parte trasera y, en su lugar, hubo partes que cubrían ambos lados.

Ayam 아얌 - Gorro de frío para mujeres. Lleva una larga cuerda con forma de *daenggi* 댕기 (cinta de cola de cerdo) con una borla en el centro. A veces está decorado con joyas u oro.

Nambawi 남바위 – Gorro de invierno utilizado tanto por hombres como por mujeres Un niño pequeño lo lleva para su *doljanchi* 돌잔치 (primera fiesta de cumpleaños).

¡El tejado del edificio del Centro de Artes de Seúl tiene la forma del 갓 *gat*!

Gache 가체 es un adorno para la cabeza/peluca que llevan las mujeres de clase social alta y *gisaeng* 기생. Apareció por primera vez durante el **Período Unificado de Silla**, y se supone que fue influenciado por la dinastía Tang. Durante el reinado del rey **Seongjong** 성종 de la dinastía Joseon, algunas llegaban a medir hasta 30 cm (1 pie) porque cuanto más grandes y pesadas eran, más bellas eran percibidas. En consecuencia, muchas mujeres sufrían dolores de cuello, ¡y algunas incluso se rompían el cuello!

GISAENG – ARTISTAS FEMENINAS DE GRAN TALENTO

Hwang Jini 황진이 (2006, KBS)

Sabían cantar, bailar y recitar poemas. Pero, sobre todo, tenían un gran bagaje de conocimientos que la clase alta disfrutaba discutiendo con ellos los temas de actualidad en los banquetes. ¿Quiénes eran? ¿Reconocidos eruditos de la época? Sorprendentemente, no, eran *gisaeng/kisaeng* 기생, las artistas femeninas de gran talento de Corea. Su origen no está claro pero, según algunos estudiosos, la victoriosa **dinastía Goryeo** tuvo que encontrar una forma de gestionar eficazmente los prisioneros de guerra que tenía como resultado de la exitosa unificación de los **Tres Reinos posteriores**, y etiquetó a los prisioneros de guerra masculinos como "*no*" 노 y a los femeninos como "*bi*" 비. Entre ellas, las mujeres que destacaban en la danza y la música eran seleccionadas por separado por el Estado, que más tarde estableció una banda musical femenina llamada *goryeo yeoak* 고려 여악, y las suministraba para los eventos reales y budistas. Durante la **dinastía Joseon**, los *gisaengs* eran gestionados y supervisados bajo el sistema establecido por el Estado, y por ello sólo podían trabajar los que estaban registrados en el gobierno. Una vez inscritos en el registro, no podían escapar del estatus de *cheonmin* 천민 (la clase más baja de personas, los "intocables"), que se transmitía a sus hijos. Los gisaengs tenían que ser educados y entrenados durante años porque debían ser buenos cantando, bailando, tocando instrumentos musicales, escribiendo poemas, así como caligrafiando y dibujando. No sólo eso, sino que aprendían a hablar y a comportarse de forma refinada y culta porque su clientela era mayoritariamente de clase alta. Así surgió el *gyobang* 교방, una escuela para educar a los gisaengs.

Los aspirantes a gisaengs entraban en la escuela a una edad temprana. A finales de la dinastía Joseon, las gisaengs se dividían en tres grupos: *ilpae* 일패, *ipae* 이패 y *sampae* 삼패 (1ª, 2ª y 3ª clase). Las ilpae gisaeng eran un grupo de talentos femeninos altamente educados y formados y pertenecían al gobierno, por lo que se las conocía como "yangban (aristocracia/nobleza) gisaeng". Eran las encargadas de enseñar y formar a las nuevas gisaengs durante tres años. Por otro lado, los ipae y los sampae gisaengs tenían estrictamente prohibido interpretar la danza y las canciones de los ilpae. A diferencia de los ilpae gisaengs, los ipae y los sampae gisaengs podían prestar servicios sexuales a su clientela. Sin embargo, el sistema que categorizaba y distinguía los tipos y funciones de las gisaeng se volvió borroso durante el periodo de ocupación japonesa, y ha habido una tendencia a considerarlas como "cortesanas de clase alta", centrándose en los servicios sexuales que prestaban las ipae y las sampae gisaeng. Como resultado, las contribuciones que hicieron a la sociedad de Joseon han sido fácilmente pasadas por alto. En realidad, fueron el único grupo de personas que desempeñó el papel de heredero y transmisor de las artes literarias y tradicionales femeninas. Famosas gisaengs como **Hwang Jini** 황진이 sobresalieron en muchos campos y dejaron numerosas obras como el *sijo* 시조, poema tradicional coreano, que se considera una parte importante de la literatura clásica coreana.

ENTRETENIMIENTO TRADICIONAL COREANO

***Talchum* 탈춤** - Es una obra tradicional que se representa con una máscara. Al principio, los payasos actuaban en eventos de la corte, pero durante el final de la dinastía Joseon, se convirtió en una cultura popular, satirizando la sociedad de estatus feudal y representando con humor la dura vida del pueblo. Hahoe ***Byeolsingut Talnori* 하회별신굿 탈놀이** (drama ritual especial a los dioses juego de máscaras) y ***Bongsan Talchum* 봉산탈춤** son algunos de los más famosos.

***Pansori* 판소리** – Narración musical coreana. Es un tipo de ópera en solitario en la que un ***sorikkun* 소리꾼** (cantante/vocalista) cuenta una historia con gestos al ritmo del ***gosu* 고수** (tamborilero). Se representaba en un patio o en una sala de conciertos y, en el caso de las historias largas, podía durar fácilmente más de tres horas.

***Samulnori* 사물놀이** - significa "juego de 4 objetos". Es un tipo de música tradicional desarrollada a partir del ritmo del ***pungmulpae* 풍물패** (banda de percusión tradicional coreana). Los 4 instrumentos son ***kkwaengwari* 꽹과리** (gong pequeño), ***jing* 징** (gong más grande), ***janggu* 장구** (un tambor en forma de reloj de arena) y ***buk* 북** (tambor de barril).

***Hahoe Tal* 하회탈** (máscara) es una máscara ritual y artística transmitida desde finales de la dinastía Goryeo en el pueblo de Hahoe en Andong, Gyeongsangbuk-do. El material de las máscaras de Hahoe es el aliso, y están designadas como Tesoro Nacional número 121 en 1964. Es un valioso patrimonio cultural que representa los rostros de los coreanos.

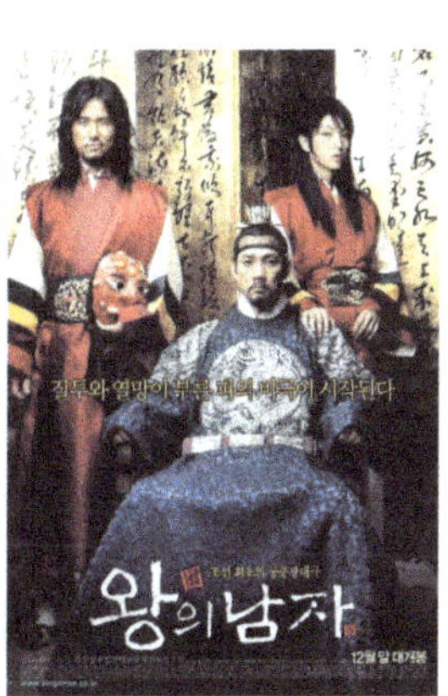

***Seopyeonje* 서편제 (1993)** es la historia de una familia de cantantes coreanos de pansori que luchan por ganarse la vida en el mundo moderno. Ganó el Premio Oso de Oro Honorífico del Festival de Berlín en 2005.

Nanta : Cookin' es un espectáculo no verbal que reinterpreta el samulnori tradicional de una manera moderna y que obtuvo una gran popularidad gracias a una gira mundial.

***Wangeui Namja* 왕의남자 (*The King and the Clown*, 2005)** - Un grupo de actores es detenido por burlarse de su hedonista rey, y se les da la oportunidad de librarse con una condición: hacer reír al rey. La película cuenta con escenas de teatro tradicional coreano que incluyen *talchum*.

¿POR QUÉ LOS COREANOS SE QUITAN LOS ZAPATOS AL ENTRAR?

Cuando se visita la casa de un amigo coreano, se encuentra inmediatamente, al entrar, un espacio ligeramente más bajo que el suelo. Aquí se ven muchos zapatos, y en el umbral elevado del principio del piso se colocan pulcramente zapatillas de algodón (pero muchas casas no las tienen). Utilizando tu cerebro inteligente, analizas la situación y llegas a la conclusión de que tienes que quitarte los zapatos. Al entrar en el salón, encuentras a tus amigos caminando en zapatillas, calcetines e incluso descalzos. Es más, tus amigos extranjeros también se han unido al club. Y lo mismo se observa en el baño. El cuarto de baño también es más bajo que el suelo, y un par de zapatillas de plástico te dan la bienvenida. Debe significar que debes ponértelas cuando uses el baño. Entonces, ¿por qué esta división y separación? Para entender este concepto, hay que conocer el sistema de calefacción tradicional coreano llamado *ondol* 온돌.

¿QUÉ ES EL SISTEMA DE CALEFACCIÓN COREANO - ONDOL?

El *ondol* 온돌 / *gudeul* 구들 es un sistema de calefacción tradicional coreano que, según la opinión generalizada, se originó hace unos 2.500 años en **Bukokjeo 북옥저** (antiguo estado coreano que se encontraba en Manchuria y la provincia marítima rusa de Siberia, posteriormente absorbida por Goguryeo). Dado que **Goguryeo** (37 a.C. - 668 d.C.) heredó el estilo de vida del pueblo Bukokjeo, y que el ondol también se transmitió a **Goryeo** y **Joseon** (se extendió más ampliamente durante el **periodo Joseon del siglo XVII** (1392 - 1897), conectar el origen del ondol con el pueblo coreano no debería ser una tarea difícil.

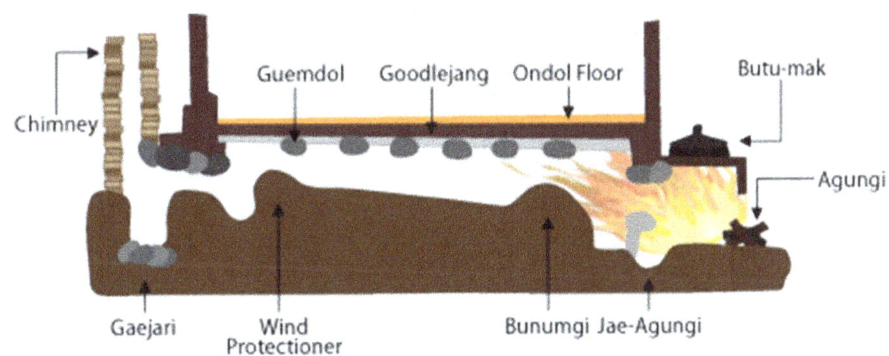

Una ilustración del sistema ondol
By Dzihi licensed by CC-BY-3.0 (creativecommons.org/licenses/by/3.0/)

Su concepto es similar al de un radiador que utiliza la conducción del calor, pero su estructura es diferente. Cuando se prende fuego a la leña en el horno llamado *agungi* 아궁이 (que también hace las veces de cocina), el calor que se genera aquí calienta las anchas piedras colocadas bajo el *jangpan* 장판 (suelo cubierto de papel aceitado/resina) de la habitación conocida como *gudeuljang* 구들장, y el calor que desprenden las piedras calientes hace que la habitación se caliente. 구들장, and the heat released by the hot stones makes the room warm.

Además de calentar por conductividad térmica, *ondol* combina la calefacción por radiación y la calefacción por convección, y el calor se mantiene de manera uniforme desde abajo hacia arriba y durante más tiempo en comparación con una chimenea o un radiador que genera calor desde un solo lado. Y el ondol es uno de los factores más influyentes en el estilo de vida residencial de los coreanos. Antes de la generalización del ondol para uso residencial, los coreanos tenían un estilo de vida drásticamente diferente. Los dramas históricos ambientados en la **antigua Corea** a **principios del periodo Goryeo** (918 - 1392), como *Seondeok Yeowang* 선덕여왕 (*Reina Seondeok*, MBC, 2009), muestran a la gente durmiendo en la cama y sentada en sillas. Pero la difusión del ondol y la comodidad que proporcionaba hicieron que los coreanos prefirieran sentarse en un cojín en el suelo y dormir en ropa de cama extendida en el suelo (vaya a un *jjimjilbang* 찜질방 para comprobarlo: una vez que se tumbe en un suelo acogedor y cálido, no querrá levantarse). Se cree que el ondol se extendió rápidamente en el siglo XVII en Joseon como medio para sobrevivir al frío invierno. Provocó un aumento de la demanda de leña, y los registros históricos dicen que la mayoría de las montañas estaban desnudas hacia el final de la Dinastía Joseon.

Además, el ondol ha propiciado el desarrollo de un estilo de arquitectura residencial de una sola planta en Corea. La mayoría de los edificios *hanok* 한옥 que quedan en Corea son de una sola planta, debido al enorme peso y los costes de construcción del sistema ondol. Se dice que hubo muchos edificios de varios pisos en casas ordinarias desde **Goryeo** hasta **principios del periodo Joseon**, antes de la generalización del *ondol*. Incluso en Corea, donde los apartamentos de gran altura son la norma hoy en día, los coreanos no podían renunciar a la comodidad que proporciona el ondol. Combinando la tradición con la tecnología moderna, el *ondol* ha evolucionado hasta convertirse en un sistema en el que el agua calentada por calderas se introduce y circula por las tuberías enterradas bajo el suelo. Aun así, los apartamentos coreanos modernos siguen reflejando el estilo de vida tradicional del *hanok*. Como hemos aprendido anteriormente, la generalización del ondol (calefacción en el suelo) a finales de la Dinastía Joseon y el *daecheongmaru* 대청마루 (suelo refrescante) jugaron un papel importante para que los coreanos prefirieran sentarse en el suelo en lugar de las camas y las sillas que también existían en los hogares antes de esa época. Naturalmente, mantener el suelo limpio era siempre una prioridad. Además, una advertencia: muchos restaurantes coreanos, especialmente los que tienen habitaciones, exigen que te quites los zapatos y te sientes en el suelo. Así que siempre es una buena idea inspeccionar tus calcetines para ver si tienen un agujero antes de ir a un restaurante coreano para evitar una sorpresa.

¿POR QUÉ LOS COREANOS SE SIENTAN EN UNA POSTURA DE YOGA?

Sentarse con las piernas cruzadas en el suelo se llama comúnmente *yangbandari* 양반다리 ("piernas de noble"). Como su nombre indica, era principalmente la postura que adoptaban los superiores y los mayores. Aunque a las mujeres y a los más jóvenes no se les prohibía por completo esta postura ante los hombres o los ancianos, solían optar por sentarse de rodillas para mostrar respeto.

JJIMJILBANG - EL CIELO DE ONDOL PARA LOS CANSADOS Y AGOBIADOS

Tradicional *hanjeungmak* (casa del sudor) en la época de la dinastía Joseon
Pintura por Kim Jun-geun

Si el ***jjimjilbang*** 찜질방, el balneario coreano, hubiera existido en la antigüedad, seguramente habría sido el refugio seguro para aquellos cansados y agobiados. Se considera que la forma original del jjimjilbang era una sala de sudoración llamada ***hanjeungmak*** **한증막** que existía desde la dinastía Joseon, que utilizaba el calor que quedaba en los hornos después de cocer carbón o cerámica.

Los suelos calefactados se inspiran en el sistema tradicional coreano del ondol, lo que explica por qué a los coreanos les encanta sentarse en el suelo. El *jjimjilbang* actual, que combina una casa de baños con una sala de vapor/sudoración, apareció por primera vez en 1994, se extendió por todo el país y ha evolucionado hasta convertirse en un centro de recreo polivalente que no sólo ofrece descanso, sino también entretenimiento.

La mayoría de los *jjimjilbangs* funcionan las 24 horas del día, con una zona dedicada a dormir con cómodos sofás de cuero, sillones reclinables y sofás. Algunas instalaciones de alto nivel ofrecen incluso mini cuevas para uso individual. Y con un coste relativamente económico, es una alternativa decente al alojamiento tradicional. Y no sólo eso, sino que también hay salas de PC disponibles para que puedas mantenerte al día con tu trabajo.

Versión moderna del *hanjeungmak*

Pero lo más impresionante de jjimjilbang son sus instalaciones de restaurante/merienda. Se puede encontrar una amplia gama de opciones de menú, desde fideos instantáneos y hasta ***kimchi bokkeumbap*** **김치볶음밥** (arroz frito con kimchi) y pollo, pero la "especialidad del jjimjilbang" está en el rincón de los aperitivos: abrir unos ***maekbanseok gyeran*** **맥반석 계란** (huevos horneados en platos de piedra de elvan) o saciar la sed tras una intensa sesión de sudor con ***bingsu*** **빙수** (hielo raspado), ***sujeonggwa*** **수정과** (ponche de canela), y el helado ***shikhye*** **식혜** (ponche de arroz). Los disfrutan todos, coreanos y no coreanos.

UNIFORME

Una vez dentro, debes dejar la ropa que llevabas puesta en el mundo secular y ponerte el uniforme que te proporciona el *jjimjilbang*. No te preocupes, no es para despojarte de tu individualidad, sino para evitar que las instalaciones se ensucien y contaminen con los gérmenes y virus que hayas podido traer del exterior. La mayoría de las veces no será tu color o estilo favorito, pero todos los demás estarán en tu misma situación.

La mayoría de los *jjimjilbangs* tienen secciones separadas por sexo y unisex. Evidentemente, los vestuarios y los baños están separados, pero la mayoría de las salas de vapor/sudor y los pisos comunales con calefacción son unisex, aunque varían de un negocio a otro. Sin embargo, hay jjimjilbangs sólo para un sexo, por lo que conviene comprobarlo antes de entrar.

¿QUÉ ES EL "SOMBRERO DE TOALLA DE CABEZA DE CORDERO" COREANO?

Hecho enrollando ambos lados de una toalla y envolviéndola alrededor de la cabeza, el sombrero de toalla *yangmeori* 양머리 "Cabeza de cordero/oveja" se hizo popular después de que el personaje principal Kim Sam-soon, lo llevara en un exitoso drama televisivo *Nae Ireumeun Kim Sam-soon* 내 이름은 김삼순 (*Mi nombre es Kim Sam-soon / My Lovely Sam Soon*, 2005, MBC). En el *jjimjilbang*, mucha gente. independientemente de la edad/sexo. lo hace porque absorbe el sudor y evita que el pelo se estropee a la vez que añade algo de cutrez (¡ya sabes que los coreanos están obsesionados con el aspecto!).

¿POR QUÉ LOS COREANOS SE RESTRIEGAN EL CUERPO?

A lo largo de su vida, una langosta se desprende de su caparazón hasta 25 veces, revelando un nuevo y brillante pelaje cada vez. Los humanos, al carecer de esa capacidad, recurrían a otros métodos: Cleopatra disfrutaba bañándose en vino, y Yang Guifei en leche, para mantener su piel flexible y suave. Mientras tanto, en Corea, el *ttaemiri* 때밀이, que significa literalmente "fregado del cuerpo (suciedad)", ha sido una forma popular de conseguir el mismo resultado. En la mayoría de los baños públicos y balnearios jjimjilbang coreanos, *hay sesinsa* 세신사, o "limpiadores corporales profesionales" que te ayudarán con el proceso completo de desprendimiento. En primer lugar, sumerge tu cuerpo en agua caliente durante unos 10 minutos y ablanda las células muertas de la piel. A continuación, confíe su cuerpo a las manos de los limpiadores corporales profesionales, que están equipados con toallas y guantes especiales para fregar, más conocidos como *toalla itaeri* 이태리 타월. Los profesionales pulirán su cuerpo a fondo, así que todo lo que tiene que hacer es dar la vuelta al cuerpo siguiendo las indicaciones de los profesionales. Cuando todo haya terminado, se sorprenderá al ver un montón de finos hilos oscuros, similares a las virutas de una goma de borrar. Son las células cutáneas muertas aglomeradas de tu cuerpo llamadas *ttae* 때, que significa "suciedad corporal". Aunque algunos dermatólogos afirman que un método tan abrasivo podría hacer más daño que bien a tu piel, pero muchas personas, entre ellas Amanda Seyfried y Miranda Kerr, juran que puedes ver resultados instantáneos.

¿QUÉ ES LA "TOALLA ITAERI"?

Los coreanos llevan usando la toalla *itaeri* (toalla de Italia) desde que el fallecido inventor Kim Pil-gon inventó una toalla duradera con rayón de viscosa en la década de 1960 tras dos años de investigación. Antes, la gente solía envolver las toallas sobre una piedra para fregar. El nombre "*itaeri*" viene del hecho de que la máquina de tejer y los tintes se fabricaban en Italia.

LA HISTORIA DE
HANOK

Hanok 한옥 es un término que se refiere a las casas tradicionales coreanas hechas con materiales ecológicos como tierra, arcilla, madera, rocas y paja de arroz, por lo que estas casas no causaban ningún daño a nuestro cuerpo y, por supuesto, a la naturaleza que las rodeaba, reflejando los factores ambientales de la península coreana, así como el estilo de vida del pueblo coreano. Un dato interesante sobre las casas hanok es que la diferencia de estatus social se puede inferir mirando la forma del tejado de cada casa. Si el tejado es mayoritariamente de arcilla y tiene un techo de paja de arroz, se llama *chogajip* 초가집, y en ella vivían plebeyos y algunos *yangban* 양반 (nobles) con bajos ingresos. Por otro lado, cuando las tejas llamadas *giwa* 기와 (hechas con tierra cocida) se colocaban en el tejado de una casa construida principalmente con madera y piedras, se llama *giwajip* 기와집, y era habitada por yangban y *jungin* 중인, la gente de clase media. La *cheoma* 처마 (borde curvo del tejado hanok) que se eleva hacia el cielo parece representar su autoridad.

En el sentido de las agujas del reloj, desde la parte superior izquierda: *chogajip*, techo de tejas *giwa*, *cheoma*, *daecheongmaru*

(*Daecheongmaru* Image by KOGL-O)

Las casas *hanok* tienen diferentes estilos arquitectónicos según el clima y las características de la península coreana. En el norte del país, donde el frío es frecuente, las habitaciones están dispuestas en dos filas con un techo bajo para bloquear el frío del exterior y mantener el calor. En el sur, sin embargo, las habitaciones se alinean en una sola línea recta con un techo alto, para favorecer la circulación natural del aire. Anteriormente, supimos que los coreanos eran capaces de superar el frío invierno gracias al sistema *ondol*. Entonces, ¿cómo sobrevivían al abrasador verano? En la época en que no había aire acondicionado, las casas hanok tenían un lugar especial llamado *daecheong* 대청, que servía como lugar de refrigeración natural. Este espacio, también llamado *daecheongmaru* 대청마루, es un espacioso piso de madera entre las habitaciones, donde el cheoma no sólo mantiene el daecheongmaru a salvo del caluroso sol del verano, sino que, al elevarse más que otras partes del techo, eleva el aire caliente hacia arriba, dejando el *daecheongmaru* con una brisa fresca. La viga, *daedeulbo* 대들보 son los pilares que sostienen las casas *hanok*, de las que se dice que están a salvo de los terremotos porque se colocan en una piedra de cimentación, en lugar de en el suelo. También se usa como expresión que significa "una persona muy importante en la organización".

Las puertas y ventanas de los *hanok* se rellenan con un papel tradicional coreano llamado *hanji*, hecho de cortezas interiores de morera. El *hanji* utilizado en las puertas y ventanas se llama ***changhoji*** 창호지, y bloquean el calor y el viento a la vez que dejan entrar la luz. También es interesante comparar los diferentes tipos de diseños que se encuentran en las puertas y ventanas de las casas *hanok*.

Jangdokdae 장독대 es una zona fuera de la casa dedicada a guardar una serie de tarros llamados ***jangdok*** 장독 (*o onggi* 옹기 / *hangari* 항아리), una vajilla étnica coreana utilizada para fermentar o simplemente almacenar alimentos en conserva, como *kimchi*, *ganjang* 간장 (salsa de soja), *doenjang* 된장 (pasta de judías) y *gochujang* 고추장 (pasta de pimiento rojo) o granos. La palabra dae significa "lugar" o "soporte", por lo que jangdokdae significa "lugar para la loza", y se encuentra cerca de la cocina. La luz solar y la ventilación son aspectos clave en la elección del lugar para que los alimentos se conserven bien y se mantengan frescos, a menudo durante más de varios años. La zona de almacenamiento similar en los palacios reales se llamaba ***yeomgo*** 염고 y estaba supervisada por una dama de la corte llamada ***janggomama*** 장고마마.

¿CÓMO SE MANTIENEN FRESCOS LOS COREANOS?
죽부인 JUKBUIN LA "ESPOSA DE BAMBÚ"

Literalmente significa "esposa de bambú", el ***jukbuin*** 죽부인 es un tipo de almohada corporal que se introdujo a partir de la dinastía Tang de China. Se fabrica con bambú finamente dividido que se teje a mano con una forma similar a la de un saco de arena. Cuando se utiliza como compañero de sueño, la estructura abierta proporciona al cuerpo la máxima exposición a las brisas refrescantes. Era un artículo esencial durante los calurosos días de verano en Corea. Aunque no era más que una almohada para el cuerpo hecha de bambú, era un tabú para un hijo usar lo que usaba su padre, y cuando éste moría, se quemaba junto con su ropa.

165

Es posible que nos haya visto en los dramas históricos coreanos, erguidos a la entrada de un pueblo, poniendo caras de miedo. Estamos hechos de madera y somos los guardianes de la aldea, manteniendo a raya a los demonios y espíritus malignos. Al mismo tiempo, servimos de hitos en los límites de la aldea y solemos estar adornados con grabados que describen las características de las figuras talladas en la parte delantera de los postes.
Los *jangseungs* "masculinos" 장승 suelen llevar grabados en *hangul* o *hanja* en los que se lee *cheonhadaejanggun* 천하대장군 天下大將軍 (Gran General de Todos Bajo el Cielo) y están decorados con los tocados que llevan los aristócratas y eruditos coreanos.
Los *jangseungs* "femeninos", en cambio, llevan tocados menos elaborados y llevan grabados que dicen *jihayeojanggun* 지하여장군 地下女將軍 (General Femenino del Inframundo). A pesar de nuestros esfuerzos por parecer bonitos, un misionero protestante estadounidense, Homer Bezaleel Hulbert, nos describió como "postes del diablo del pueblo" en 'The Passing of Korea' (1906).Conociendo nuestra historia, ¿qué aspecto tenemos ahora? Cuando visites Corea, no te dejes intimidar por nuestro aspecto aterrador porque somos amables y nos encantan los turistas.

¿POR QUÉ LOS APARTAMENTOS COREANOS PARECEN CAJAS DE CERILLAS?

En la década de 1960, de acuerdo con la política de desarrollo urbano, un gran número de personas acudió a la capital, Seúl, y alojarlas se convirtió en un problema importante. Los apartamentos, que tenían la ventaja de proporcionar la máxima cantidad de viviendas en un espacio limitado, eran la opción ideal. La construcción de un enorme número de apartamentos se llevó a cabo bajo la iniciativa del gobierno. Como resultado, los apartamentos representan ahora la mayoría de los tipos de vivienda de los coreanos, e incluso en las zonas rurales en estos días. Una cosa que hay que señalar es que el concepto de apartamento es más parecido al de condominio en EE. UU. porque son propiedades en propiedad.

La estructura y el espacio de los apartamentos coreanos reflejan el estilo de vida residencial tradicional de los hanok. La planta interior del apartamento de estilo coreano, que cuenta con un amplio salón y una cocina, a través de los cuales se conectan las habitaciones, es una interpretación moderna del patio y el daecheongmaru del *hanok*. Sin embargo, muchos critican los grandes complejos de apartamentos por ser edificios feos y encajonados, pintados con colores apagados y que parecen cajas de cerillas. Los ciudadanos creen que estropean la belleza de la ciudad, mientras que algunos dicen que, a pesar de su aspecto poco atractivo, los apartamentos siguen siendo un símbolo de la sociedad.

JEONSE - ¿POR QUÉ LOS PROPIETARIOS COREANOS DEJAN QUE SUS INQUILINOS SE QUEDEN GRATIS?

El *jeonse* 전세, que puede traducirse como "depósito de dinero en llave", puede ser un concepto muy extraño para los extranjeros que están acostumbrados a la cultura de la propiedad o al pago de un alquiler mensual por su vivienda. En un contrato de jeonse, en lugar de pagar un alquiler mensual, el inquilino paga una determinada cantidad (normalmente entre el 7 y el 80% del precio de venta) durante el periodo contratado (por ejemplo, dos o tres años). Entonces el propietario puede obtener un beneficio invirtiéndolo o utilizándolo donde sea necesario (entonces es efectivamente lo mismo que obtener un préstamo sin intereses). La parte que asombra a los extranjeros es que, al expirar el contrato, ¡el arrendador debe devolver la totalidad del importe al inquilino! Por eso, muchos extranjeros que no están familiarizados con el concepto se preguntan: "¿Por qué prestar la casa gratis?". En los K-dramas, también se utiliza como recurso para expresar la pena de las familias pobres que no tienen dinero para comprar una casa y tienen que seguir mudándose al final de cada contrato de *jeonse*.

¿QUIÉN FUNDÓ COREA?

Retrato de Dangun, Enciclopedia de la cultura coreana (encykorea.aks.ac.kr), Academia de Estudios Coreanos

Según la leyenda fundacional registrada en el *Samguk Yusa* 삼국유사 (registro de historia y leyendas), el Señor del Cielo, **Hwanin 환인**, tuvo un hijo, **Hwanung 환웅** que descendió a la montaña **Taebaek 태백산** (actual montaña **Baekdu 백두산** zona que es la más alta de la península coreana) y fundó la ciudad de **Shinsi 신시**. Entonces, un tigre y un oso acudieron a Hwanung y le preguntaron cómo podían convertirse en humanos y les dijeron que si se metían en una cueva y vivían allí durante 100 días comiendo únicamente artemisa y ajo, Hwanung los transformaría en seres humanos. Ambos aceptaron el reto, pero hacia la mitad de los 100 días el tigre se rindió y salió corriendo de la cueva. La osa, por su parte, se contuvo con éxito y se convirtió en una hermosa mujer llamada **Ungnyeo 웅녀**. Hwanung se casó con Ungnyeo y ésta dio a luz a **Dangun 단군**, que se convirtió en el padre fundador de **Gojoseon 고조선** en el año 2333 a.C. En la actualidad, dicha leyenda es interpretada por los estudiosos como una representación simbólica de un matrimonio con un miembro de una tribu que adora a los osos, y no como una mujer literalmente convertida en oso. La fecha de fundación, o *Gaecheonjeol* 개천절 ("El día de la apertura del cielo") se celebra como fiesta nacional en Corea (3 de octubre).

¿CUÁL ERA EL LEMA NACIONAL DE GOJOSEON?

홍익인간

hongik ingan

"Beneficiar ampliamente a la humanidad (devoción al bienestar humano)"

¿QUÉ EDAD TIENE COREA?

Según el sistema de calendario tradicional coreano *dangungiwon* **단군기원** o *dangi* **단기**, el año 1 comienza en la fecha de fundación del primer reino coreano Gojoseon (2333 a.C., es decir, 2333 años antes de que se utilizara el calendario gregoriano como norma mundial actual). Así, añadiendo el año gregoriano, se obtiene el año dangi actual. Por ejemplo, el año 2020 en Estados Unidos se traduciría como el año 4353 en *dangi*. Para los coreanos, este número es un símbolo de orgullo, ya que significa que los antepasados del pueblo coreano han mantenido su larga historia y tradición durante 5.000 años.

Dramas inspirados en la leyenda de Dangun con elementos de fantasía
Asdal Yeondaegi 아스달 연대기 (*Arthdal Chronicles*, 2019, tvN)
Taewang Sashingi 태왕 사신기 (*The Legend*, 2007, MBC)

Clasificación del periodo (57 a.C. a 668 d.C.) de la historia de Corea establecido en la antigua península coreana con **Goguryeo** en el norte, **Baekje** en el centro y **Silla** en el sureste y otros estados menores.

El mapa de la historia de Corea en 476, el momento de mayor expansión territorial de Goguryeo.

Pintura del siglo VII de la dinastía Tang sobre enviados de los Tres Reinos de Corea: Baekje, Goguryeo y Silla ilustra los diferentes estilos de vestimenta.

GOGURYEO, LA MAYOR DINASTÍA DE LA HISTORIA DE COREA (37 A.C. ~ 668)

Un mural del siglo V EC Muyonchong (tumba) que representa una escena de caza.

Goguryeo 고구려 se dice que fue fundada por **Jumong 주몽** en el año 37 a.C. y fue el mayor de los Tres Reinos, que se convirtió en un estado aristocrático de pleno derecho durante el reinado del rey **Sosurim 소수림왕**, quien promulgó varias leyes y decretos que ayudaron a centralizar la autoridad real. Al igual que otros reinos de la antigua Corea, el budismo era la columna vertebral cultural, mientras que la educación confuciana se enfatizaba como medio para regular/gestionar el orden social. En la actualidad, algunas de las ruinas y tumbas, que se convirtieron en **Patrimonio de la Humanidad de la UNESCO** en 2004, se encuentran en el extremo sur de la provincia china de Jilin, los territorios que abarcaba el reino.

¿Por qué los coreanos dominan el tiro con arco? P. 219

Jumong / Dongmyeongseongwang 주몽 / 동명성왕

Su nombre de nacimiento es **Jumong 주몽**, que significa literalmente "Rey Santo de Oriente", fue el monarca fundador del Reino de **Goguryeo**, el más septentrional de los Tres Reinos de Corea. Según las leyendas fundacionales, era hijo de **Haemosu 해모수** y de la princesa **Yuhwa 유화부인**, que era hija del dios del **río Amnok 압록강**. La dama Yuwha fue impregnada por la luz del sol y dio a luz un huevo, y del huevo nació un niño. Jumong era conocido por su excepcional habilidad en el tiro con arco, y en el año 37 a.C. se convirtió en el primer rey de Goguryeo y reunió a las cinco tribus de **Jolbon 졸본**. **Soseono 소서노**, que era hija de un jefe de Jolbon, y su segunda esposa, dieron a luz a su hijo, **Onjo 온조**, que posteriormente estableció el reino de **Baekje**. El reino de Goguryeo evolucionó hasta convertirse en un gran territorio regional con un poder e influencia considerables y se mantuvo durante 705 años y fue gobernado en total por 28 emperadores consecutivos. Hoy, los descendientes de **Jumong** siguen llevando su apellido "Go".

Gwanggaeto el Grande 광개토대왕

Gwanggaeto el Grande (nombre de nacimiento: **Go Damdeok 고담덕**), fue el decimonoveno monarca del reino de **Goguryeo**. Bajo Gwanggaeto, Goguryeo se alzó como una poderosa dinastía en Asia oriental, realizando enormes avances y conquistas en Manchuria occidental contra las tribus **khitanas**; en el interior de Mongolia y en la provincia marítima de Rusia, así como en el valle del río Han, en Corea central, para controlar más de dos tercios de la península coreana. También derrotó a **Baekje**, que entonces era el reino más poderoso de Corea. Sus logros están recogidos en **la Estela de Gwanggaeto**, erigida en el año 414 en el supuesto lugar de su tumba en Jian, actual frontera entre China y Corea del Norte, y que sigue en pie como la estela grabada más grande del mundo.

Retrato estándar de Gwanggaeto el Grande por Lee Jong Sang
(Museo Nacional de Arte Moderno y Contemporáneo de Seúl)
Licensed by CC BY-SA 4.0
(creativecommons.org/licenses/by/4.0/)

Batalla de Salsu 살수대첩 (612)

Registrada como una de las batallas más brutales de la historia mundial, fue una enorme victoria de **Goguryeo** sobre la dinastía Sui de China. Dirigido por el general **Eulji Mundeok 을지문덕**, el ejército **Sui** fue atraído al **río Salsu**, donde los soldados de Goguryeo preparaban un ataque cortando el flujo de agua con una presa de antemano, y cuando las desprevenidas tropas Sui estaban a medio camino, la abrieron. Miles de personas se ahogaron y las tropas supervivientes fueron asesinadas por la caballería de Goguryeo. Murieron más de 300.000 soldados de la dinastía Sui, mientras que del lado de Guguryeo sólo se perdieron 2.700 soldados. Esta derrota tuvo un gran impacto en la dinastía Sui, provocando su colapso interno y su posterior caída.

La estela de Gwanggaeto, de 7 metros de altura.

Se dice que **Baekje** 백제 fue fundada por el legendario líder Onjo en el año 18 a.C. en la zona de **Gwangju** 광주. Alrededor del siglo III d.C., se convirtió en un reino plenamente desarrollado. Durante el reinado de **Goi** 고이왕, y durante el del rey **Geunchogo** 근초고왕, gobernó una parte importante de Corea central, incluida toda la cuenca del río Han. El budismo y el confucionismo eran los dos pilares del reino, y se produjo un gran número de eminentes eruditos. Una de las obras de arte más famosas y distintivas de la época es una estatua de Buda que tiene una sonrisa sutil y misteriosa, conocida como la "**sonrisa de Baekje**".

Buda de bronce dorado (Museo Nacional de Corea)
Licensed by KOGL Type 1 (https://www.kogl.or.kr/info/licenseType1.do)

Rey Onjo 온조

Onjo, hijo de **Jumong** y **Soseono** del reino de **Goguryeo**, fue el monarca fundador de **Baekje**, que se encontraba en la parte occidental de la península de Corea. Según el *Samguksagi* 삼국사기 (un registro histórico de los Tres Reinos de Corea), fue el antepasado de todos los reyes de Baekje.
Era el hermano menor de **Yuri** 유리, que se convirtió en el segundo rey de Goguryeo, y hermano menor de **Biryu** 비류 que construyó un pequeño estado en **Michuhol** 미추홀. Cuando Biryu murió, su pueblo se unió a **Sipje** 십제, que Onjo rebautizó posteriormente como Baekje. Onjo fue capaz de gestionar y sofocar con éxito las rebeliones esporádicas de otras tribus, y reinó durante 46 años, sentando las bases de una poderosa dinastía que duraría 678 años.

El gran incensario de cobre y oro de Baekje 백제금동대향로

Mide 64 centímetros de alto y 19 de diámetro, y pesa casi 12 kilogramos. Este artefacto tridimensional, cuya fabricación se estima en el siglo VI, presenta adornos realistas del dragón y el fénix (símbolo del yin y el yang) y se cree que se utilizaba para ritos ancestrales u otras ceremonias importantes.

El gran incensario de cobre y oro de Baekje (Museo Nacional de Corea)
Licensed by KOGL Type 1 (https://www.kogl.or.kr/info/licenseType1.do)

Templo Gyeongju Bulguksa del Reino de Silla

SILLA, EL REINO DE ORO (57 A.C. ~ 935)

Silla 신라, que se cree que fue fundada por **Bak Hyeokgeose 박혁거세** en el año 57 a.C., se convirtió en un reino de pleno derecho como resultado del establecimiento de la monarquía hereditaria de la familia Kim. Durante esta época, el budismo fue adoptado como religión nacional y floreció. ¿Las huellas? En **Gyeongju 경주**, donde se encontraba la capital del reino, se pueden encontrar magníficas esculturas de Buda y templos por doquier. Los habitantes de Silla, especialmente los aristócratas, eran aficionados al lujo extravagante. Entre todos, los adornos de oro, como las coronas de oro, los cinturones y diversas joyas, demuestran lo hábiles y artísticos que eran. No es de extrañar que se les llame "**El Reino de Oro**".

Bak Hyeokgeose 박혁거세

Fue el monarca fundador de Silla y el progenitor de todos los clanes **Bak (Park)** de Corea. Según el *Samgukyusa* **삼국유사** (una colección de leyendas, cuentos populares y relatos históricos relacionados con los Tres Reinos de Corea), los líderes de los jefes (que se cree que eran refugiados de Gojoseon) se reunieron para discutir la elección de un rey y la formación de un reino, y en ese momento en el bosque, una extraña luz brilló desde el cielo, y donde un caballo blanco se inclinó, había un gran huevo del que salió un niño. Después de bañarse, su cuerpo irradiaba y los animales saltaban de alegría. El pueblo lo veneró y lo nombró rey del estado llamado **Seorabeol 서라벌** cuando cumplió 13 años. Se casó con la princesa **Aryeong 알영부인**, de quien se dice que nació de las costillas de un dragón. Los clanes Park son el tercer grupo más grande de Corea en la actualidad.

Gruta de Seokguram 석굴암

La gruta de **Seokguram 석굴암** (cueva artificial) forma parte del complejo del templo de **Bulguksa 불국사** en la montaña de **Toham 토함산**, en **Gyeongju 경주**, Corea del Sur. Esta impresionante gruta, Tesoro Nacional nº 24, fue incluida en el Patrimonio Mundial de la UNESCO en 1995, junto con el complejo del templo de Bulguksa.

La gruta está situada con vistas al **Mar del Este** y descansa a 750 metros sobre el nivel del mar. Se dice que fue construida por **Kim Daeseong 김대성** y que originalmente se llamaba **Seokbulsa 석불사** (Templo del Buda de Piedra), cuya construcción tuvo lugar por primera vez en el año 742, cuando renunció a su puesto en la corte del rey, en el 751, durante el reinado de **Gyeongdeok 경덕왕** de Silla, que se considera la cima cultural del reino.

Según una leyenda, Kim dedicó la Gruta a sus padres de una vida anterior y el Templo a sus padres en su vida actual. La construcción se terminó en 774, y está reconocida como una de las mejores esculturas budistas del mundo, y es actualmente uno de los destinos culturales más conocidos de Corea del Sur.

Coronas de oro encontradas en Cheonmachong

Esta centelleante corona de oro, excavada en **Cheonmachong 천마총** (tumba número 155, también conocida como "tumba del caballo celestial" por el mural del caballo volador) en 1973, se cree que perteneció al rey **Soji 소지왕** o al rey **Jijeung 지증왕**. La corona mide 32,5 centímetros de altura y tres puntas forman el carácter chino 山 "montaña" en la parte delantera de la corona. En la parte posterior, hay dos puntas en forma de asta de ciervo. También hay dos cadenas de oro que cuelgan del extremo de la diadema, con forma de hojas. Tras ser designado como el 188º Tesoro Nacional de Corea, actualmente se encuentra en el Museo Nacional de Gyeongju.

Cheomseongdae 첨성대

El Tesoro Nacional número 31, **Cheomseongdae**, es un observatorio de la época de Silla situado en Gyeongju. Se dice que fue construido durante el reinado de la reina **Seondeok 선덕여왕** de Silla a mediados del siglo VII, es el observatorio astronómico más antiguo que existe en el mundo y mantiene su forma original sin necesidad de reconstrucción o restauración. Se decía que el uso de Cheomseongdae era la observación astronómica, pero recientemente han surgido opiniones diferentes porque, a diferencia de la mayoría de los observatorios astronómicos, estaba construido en un terreno plano y era demasiado estrecho para que la gente entrara y saliera. Por lo tanto, algunos especulan que la estructura podría haber desempeñado un papel astrológico para predecir la fortuna de la dinastía o haber servido como altar para ceremonias religiosas. Todavía se mantiene en pie con 9,17 metros y 4,93 metros de diámetro.

Martirio de Ichadon 이차돈

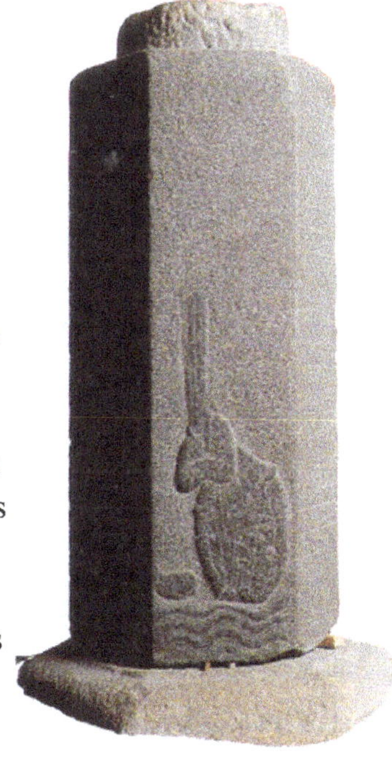

Ichadon 이차돈 (501-527) fue un monje budista y consejero del rey de Silla **Beopheung 법흥왕**, que deseaba promulgar el budismo como religión del Estado, pero se enfrentaba a la oposición de los funcionarios de la corte. Ichadon ideó una estrategia para superar la oposición. Convenciendo al rey de hacer tal proclamación usando el sello real, Ichadon le dijo al rey que negara haber hecho tal proclamación, e Ichadon confesaría y aceptaría el castigo de la ejecución por falsificación. Profetizó al rey que en su ejecución un milagro convencería a la facción de la corte contraria. Su plan salió como estaba previsto y, cuando fue ejecutado, la tierra tembló, el sol se oscureció, llovieron hermosas flores del cielo y la sangre blanca, en lugar de roja, salpicó 30 metros en el aire desde su cadáver decapitado. El presagio fue aceptado como una manifestación de la aprobación del cielo, lo que convirtió al budismo en la religión del estado en el año 527 de la era cristiana. Su cuerpo fue llevado a las **montañas sagradas de Geumgang 금강산** y enterrado allí con respeto. Su martirio llevó a la construcción del **monasterio de Heungryunsa 흥륜사**, el primer templo estatal de Silla.

175

Estatua de Buda Maitreya sentado en meditación. Bronce dorado.

Más conocida como *bangasayusang* 반가사유상 (Tesoro Nacional de Corea nº 83) Se cree que es una estatua de Maitreya, el futuro Buda, en una postura contemplativa semisentada, comúnmente conocida como el "Bodhisattva contemplativo" o Maitreya sentado de bronce. Reconocida como una de las mejores esculturas budistas jamás producidas, se encuentra en el Museo Nacional de Corea como una de las exposiciones más populares. El bodhisattva, sentado en un taburete con la pierna derecha cruzada sobre la rodilla izquierda, pone una expresión pensativa con el dedo apoyado sutilmente en la cara. La postura simboliza un acontecimiento ocurrido durante la vida de Buda antes de su renuncia como príncipe: mientras observaba a los agricultores en los campos, despertó a la naturaleza cíclica del sufrimiento humano, y la obra de arte representa la postura en este momento de despertar.

Estatua de Buda Maitreya sentado en meditación. Bronce dorado. (Museo Nacional de Corea) Licensed by KOGL Type 1 (https://www.kogl.or.kr/info/licenseType1.do)

La sonrisa de la teja de Silla

Esta teja, (*sumakse* 수막세), que se adhiere a una teja curva en los bordes de un tejado/pared, tiene un rostro humano sonriente más conocido como "**La sonrisa de Silla**". A diferencia de otras culturas en las que se utilizan rostros terroríficos (por ejemplo, duendes), los habitantes de Silla utilizaban en cambio sonrisas amistosas para calmar a todos los malos espíritus y enviarlos de vuelta al lugar de donde procedían. En ella se inspira el logotipo de la empresa coreana **LG**.

¿Quiénes son los chaebols? P. 86

Hwarang: The Poet Warrior Youth 화랑 (KBS, 2016)

Hwarang

Hwarang 화랑 era una organización de entrenamiento y educación mental y física compuesta por los jóvenes de la dinastía Silla. Se creó para reclutar a personas con talento (normalmente hijos de reyes y nobles, pero no había restricciones de clase), y los miembros, llamados ***nangdo*** 낭도 estaban unidos bajo la dirección del líder, hwarang. Entre los objetivos del grupo, el principal era seleccionar a personas con talento y hacer que fueran nombradas para puestos clave en Silla. Al mismo tiempo, el entrenamiento militar era de suma importancia. De hecho, Silla en los siglos VI y VII, cuando se fundó el *hwarang*, seguía en guerra con los países vecinos, y la seguridad nacional era muy inestable. Por esta razón, los *nangdos* servían como fuerza de reserva y participaban en las batallas como soldados. ***hwarangdo*** 화랑도 , la ideología del *hwarang* era servir a la nación únicamente mediante la disciplina individual, y se consideraba un honor morir en la batalla.

¿QUIÉN UNIFICÓ LOS TRES REINOS?

El Periodo de los Tres Reinos fue una época tempestuosa en la que tres poderosos reinos se mantenían en jaque y competían entre sí. Durante un largo periodo, hubo numerosas batallas y guerras, tanto grandes como pequeñas, a veces con una coalición con fuerzas extranjeras para invadir al otro. En 648, Silla formó una alianza con la **dinastía china Tang** y **Baekjae** fue el primero de los tres reinos en caer en 660. En 668, **Goguryeo** cayó ante las **fuerzas de Silla-Tang**. Cuando **Silla** repelió a las fuerzas Tang de la península de Corea en 676, completó finalmente la unificación de los Tres Reinos y pasó a llamarse **Silla Unificada**. El rey **Munmu el Grande** 문무대왕 fue el primer gobernante de la dinastía ampliada, que duró otros 260 años.

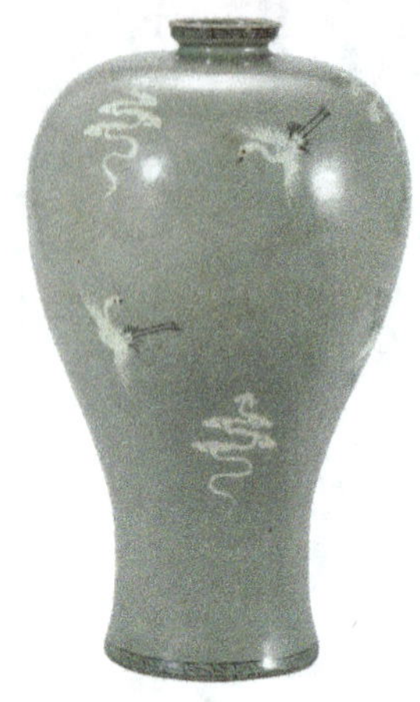

Jarrón de celadón de Goryeo decorado con grullas y nubes. (Museo Nacional de Corea) Licensed by KOGL Type 1 (kogl.or.kr/info/licenseType1.do)

Silla, que unificó los Tres Reinos y se estableció como un reino poderoso, comenzó a resquebrajarse en el siglo IX debido a las luchas internas. Como resultado, **Baekje** y **Goguryeo**, que habían sido destruidos, revivieron bajo los nombres de **Hubaekje 후백제** (Baekje posterior) y **Hugoguryeo 후고구려** (Goguryeo posterior). Finalmente, en el año 918, el rey **Taejo 태조** estableció **Goryeo 고려** y los absorbió (posteriormente Baekje y posteriormente Goguryeo) para crear una nueva dinastía unificada. Durante la dinastía Goryeo, el budismo alcanzó su apogeo. Fue designado como religión de estado y se ubicaron más de 70 templos en la capital, lo suficiente como para ser llamada la "Edad de Oro del Budismo Coreano". Entre muchos, el **Tripitaka Koreana** del templo de **Haeinsa 해인사** es un gran logro cultural, que fue creado con la esperanza de utilizar el poder de Buda para luchar contra la guerra de invasión del pueblo kitan.

Taejo de Goryeo 태조

Taejo 태조 (reinado. 918-943, nombre de nacimiento **Wang Geon 왕건**), fue el fundador y primer rey del Reino de Goryeo que unificó y gobernó los antiguos Tres Reinos de Corea desde 918 hasta 1392. El título póstumo, Taejo, significa "Gran Fundador", y puso las primeras piedras de su Dinastía, que fue testigo de un florecimiento sin precedentes de la cultura coreana. El Reino Unificado de Silla (668-935) gobernó la península de Corea durante casi tres siglos, pero empezó a decaer al estallar frecuentes rebeliones del campesinado y la aristocracia. En esa época, **Gyeon Hwon 견훤**, un líder campesino, subió al poder en medio de la agitación política en 892 y revivió el antiguo reino de Baekje. Un poco más tarde, en el año 901, **Gung Ye 궁예**, un líder monje budista aristocrático que contaba con el apoyo de su primer ministro y general Wang Geon, proclamó un nuevo estado de Goguryeo. Wang Geon sucedió a Gung Ye, que murió a manos de su pueblo debido a su tiranía fanática, en el año 918. Wang Geon atacó a la posterior Baekje, fundada por Gyeon Hwon, y a la decadente Silla.

En 935, Silla se rindió finalmente y Wang Geon unificó los reinos una vez más, bajo un nuevo nombre, 고려 Goryeo (Alto y Hermoso), cuyo nombre implica que es el sucesor del reino anterior, Goguryeo. Mantuvo gran parte de las instituciones de gobierno de Silla y distribuyó tierras y altos cargos gubernamentales a las antiguas élites de Baekje y Silla. También continuó con el apoyo al budismo y al confucianismo.

¿QUÉ SIGNIFICA COREA?

Durante la dinastía Goryeo floreció el comercio ((los intercambios comerciales y culturales con países extranjeros fueron muy activos) con mercaderes que venían de lugares tan lejanos como Oriente Medio. A partir de entonces, el nombre nacional de Goryeo se hizo ampliamente conocido y continuó hasta convertirse en la "Corea" de hoy.

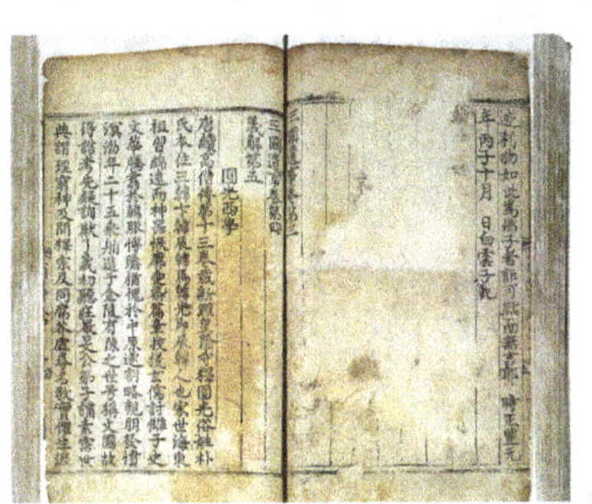 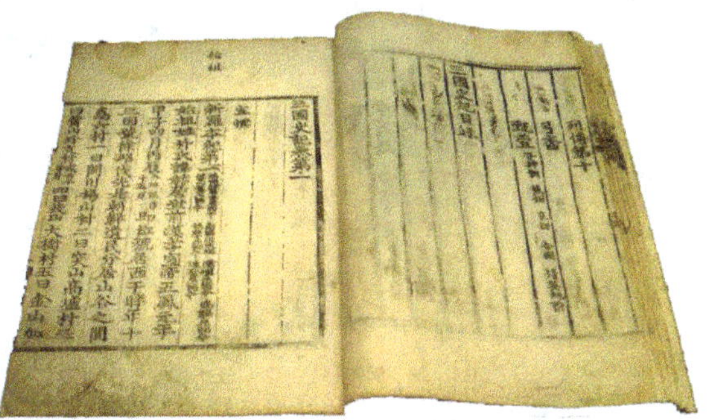

Samguksagi 삼국사기 and Samgukyusa 삼국유사

El *Samguk Sagi*, que significa literalmente "**Historia de los Tres Reinos**", es una colección de registros históricos de los Tres Reinos. Es la crónica más antigua que se conserva de la historia de Corea, y el proyecto de compilación fue ordenado por el rey **Injong 인종** de Goryeo y fue llevado a cabo por el funcionario del gobierno e historiador **Kim Busik 김부식** y un equipo de eruditos menores. El propósito del proyecto, que se completó en 1145, era crear una compilación completa de la historia de Corea, cuyas diferentes versiones estaban dispersas entre los Tres Reinos y se habían perdido debido a las continuas guerras. Al mismo tiempo, al incorporar en el texto los ejemplos coreanos de las virtudes confucianas, también sirvió como recurso educativo, lo que se considera que ayudó a establecer el nacionalismo y la identidad coreanos. El *Samguk Yusa* 삼국유사, que significa literalmente "**Recuerdos de los Tres Reinos**", es una recopilación de la historia y las leyendas de Corea, desde la fundación de la primera nación, **Gojoseon**, hasta el periodo de los Tres Reinos. Escrito por el monje budista **Il Yeon 일연**, se diferencia del Samguk Sagi en que cubre varias áreas de la historia, centrándose en las leyendas budistas y los cuentos populares de la dinastía Silla, con una cobertura relativamente menor de los otros dos reinos. A pesar de sus limitaciones, sigue siendo una fuente histórica inestimable y un componente de la literatura coreana.

Invasiones mongolas y Sambyeolcho 삼별초

A partir de 1231, Goryeo fue invadido de forma esporádica pero continua por el **Imperio Mongol** (1206~1388), que devastó una parte importante de las tierras de Goryeo y su población a lo largo de una serie de invasiones que duraron casi tres décadas (1231~1259). Para huir de los ataques, el gobierno de Goryeo decidió ceder el terreno y huir a la **isla 강화도 de Ganghwado**, donde los **jinetes mongoles** no pudieron desembarcar. Naturalmente, se convirtió en una base de resistencia contra la invasión mongola. Desgraciadamente, Goryeo se enfrentó a frecuentes rebeliones de su propio pueblo, y tuvo problemas internos, debido a la frágil base del gobierno. En 1258, estalló una gran rebelión que dio lugar al establecimiento de la prefectura de Dongnyeong 동녕부 por parte de los mongoles. Mientras tanto, el *sambyeolcho* **삼별초** (Tres Patrullas de Élite'), fue organizado por el **clan Choi** para mantener el orden y la seguridad en la base de la isla desempeñando funciones de policía y fuerzas de combate. Incluso después de que el reino de Goryeo cayera en manos de los mongoles, siguieron luchando tenazmente, trasladando las bases en múltiples ocasiones, incluyendo la isla de **Jindo 진도** y **Jejudo 제주도**.

"Templo Haeinsa, Tripitaka Koreana"

Réplica de un bloque de madera Tripitaka Koreana.

Palman Daejanggyeong / Tripitaka Koreana 팔만대장경

El *Palman Daejanggyeong* 팔만대장경 o *Tripiṭaka Koreana* ("Ochenta mil Tripiṭaka") es una compilación de las escrituras budistas, tallada en 81.258 bloques de madera para impresión en el siglo XIII. Según los registros, la obra comenzó en 1011 durante la **guerra Goryeo-Khitan** y se terminó en 1087.

Durante la guerra, Goryeo creía que el acto de tallar las escrituras en los bloques de madera provocaría una intervención divina (es decir, la ayuda de Buda), que ayudaría al reino a perseverar en los tiempos difíciles. La Tripitaka Koreana original contenía unos 6.000 volúmenes, pero fueron destruidos por el fuego durante las invasiones mongolas de Corea en 1232. Buscando la ayuda divina una vez más para luchar contra los mongoles, el rey **Gojong** 고종 ordenó la revisión y recreación del Tripiṭaka, y la talla comenzó en 1237 y se completó 12 años después, y el resultado es la versión intacta más completa y antigua del mundo del canon budista en escritura hanja (caracteres chinos incorporados a la lengua coreana). Sorprendentemente, de los 52.330.152 caracteres tallados, no se conocen errores ni erratas. Cada bloque de madera mide 24 centímetros (9,4 pulgadas) de alto y 70 centímetros (27,5 pulgadas) de largo, con un grosor de 4 centímetros (1,6 pulgadas). Con más de 1.496 títulos y 6.568 volúmenes, pesan 280 toneladas en total (¡son 140 elefantes apilados!). Lo más asombroso es que aún se conservan en un estado prístino: no se deforman a pesar de su creación hace 750 años, gracias al tratamiento especial que incorporaron los artesanos. La producción de la Tripiṭaka coreana es un símbolo del compromiso nacional y del deseo de luchar contra los invasores. Por ello, fue designado Tesoro Nacional de Corea en 1962 y fue inscrito en el **Registro de la Memoria del Mundo de la UNESCO** en 2007. Actualmente, se guarda en **Haeinsa** 해인사, un templo budista de la provincia de Gyeongsang del Sur, en Corea del Sur.

Dramas de época basados en la historia de Goguryeo

Gwanggaetotaewang 광개토태왕 (*Gwanggaeto, The Great Conqueror*, 2011, KBS1) *Jumong* 주몽 (2006, MBC)
Daejoyoung 대조영 (2006, KBS1)

Dramas de época basados en la historia de Baekje

Seodongyo 서동요 (2005, SBS) *Geunchogowang* 근초고왕 (*The King of Legend* 2010, KBS1)

Dramas de época basados en la historia de Silla

Seondeokyeowang 선덕여왕 (*Queen Seondeok* 2009, MBC) *Daewangeui Kkum* 대왕의 꿈 (*Dream of the Emperor* 2013, KBS 1)

Palacio Gyengbokgung

La **dinastía Joseon** fue fundada por el general **Yi Seong-gye 이성계**, que provocó el colapso de la dinastía **Goryeo** mediante un golpe militar. La dinastía Joseon adoptó el neoconfucianismo como ideología nacional, y la cultura confuciana, que aún afecta a gran parte de la vida de los coreanos actuales, pudo florecer plenamente durante este periodo. Duró más de 500 años, de 1392 a 1897, y dejó numerosos patrimonios culturales, como la creación del *hangul* **한글**, el alfabeto coreano, hasta que fue tomado por los imperialistas japoneses. Actualmente, los cinco grandes palacios reales de la dinastía Joseon permanecen en el centro de Seúl.

Taejo / Yi Seong-gye 태조 / 이성계

Taejo 태조, de nombre de nacimiento **Yi Seong-gye 이성계** (1335 - 1408), fue el fundador y el primer rey de la dinastía Joseon, que reinó de 1392 a 1398, y fue la principal figura en el derrocamiento de la **dinastía Goryeo**. A finales del siglo XIV, la Dinastía Goryeo empezaba a desmoronarse, con sus cimientos colapsados por los años de guerra contra el **Imperio Mongol**. Durante esta época, el general Yi Seong-gye ganó poder y fue respetado por expulsar a los restos mongoles del reino y repeler a los piratas japoneses. Cuando la recién estrenada dinastía Ming exigió la devolución de una parte importante del territorio norteño de Goryeo, ésta se dividió en dos facciones: los anti-Ming, que abogaban por contraatacar, y los que buscaban la paz. Sin embargo, Yi, este último, fue elegido para liderar la invasión. En la **isla de Wihwado 위화도**, en el **río Amnok 압록강**, decidió rebelarse y retiró las tropas, dirigiéndose de nuevo a la capital. El golpe militar tuvo éxito y destronó al rey. Primero puso un rey títere, pero más tarde lo exilió, y subió al trono, e inició la dinastía Joseon.

Yukryongi Nareusha 육룡이 나르샤
(Six Flying Dragons, 2015, SBS)

Serie K-Drama sobre el golpe militar de Yi Seong-gye y el comienzo de la dinastía Joseon

182

Yi Sun-Shin 이순신 - El legendario héroe de la guerra de Corea

Yi Sun-shin (Yi Sun-sin) 이순신 (1545 - 1598) fue un comandante naval/almirante coreano y es posiblemente la figura más querida y venerada de toda la historia de Corea. Es famoso por sus increíbles victorias contra la armada japonesa durante la ***Imjin Waeran*** **임진왜란** (Guerra de Imjin - invasión japonesa de Joseon 1592 - 1598), así como por su ejemplar conducta moral dentro y fuera del campo de batalla. Su título de ***samdo sugun tongjesa*** **삼도수군통제사** (Comandante Naval de las Tres Provincias) fue el título para el comandante de la marina coreana hasta 1896. El logro militar más notable de Yi Sun-shin, que también ha sido llevado al cine, tuvo lugar en la Batalla de **Myeongnyang** **명량**, en la que la armada de Joseon fue superada en número por 133 buques de guerra contra 13, y se vio obligada a una última resistencia. Pero sin perder ni un solo barco, dirigió a la armada para repeler a la fuerza japonesa, destruyendo y perjudicando a 31 de los 133 buques de guerra enemigos. Detrás de esta increíble victoria estaba la construcción del buque de guerra blindado ***geobukseon*** **거북선** ("barco tortuga"), cuyo diseño original fue sugerido durante el reinado del rey **Taejong** **태종**. Utilizando su mente creativa, el barco blindado volvió a la vida y jugó un papel crucial en la derrota de los japoneses. A punto de expulsar por completo a la fuerza japonesa, fue herido mortalmente por una bala enemiga en la batalla de **Noryang** **노량** el 16 de diciembre de 1598. Durante sus últimos momentos, ordenó a los subordinados que no anunciaran su muerte. Tras su muerte, fue recompensado con varios honores de la corte real, entre ellos el título póstumo de **Chungmugong** **충무공** (Duque de la Lealtad y la Guerra).

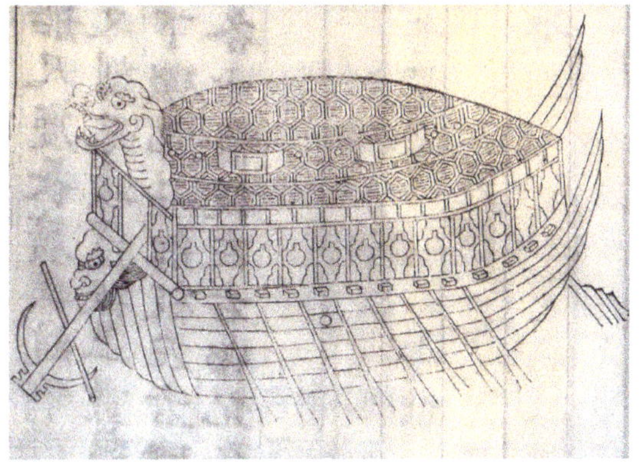

Barco tortuga coreano del siglo XVI en una representación de 1795. El grabado en madera se basa en un modelo contemporáneo de finales del siglo XVIII.

El **almirante Yi Sun-sin** sigue siendo un héroe venerado por los coreanos, y hoy en día se puede encontrar su rostro y el barco tortuga en las **monedas de 100 y 5 wones coreanos**. También se puede encontrar su estatua en la plaza Gwanghwamun. La estatua de bronce del legendario héroe de guerra, el almirante Yi Sun-shin, mide 17 metros de altura y lleva una espada en la mano.

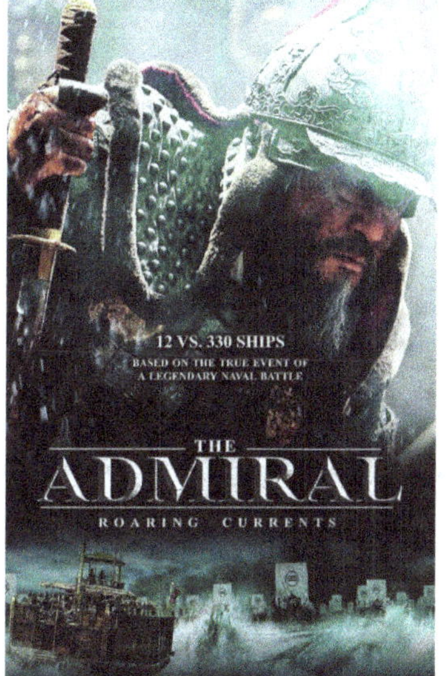

Myeongryang **명량**
(*The Admiral : Roaring Currents*, 2014)

Debajo hay una miniatura del Geobukseon, el buque de guerra "tortuga" blindado, y un par de tambores de guerra. La estatua se erigió en 1968, después de que el **presidente Park Chung Hee** ordenara "construir una estatua de la figura más temida y admirada por los japoneses".

La fuente del suelo lleva el nombre de "Fuente 12.23", que simboliza los 12 barcos con los que luchó para repeler a los invasores japoneses y las 23 victorias que consiguió.

¿QUIÉNES SON LAS PERSONAS QUE APARECEN EN LOS BILLETES COREANOS?

Toegye Yi Hwang 퇴계이황 (1501-1570) fue un destacado pensador, educador, pintor y erudito neoconfuciano de Joseon. El cuadro que aparece en el reverso del billete de 1.000 wones coreanos es *gyesangjeonggeodo* **계상정거도**, una obra de **Gyeomjae Jeongseon 겸재 정선**, un maestro de la Pintura por paisaje. El cuadro, creado en 1746, representa el paisaje circundante de **Dosan Seodang 도산서당**, donde Toegye Yi Hwang estuvo en vida.

Yulgok Yi I 율곡이이 (1536 - 1584) fue un destacado erudito confuciano de la dinastía Joseon. Si **Toegye** comprendió plenamente el neoconfucianismo, **Yi I** lo indigenizó con éxito. En el reverso del billete de 5.000 wones coreanos aparece el *chochungdo* **초충도** (cuadro de hierba e insectos) pintado por **Sin Saimdang 신사임당**, su madre. Se pintó originalmente en ocho biombos, y en la nota hay una "Sandía y saltamontes" y una " Flor Cresta de gallo y rana".

El **rey Sejong el Grande 세종대왕** (1397-1450) es una de las figuras más queridas y respetadas de Corea. Conocido como el Rey de la humanidad, intentó desarrollar y mejorar todos los aspectos cotidianos de su pueblo, como la educación, la historia, la geografía, la política, la economía, la agricultura, la medicina, la música y la religión. Para predecir la naturaleza y evitar daños en la agricultura, el rey Sejong trabajó duro con científicos como Jang Yeong-sil, Park Yeon y Jeong Cho para crear un dispositivo llamado *honcheonui* **혼천의**, que era capaz de medir la ubicación del sol, la luna y los cinco planetas, y que aparece en el reverso del billete de 10.000 wones coreanos.

Sin Saimdang 신사임당 (1504 - 1551) fue una genial pintora y poetisa de principios del periodo Joseon. Como madre de Yulgok Yi I, fue venerada como modelo de buena esposa y madre sabia. Sin Saimdang amaba a *sagunja* **사군자**, o las "Cuatro Plantas Agraciadas (ciruela, orquídea, crisantemo y bambú)". El cuadro del reverso del billete, llamado *wolmaedo* **월매도** no es una Pintura por Sin Saimdang, pero se dice que es el cuadro más famoso y destacado de flores de ciruelo pintado durante el periodo de mediados de Joseon.

HWACHA - ¡EL LANZACOHETES MÚLTIPLE DE JOSEON!

El Hwacha 화차 era un arma de la dinastía Joseon que podía disparar cientos de flechas con cohetes o flechas con cabeza de hierro desde el cañón de un arma al mismo tiempo.

Shingijeon 신기전 (*The Divine Weapon*, 2008)

¿POR QUÉ A LOS COREANOS SE LES LLAMA "GENTE DE ROPA BLANCA"?

Oppert, un comerciante judío de Alemania, escribió durante su visita a Joseon en un libro titulado ***Ein verschlossenes land, reisen nach Corea***, que, "Hombres y mujeres, sus ropas son blancas", y Laguerie, un corresponsal de Extremo Oriente de Francia, también escribió: "Todos están vestidos de blanco". (1832) Los coreanos suelen utilizar la palabra ***baekeuiminjok*** 백의민족, que literalmente significa "gente de ropa blanca (gente vestida de blanco)" al referirse a sí mismos. Pero el hecho de que esta expresión no se encuentre en los registros históricos antiguos hace pensar que no era una tradición muy arraigada y que el apodo proviene de la forma en que los coreanos eran vistos a los ojos de los extranjeros que visitaban Corea a finales de la dinastía Joseon, cuando la popularidad de la ropa blanca aumentó considerablemente. Muy convincente. Entonces, ¿por qué a los coreanos les gustaba llevar ropa blanca? Hay muchas teorías sobre la razón, pero las opiniones están divididas. En primer lugar, existe la teoría de que a los coreanos les gusta desde hace tiempo vestir de blanco como símbolo de adoración al sol. La segunda teoría es una razón económica. La ropa de colores (los trajes de la corte eran coloridos y los plebeyos también llevaban trajes de colores cuando había eventos especiales, como bodas) era relativamente cara, por lo que los plebeyos no podían permitírsela, y el blanco habría sido naturalmente usado por la mayoría de la población. Durante la ocupación japonesa, se convirtió en un símbolo del movimiento de resistencia antijaponés cuando los japoneses animaron a los coreanos a llevar ropa de color en lugar de blanca, y los coreanos lo vieron como un intento de suprimir el espíritu nacional.

GYEONGBOKGUNG - "Palacio muy bendecido por el cielo"

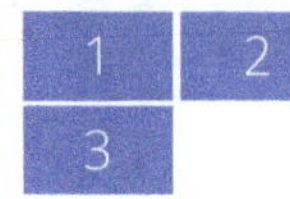

1. **Geunjeongjeon 근정전** era la sala del trono donde el rey concedía formalmente audiencias a sus funcionarios, daba declaraciones de importancia nacional y recibía a los enviados y embajadores extranjeros.

2. **Gyeonghoeru 경회루** era un pabellón utilizado para celebrar importantes banquetes de Estado. El edificio actual se construyó en 1867 (durante el reinado de Gojong) en una isla de un lago artificial de 128 m de ancho y 113 m de ancho.

3. **Hyangwonjeong 향원정** es un pabellón hexagonal de dos pisos construido en una isla artificial de un lago.

Con el monte **Bugak 북악산** como telón de fondo y **Yukjogeori 육조거리** ("Calle de los Seis Ministerios" (la actual Sejong-no 세종로) justo delante de la entrada principal del palacio **Puerta de Gwanghwamun 광화문**, **Gyeongbokgung 경복궁** fue construido en 1395 (tres años después de la fundación de la dinastía Joseon), en el corazón de la capital de la dinastía, **Hanyang 한양** (la actual Seúl) y sirvió como palacio principal de la dinastía. Lamentablemente, quedó reducido a cenizas durante la invasión japonesa de 1592, y se dejó abandonado hasta 1867. En la actualidad, el complejo restaurado consta de 330 edificios, formando una configuración laberíntica, en la que los muros separan las oficinas para el rey y los funcionarios del Estado, llamadas **Oejeon 외전** (patio exterior), de las viviendas para la familia real y los jardines, llamadas **Naejeon 내전** (patio interior). Al extenso complejo se añadieron otros palacios de diversos tamaños, como **Junggung 중궁** (la residencia de la reina) y **Donggung 동궁** (la residencia del príncipe heredero).

A principios del siglo XX, durante la ocupación japonesa (1910 - 1945), Gyeongbokgung, símbolo de la soberanía nacional, fue demolido y la propiedad del terreno se transfirió al Gobernador General japonés en 1911. En 1915, una parte importante de los edificios fue derribada para una exposición. Tras ello, los japoneses construyeron en el lugar el edificio del Gobierno General.

El gobierno surcoreano ha realizado continuos esfuerzos para restaurar Gyeongbokgung desde 1990. El edificio del Gobierno General fue demolido en 1996 bajo el mando del presidente **Kim Young-sam 김영삼**. La puerta de **Heungnyemun 흥례문** y la de **Gwanghwamun 광화문** también han sido reconstruidas en sus lugares originales. El patio interior y Donggung, la residencia del príncipe heredero, también han sido restaurados recientemente.

Gwanghwamun, que significa "luz que se extiende", es la puerta principal y más grande de Gyeongbokgung. Construida por primera vez en 1395, sirvió como punto de referencia y símbolo de la capital, **Hanyang**, pero pasó por repetidos episodios de destrucción y deterioro. Fue destruida por un incendio durante la invasión japonesa de 1592 y quedó en ruinas hasta 1867, cuando fue finalmente restaurada junto con el resto del palacio de Gyeongbokgung. Los japoneses volvieron a deconstruirlo y lo trasladaron a otro lugar durante la ocupación japonesa para poder construir en él un enorme edificio del Gobierno General japonés. Tras quedar completamente destruido durante la Guerra de Corea, fue restaurado de nuevo y reubicado cerca de su emplazamiento original en 1969 y es uno de los lugares más populares entre los turistas.

En la pared exterior de **Jagyeongjeon 자경전**, se encuentra el ***shipjangsaeng* 십장생.** Significa "Diez símbolos de la longevidad" y es un patrón tradicional coreano formado por el sol, la montaña, la roca, el agua, la nube, el pino, la planta elixir, la tortuga, la grulla y el ciervo. Cada símbolo representa la longevidad, pero cuando se usan juntos refuerzan su significado original.

Muro fuera de Jagyeongjeon en Gyeongbokgung

Haechi **해치**, o *haetae* **해태**, es una criatura legendaria de la mitología china y coreana que se cree que puede distinguir el bien del mal y mantener la justicia. Desde la antigüedad, los haechi han sido considerados animales auspiciosos que evitan los incendios y las catástrofes, por lo que se pueden encontrar sus estatuas a la entrada de los palacios. El Gobierno Metropolitano de Seúl eligió al haechi como icono de la ciudad en mayo de 2008. Desde entonces, el Gobierno Metropolitano de Seúl ha colocado estatuas de haechi en varias partes de la ciudad, incluida **la plaza Gwanghwamun**. ¿Por qué no se da una vuelta por las atracciones históricas de Seúl y las encuentra todas?

187

Injeongjeon 인정전, que significa "sala del gobierno benévolo", era la sala del trono de Palacio y el edificio más representativo y digno del palacio. Se utilizaba para los principales asuntos de Estado.

Huwon 후원 ("jardín trasero") es un hermoso jardín que incorpora un estanque de lotos. Se construyó originalmente para el uso de la familia real y las mujeres de palacio.

Irworobongdo 일월오봉도, que significa "La Pintura del Sol, la Luna y los cinco picos de las montañas", es una pintura en un biombo que se coloca detrás del trono del rey. Representa el Sol en un lado y la Luna en el otro, con cinco picos montañosos y agua debajo de ellos, y fue enterrado con el rey cuando murió. Se dice que el cuadro está completo sólo cuando el rey está sentado ante él.

Eojwa 어좌, o "El Trono del Fénix" es el trono de los monarcas hereditarios de Corea. El fénix tiene una larga asociación con la realeza coreana.

Changdeokgung 창덕궁 también se conoce como **Donggwol** 동궐 (Palacio Oriental) por su ubicación, al este del palacio principal, Gyeongbokgung. Changdeokgung fue la sede del gobierno de Joseon, así como una residencia muy querida por numerosos reyes de la dinastía Joseon. Por esta razón, fue el palacio residencial real más antiguo. Su belleza única proviene del hecho de que se integra perfectamente en la naturaleza y el paisaje que lo rodea, y **Huwon** 후원, el jardín trasero del palacio, y el único jardín trasero de cualquier palacio coreano, es la esencia del paisajismo coreano, ya que ocupa alrededor del 60% del palacio. Por suerte, el palacio de Changdeokgung está bien conservado en comparación con otros palacios que fueron dañados y destruidos a lo largo de la historia y muchas de sus características originales siguen intactas. Fue incluido en la lista del **Patrimonio Mundial de la UNESCO** en 1997.

Chundangji 춘당지 ("Estanque de primavera". Los reyes de Joseon que residían en el Palacio labraban la tierra con arados tirados por un buey. Esta ceremonia simbólica era una tradición para desear una buena cosecha al tiempo que se promovía la agricultura y se compartía el arduo trabajo que tenían que soportar los agricultores.

Changgyeonggung 창경궁 fue construido a mediados del siglo XV por **el rey Sejong 세종대왕** para su padre, **Taejong 태종**. Llamado originalmente **Suganggung 수강궁**, recibió el nombre actual tras un proyecto de renovación y ampliación que tuvo lugar en 1483. Al igual que otros palacios, muchas de sus estructuras fueron destruidas como consecuencia de las múltiples invasiones de Japón. Fue reconstruido por sucesivos reyes, pero una parte importante fue derribada de nuevo por los japoneses durante **la ocupación**, para hacer sitio a un moderno parque para el Imperio Japonés. En el lugar, los japoneses construyeron un zoológico, un jardín botánico y un museo. Después de ser destruido durante la **Guerra de Corea**, el zoo fue reabastecido, pero finalmente fue reubicado en el actual **Gran Parque de Seúl**.

Samdo 삼도 ("Tres caminos")

En el interior del palacio, los caminos se dividen en tres secciones. El camino central, el más ancho y alto, es el camino real, llamado *eodo* 어도, que era utilizado exclusivamente por los reyes. El camino del este era utilizado por los funcionarios y el del oeste por los militares.

Pumgyeseok 품계석 ("Piedras de rango")

Dos filas de piedras de rango indican la posición de los funcionarios de la corte durante las ceremonias.

deumeu 드므 / deumu 드무

En las esquinas de la sala hay tinajas de bronce con agua hasta el borde (hoy se mantienen vacías). Aunque sirven para apagar el fuego, su objetivo principal era ahuyentar a los espíritus malignos del fuego, ya que el reflejo en el agua del interior de las tinajas los asustaba. Curiosamente, durante el invierno, mantenían el fuego alrededor de las tinajas para evitar que se congelaran. Este es un gran ejemplo de armonía entre las tradiciones chamánicas y el razonamiento científico de la época.

¿QUÉ SON LAS MINI ESTATUAS EN EL TECHO DEL PALACIO COREANO?

Si miramos a los tejados de los palacios coreanos, en la cúspide encontraremos unas misteriosas estatuas llamadas *japsang* 잡상, que se colocan siempre en número impar (el máximo que puede tener un palacio es 11). Su finalidad se remonta a la religión chamánica coreana y su objetivo es ahuyentar a los malos espíritus y la desgracia, de forma similar a lo que ocurre con las gárgolas en la cultura occidental, así como mostrar la dignidad y grandeza de un edificio. Se considera que la tradición es fruto de la influencia china durante la dinastía Joseon, como demuestra el hecho de que se cree que las primeras estatuas de japsang en un tejado son los personajes y las deidades de la Tierra del clásico chino *Viaje al Oeste*.

Seokjojeon 석조전 es un edificio de estilo occidental y fue el último barrio residencial del rey Gojong

Deoksugung 덕수궁 se diferencia de otros palacios coreanos en su estilo por contener una armoniosa mezcla de arquitectura de estilo medieval y moderno. Por ejemplo, encontrará un **jardín de estilo occidental** y un sello moderno grabado en una fuente. Originalmente, Deoksugung no era un palacio, pero cuando el decimocuarto rey de la dinastía Joseon, el **rey Seonjo 선조**, regresó de la evacuación durante la invasión japonesa en 1592, todos los palacios quedaron gravemente dañados, y Deoksugung fue elegido residencia temporal para la familia real. El decimoquinto rey, **Gwanghaegun 광해군**, lo rebautizó como **Gyeonggunung 경운궁**, y lo formalizó como palacio real, y el **emperador Gojong 고종** del **Imperio Coreano** (también el vigésimo sexto rey de la dinastía Joseon), se alojó

aquí y lo amplió. Durante la dinastía Joseon, la guardia real se encargaba de abrir y cerrar la puerta del palacio, así como de patrullar.

(Izquierda) **Jeonggwanheon 정관헌**, n edificio utilizado para el descanso y el entretenimiento.

(Arriba)El símbolo de un ciervo que guarda una hierba de la eterna juventud, *bulocho* 불로초.

CEREMONIA DE CAMBIO DE GUARDIA REAL

Sumunjang gyodaeuisik 수문장 교대의식 (Ceremonia de cambio de guardián de la puerta). El sistema de la guardia real, que comenzó cuando el **rey Yejong 예종**, el octavo rey de la dinastía Joseon que llegó al trono en 1469, era conceptualmente lo mismo que la defensa nacional, ya que se utilizaba como medio para reforzar la autoridad real y mantener la estabilidad. El sistema de guardia real se estructuró cuando el sistema de guardia de la puerta y sus reglas se institucionalizaron y se incorporaron al *Gyeonggukdaejeon* 경국대전 (Código Nacional) durante el reinado de **Seongjong 성종**, el noveno rey. La ceremonia de cambio de la guardia real ante la **Puerta de Daehanmun 대한문** comenzó en 1906, cuando la puerta fue designada como puerta principal del Palacio.

El orden de la ceremonia de cambio

1) Entrada de los funcionarios y anuncio de la ceremonia
2) Entrega del código de acceso y respuesta del código de acceso
3) Primer golpe de tambor (pasando el maletín con las llaves)
4) Segundo toque de tambor (comprobación de la autenticidad de la ficha e identificación de la placa que representa al jefe de la puerta, *sumunjang* 수문장)
5) Tercer golpe de tambor (aplicación del turno)
6) Anuncio de cierre

El *yonggo* 용고 ("tambor de dragón"), es un tambor de barril con cabezas tachonadas decoradas con diseños de dragones pintados, utilizado en la música militar de viento y percusión llamada *daechwita* 대취타.

GYEONGHUIGUNG - "Palacio de la alegría y la armonía"

La construcción de **Gyeonghuigung 경희궁** comenzó en 1617 durante el reinado de **Gwanghaegun 광해군**, el decimoquinto rey de la dinastía Joseon, y se terminó en 1620. Originalmente se llamaba **Gyeongdeokgung 경덕궁** porque **Gyeongdeok** era el epíteto póstumo de **Wonjong 원종**, que fue nombrado rey tras su muerte. En el último periodo de la dinastía Joseon, Gyeonghuigung servía de palacio secundario para el rey, y como estaba situado en el lado oeste de Seúl, también se llamaba **Seogwol 서궐** (Palacio Oeste). El palacio secundario suele ser el palacio al que se traslada el rey en tiempos de emergencia. Desde el **rey Injo 인조** hasta el **rey Cheoljong 철종**, unos 10 reyes de la dinastía Joseon se alojaron aquí.

Antes de perder la mayor parte de su complejo por dos incendios devastadores en el siglo XIX, tenía un tamaño considerable, con un puente arqueado que lo conectaba con **Deoksugung**. Durante la ocupación japonesa, lo que quedaba fue desmantelado para hacer espacio para la **Escuela Media Gyeongseong 경성중학교**, que era una escuela para ciudadanos japoneses. Los esfuerzos de reconstrucción comenzaron a finales de la década de 1990 como parte de un proyecto gubernamental, pero debido al crecimiento urbano y a décadas de abandono, el gobierno sólo pudo reconstruir alrededor de 1/3 del antiguo Palacio.

Familia Imperial del Imperio Coreano (*Daehan Maeil Sinbo, Seoul Shinmun*)

EL IMPERIO COREANO - EL SUEÑO DE UN ESTADO MODERNO (1897 ~ 1910)

Daehanjeguk 대한제국 (El Gran Imperio Han), o el Imperio Coreano, fue el nuevo nombre con el que el 26º rey de la dinastía Joseon, y el primer emperador del Imperio, el **rey Gojong 고종** rebautizó a la dinastía Joseon el 12 de octubre de 1897. En la turbulenta Asia Oriental de finales del siglo XIX, el Imperio coreano se proclamó como país independiente y promovió la modernización en varios campos, como el militar, la economía, el sistema de tierras y la educación, a través de **la Reforma Gwangmu 광무개혁**, pero finalmente fue anexionado por el Imperio japonés y se derrumbó en 1910.

Emperador Gojong 고종 황제

Gojong, el **emperador Gwangmu 광무대제** (1852 - 1919), fue el 26º y último rey de la dinastía Joseon. Durante su reinado, estuvo influenciado por **la emperatriz Myeongseong 명성황후** (reina Min), y a diferencia de su padre **Heungseon Daewongun 흥선대원군**, que mantuvo una política de puertas cerradas/aislamiento nacional, adoptó una política exterior de puertas abiertas. Firmó un Tratado de Amistad y Comercio con Estados Unidos en 1882, aunque lo hizo con la esperanza de obtener protección del Japón Imperial, China y Rusia. Mientras aumentaba el conflicto entre las tres potencias vecinas, Gojong proclamó a Corea como un imperio en 1897, y se convirtió en el primer emperador, mientras que la dinastía Joseon terminó al mismo tiempo. En un esfuerzo por mantener la soberanía coreana, jugó y aprovechó la lucha de poder entre los rivales, impidiendo que cada uno de ellos tuviera el control total de Corea. Sus esfuerzos terminaron tras **la guerra rusojaponesa** (1904-05).

Tratado de Eulsa 을사조약

La victoria de Japón obligó al emperador Gwangmu (rey Gojong) a aceptar asesores projaponeses en la corte real, lo que a su vez le llevó a firmar el Tratado del Protectorado de 1905, más conocido como *Eulsa Joyak* 을사조약 (Tratado de Eulsa) entre Corea y Japón. Como resultado, Corea perdió su estatus y sus derechos como nación soberana independiente.

Seokjojeon 석조전 en el Palacio Deoksugung 덕수궁, el último barrio residencial del rey Gojong

Emperatriz Myeongseong 명성황후

La emperatriz Myeongseong 명성황후 (1851 - 1895) fue la primera esposa oficial **del rey Gojong 고종**, el 26º rey de Joseon y el primer emperador del Imperio Coreano. El gobierno del Japón Meiji era ambicioso con la expansión en ultramar y la vio como un obstáculo, poniendo esfuerzos para eliminarla, pero fracasó. Tras la primera **guerra chino-japonesa**, que terminó con la victoria de Japón, Joseon quedó bajo la influencia nipona. Por ello, la emperatriz abogó por reforzar los lazos entre Corea y Rusia como medio para bloquear la influencia japonesa. Los esfuerzos por apartarla de la escena política, orquestados mediante rebeliones fallidas impulsadas por **Heungseon Daewongun** (un influyente regente que colaboraba con los japoneses), la obligaron a adoptar una postura más dura contra la influencia nipona. El gobierno japonés envió un grupo de ronins (asesinos) y asesinó a la emperatriz. Este horrible incidente provocó la indignación de otras potencias extranjeras, y el **sentimiento antijaponés** del pueblo de Joseon se disparó.

Un retrato de la emperatriz Myeongseong por un ilustrador japonés

El asunto del emisario secreto de La Haya

El emperador Gwangmu (rey Gojong) envió en secreto a representantes (**Yi Jun 이준**, **Yi Sang-seol 이상설** y **Yi Wi-jong 이위종**), más conocidos como "asunto del emisario secreto de La Haya", a la **Convención de Paz de La Haya** en 1907, para hacer valer la soberanía coreana y declarar la invalidez de las maniobras diplomáticas japonesas, incluido el **Tratado de Eulsa de 1905**. En la convención, los representantes afirmaron los derechos del Emperador a gobernar Corea independientemente de Japón. Lamentablemente, las naciones no permitieron a los emisarios participar en la conferencia. Sin embargo, lograron mantener entrevistas con los periódicos y hablaron de la injusticia cometida por los japoneses. Como resultado, los enfurecidos japoneses obligaron al emperador Gwangmu a abdicar y su hijo **Sunjong 순종** subió al trono y gobernó sólo tres años antes de que el Imperio coreano fuera anexionado por Japón en 1910.

Yi Wan-yong 이완용 El peor traidor de la historia de Corea

이완용 Yi Wan-yong (1858 - 1926), también conocido como **Ye Wanyong**, es uno de los **cinco traidores de Eulsa** (Tratado de Protectorado Japón-Corea de 1905) y está considerado como el peor traidor que vendió su país a Japón. Amenazó al rey Gojong para que firmara el Tratado de Eulsa y cambió el Consejo de Estado de Joseon por el sistema de gabinete del que se convirtió en primer ministro. Tras el asunto del emisario secreto de La Haya, responsabilizó al rey Gojong y le obligó a dimitir, y coronó al rey Sunjong. Como primer ministro, firmó la **anexión entre Corea y Japón**.

Una historia del "Ejército Justo (milicia civil)" durante el periodo del Imperio de Corea.

Mr. Sunshine (2018, tvN)

Deokhye Ongju 덕혜옹주 (*The Last Princess* 2018)

La historia de la princesa Deokhye que fue llevada a Japón como rehén.

Para conmemorar el establecimiento del Gobierno Provisional de la República de Corea 11 de octubre de 1919.

OCUPACIÓN JAPONESA - TRISTE HISTORIA (1910 ~ 1945)

El período comprendido entre 1910, cuando el **Imperio Coreano** fue anexionado por Japón, y 1945, cuando fue liberado, es uno de los más tristes y dolorosos de la historia de Corea. Después de la anexión, Japón estableció el Gobierno General de Joseon y reprimió sistemáticamente a los coreanos con fuerzas administrativas, legislativas, judiciales y militares en sus manos, y trató persistentemente de plantar su espíritu y cultura. Los nombres coreanos se cambiaron a la fuerza por nombres japoneses, y el uso obligatorio de la lengua japonesa por parte de los estudiantes, junto con la supresión de los cursos de lengua coreana en todas las escuelas, pretendían "japonizar" completamente a los coreanos. También eran frecuentes el saqueo de bienes culturales y la explotación económica. Esta maldad alcanzó su punto álgido durante la **Guerra del Pacífico** y la **Segunda Guerra Mundial**. Los **imperialistas japoneses** cometieron innumerables crímenes contra la humanidad, como trabajos forzados, burdeles militares de esclavitud sexual y horribles experimentos con los cuerpos vivos del pueblo coreano. Aunque algunos sostienen que la planificación urbanística del gobierno colonial japonés tuvo un impacto positivo en la modernización de Seúl, también reconocen que el propósito era estrictamente de explotación, con el pretexto del "desarrollo", y esta cicatriz indeleble es la razón por la que muchos coreanos siguen teniendo un sentimiento antijaponés.

Ahn Jung-geun 안중근 (1879 - 1910) fue un activista independentista y un mártir del fin del Imperio coreano. Asesinó al **príncipe Ito Hirobumi**, principal responsable de la invasión, y antiguo residente general de Joseon, en **la estación de ferrocarril de Harbin**, en Manchuria. Se le concedió a título póstumo la **Orden al Mérito de la Fundación Nacional**.

Kim Gu 김구 (1876 ~ 1949) fue un activista independentista y político del **Gobierno Provisional de Corea** durante la ocupación japonesa. Tras la liberación de Corea del dominio colonial japonés, intentó establecer un gobierno independiente y unificado, pero fue asesinado por **Ahn Doo-hee 안두희** en 1949. *Baekbeomilji* **백범 일지**, un diario escrito durante su carrera en el gobierno provisional, sigue siendo un valioso registro histórico.

Yun Bong-gil 윤봉길 (1908 ~ 1932) fue un activista independentista durante la ocupación japonesa. En 1932, lanzó una bomba contra un local de eventos en el parque Hongkou de Shanghái que celebraba el cumpleaños del emperador japonés y la victoria en la guerra, causando importantes daños a los líderes coloniales japoneses. Junto con el atentado de Ahn Jung-geun contra Ito Hirobumi en Harbin, se considera uno de los mayores logros del movimiento independentista coreano.

Ahn Chang-ho 안창호 (1878 ~ 1938) fue un activista independentista y educador al final del Imperio coreano y durante la ocupación japonesa. Dirigió actividades educativas para fomentar la competencia nacional y los movimientos independentistas para recuperar la soberanía de Corea. Creó la **Asociación del Nuevo Pueblo**, la **Escuela Daeseong 대성학교** y la Academia de la Juventud Coreana. Su seudónimo es **Dosan 도산**, que es también el nombre de un parque en Seúl creado para conmemorar sus logros y su legado.

Una película inspirada en las actividades de los independentistas coreanos.

Amsal 암살 (Asesinos, 2015)

Pero veo que los coreanos hablan japonés con fluidez en las películas, ¿Cómo es posible? P. 28

Manifestación por la independencia en el Parque.
Se ve a los coreanos gritando "*Mansei*" con las manos en alto. Ni
un solo hombre está armado.

[Folleto de la Cruz Roja sobre el Movimiento del 1 de marzo]

Hanggeo: Yugwansun Iyagi
항거: 유관순 이야기
(A Resistance, 2019)

Ryu Gwan-sun 유관순 (grafía alternativa **Yu Gwan-sun**, 1902 - 1920), fue un organizador del **Movimiento del 1 de marzo**, una de las primeras muestras públicas de resistencia coreana durante la ocupación japonesa, es un símbolo de la lucha de Corea por la independencia contra el Japón imperial. El acto fue una protesta pacífica en la que miles de coreanos se reunieron para gritar **"*Daehan Doklip Manse*"** **대한독립만세** ("Viva la independencia de Corea"), mientras ondeaban miles de banderas coreanas. Se prolongó durante horas hasta que la policía militar japonesa empezó a disparar contra los manifestantes desarmados. Lamentablemente, murieron 19 personas, incluidos los padres de Ryu. Tras ser detenida, fue sometida a severas torturas e interrogatorios, pero nunca reveló el paradero de sus colaboradores. Más tarde murió en la cárcel por las secuelas de la tortura.

¿QUIÉNES ERAN LAS "MUJERES DE CONFORT"?

Se refiere al sistema de esclavitud sexual militar establecido y operado por los militares japoneses, que dio lugar a numerosos crímenes, como violaciones y abusos sexuales en tiempos de guerra, cometidos contra las mujeres de las colonias y los territorios ocupados. Se llevó a cabo con la connivencia y la participación directa del gobierno japonés: durante la Segunda Guerra Mundial, el gobierno japonés tuvo que encontrar una forma de satisfacer los deseos sexuales de sus soldados, y creó burdeles militares ilegales, reclutó y gestionó a mujeres de las colonias y zonas ocupadas, como China, Taiwán, Malasia, Vietnam, Indonesia e incluso los Países Bajos. El término

wianbu 위안부 (*ianfu* en japonés) significa literalmente "mujeres de confort", y era un eufemismo utilizado por los militares japoneses. El llamado proceso de reclutamiento tuvo problemas. Muchas de ellas fueron reclutadas a la fuerza, mientras que otras fueron estafadas por un intermediario que les garantizaba un trabajo en una fábrica. Fueron encerradas en contra de su voluntad y explotadas sexualmente y todavía sufren el trauma de aquella época. Cada uno de los países afectados exige una disculpa abierta y sostenida por parte de Japón. Organizaciones cívicas coreanas han instalado lo que se conoce como la "Estatua de la Paz" *sonyeosang* 소녀상 ("estatua de una niña") en todo el mundo para concienciar sobre la atrocidad y consolar a las víctimas.

¿POR QUÉ A LOS COREANOS LES GUSTA TANTO LA ROSA DE SHARON?

Emblema de Corea del Sur y de la Asamblea Nacional

Tres mil li (unidad de medida de longitud) de espléndidos ríos y montañas, llenos de *mugunghwa*". Como puede verse en un pasaje del himno nacional de Corea, los coreanos han amado y apreciado la *mugunghwa*, también conocida como la "Rosa de Sarón". La flor, que significa literalmente "Flor de la infinitud/eternidad", se llama así porque su floración y desvanecimiento continuos eran vistos como tales. Además, los coreanos se identifican con la flor y la consideran un símbolo del espíritu nacional coreano, que ha sobrevivido imperturbable a pesar de las numerosas dificultades y luchas. Por esta razón, **Namgoong Eok 남궁억**, presidente del periódico *Hwangseong* 황성신문 y activista por la independencia durante la ocupación japonesa, estableció la **Escuela de Mogok** en septiembre de 1919 y se esforzó por difundir el mugunghwa en todo el país. Aunque el mugunghwa nunca ha sido designado oficialmente como flor nacional de Corea por ley, se reconoce habitualmente como flor nacional de Corea y se utiliza como símbolo de la nación.

¿CUÁL ES EL HIMNO NACIONAL DE COREA?

Durante la ocupación japonesa y antes de la fundación de la República de Corea, el país no tenía un himno nacional oficial, e hicieron un himno nacional improvisado, en el que pusieron la letra de la canción con la melodía de una canción folclórica escocesa, "Auld Lang Syne". Más tarde, en 1935, la letra se ajustó a la melodía compuesta por **Ahn Eak-tai** (ortografía alternativa, **Ahn Ik-Tae**) 안익태, y fue adoptada como himno nacional del Gobierno Provisional de Corea, que existió desde 1919 hasta 1948. *Aegukga* 애국가, que significa literalmente "La canción patriótica", tiene cuatro versos, pero en la mayoría de las ocasiones sólo se interpreta el primero en los actos públicos.

Verso 1: 동해 물과 백두산이 마르고 닳도록 하느님이 보우하사 우리나라 만세.
Hasta el día en que el monte Baekdu se desgaste y las aguas del Mar del Este se sequen,
¡Que Dios proteja y preserve nuestro país!

Estribillo: 무궁화 삼천리 화려강산 대한 사람, 대한으로 길이 보전하세.
Hibiscus y tres mil *ri* (unidad de medida coreana) llenos de espléndidas montañas y ríos;
¡Grandes coreanos, a la manera de la Gran Corea, permanezcan siempre fieles!

Verso 2: 남산 위에 저 소나무 철갑을 두른 듯 바람서리 불변함은 우리 기상일세.
Como el pino en la cima del Pico Namsan se mantiene firme, inalterado por el viento y la escarcha, como si estuviera envuelto en una armadura, así será nuestro espíritu resistente. / **Estribillo**

Verso 3: 가을 하늘 공활한데 높고 구름 없이 밝은 달은 우리 가슴 일편단심일세.
Los cielos de otoño son vacíos y vastos, altos y sin nubes;
la luna brillante es como nuestro corazón, indiviso y verdadero. / **Estribillo**

Verso 4: 이 기상과 이 맘으로 충성을 다하여 괴로우나 즐거우나 나라 사랑하세.
Con este espíritu y esta mente, demos toda la lealtad, en el sufrimiento o la alegría, para amar a nuestra nación. / **Estribillo**

¿POR QUÉ ESTÁ DIVIDIDA COREA?

Cuando la voz temblorosa del emperador japonés Michinomiya Hirohito declaró por radio la rendición completa de Japón el 15 de agosto de 1945, la Segunda Guerra Mundial, la más destructiva de la historia de la humanidad, llegó por fin a su fin. Al mismo tiempo, los 35 años de dolor y sufrimiento que padeció el pueblo coreano a causa de la ocupación japonesa (1910 - 1945) también terminaron. Corea estaba finalmente liberada. Pero la alegría no duró mucho. Los cambios fundamentales en la política mundial y la división ideológica entre los coreanos llevaron a la división de Corea en dos zonas de ocupación: Estados Unidos administró la

Montaje de imágenes de la Guerra de Corea. Desde arriba en el sentido de las agujas del reloj: Marines estadounidenses retirándose durante la Batalla del Embalse de Chosin, desembarco de la ONU en Incheon, refugiados coreanos frente a un tanque M-26 estadounidense, marines estadounidenses, liderados por el teniente primero Baldomero López, desembarcando en Incheon, y un caza F-86 Sabre estadounidense.

mitad sur y la Unión Soviética la mitad norte del **paralelo 38**. Durante los tres años siguientes, 1945-1948, se estableció un régimen comunista apoyado por la **Unión Soviética** en la parte norte de Corea, por encima del paralelo 38, mientras que se estableció un gobierno democrático apoyado por **Estados Unidos** por debajo del paralelo 38. La península de Corea se convirtió en el tablero de ajedrez en el que se desarrolló la intensa lucha de poder **de la Guerra Fría** entre Estados Unidos y la Unión Soviética.

En 1948, se celebró una votación patrocinada por las Naciones Unidas para que el pueblo de Corea decidiera su propio futuro, pero todos los esfuerzos fueron inútiles cuando Corea del Norte se negó a participar. Corea del Sur tomó la iniciativa y dijo jaque mate formando su propio gobierno democrático provisional, con el **Dr. Syngman Rhee**, educado en Harvard y Princeton, como primer presidente surcoreano. Corea del Norte reaccionó rápidamente formando su propio gobierno socialista dirigido por el exguerrillero comunista **Kim Il-sung**. Este momento histórico fue la última vez que Corea estuvo unida. En la madrugada del 25 de junio de 1950, las fuerzas norcoreanas iniciaron una repentina invasión de Corea del Sur con el nombre en clave de **operación** *pokpung* 폭풍 (Tormenta), desencadenando la Guerra de Corea. Inmediatamente después del bombardeo, el **presidente Harry Truman** desplegó las tropas estadounidenses, con la esperanza de detener la propagación del comunismo a Corea del Sur, pero no fue suficiente para detener a Corea del Norte, que contaba con todo el apoyo militar de la Unión Soviética y planeaba cuidadosamente invadir el Sur. Corea del Sur no sólo fue superada, sino que también fue sorprendida con la guardia baja. Corea del Norte fue capaz de tomar la capital del Sur, Seúl, sólo tres días después del inicio de la guerra. Después, el Norte siguió avanzando hasta Busan, la última línea de defensa del Sur. Justo cuando Corea del Sur estaba a punto de caer en manos de los comunistas, las tornas cambiaron cuando las fuerzas de las Naciones Unidas, bajo el mando del **general Douglas MacArthur**, lanzaron una serie de contraataques masivos, empezando por la "**Operación de Desembarco en Incheon (Operación Chromite)**" el 15 de septiembre. Como resultado, las fuerzas pudieron alcanzar la capital del Norte, Pyongyang, el 10 de octubre, y todo el camino hasta el **río Amnok 압록강**, más al norte. Estaban a pocos kilómetros de la victoria. Pero a mediados de noviembre, Kim Il-Sung de Corea del Norte, al borde de la derrota, envió una serie de cartas urgentes a **Mao Zedong**, el **presidente de la República Popular China** para pedir refuerzos. Mao respondió enviando una fuerza masiva (más de 300.000 soldados) del ejército chino conocida como "**Ejército Popular de Voluntarios**". Con la intervención, las tornas volvieron a cambiar. El ejército chino descubrió la debilidad del Sur: el ejército estadounidense sólo viajaba por carretera, el poder aéreo superior de las fuerzas de la ONU no era una gran amenaza durante la noche y, lo más importante, la fuerza surcoreana era el eslabón más débil. El ejército chino eludió las carreteras y tomó la ruta de la montaña, atacó a las tropas coreanas por la noche para bloquear la ruta de suministro y cortar la retirada. Como resultado, las fuerzas de Corea del Sur y la ONU fueron empujadas hacia atrás, cediendo Seúl el 4 de enero, pero recuperándola el 15 de marzo. Con la lucha en punto muerto, el 10 de julio de 1951 se iniciaron las conversaciones de paz, pero ambas partes tardaron dos años en llegar a un acuerdo. Finalmente, el 27 de julio de 1953 se firmó el acuerdo de armisticio, que puso fin a una brutal guerra de tres años entre las dos Coreas. Un año después, los representantes de Estados Unidos y China se reunieron para discutir los términos de la unión de ambas, pero no lograron llegar a un acuerdo, dejando la península coreana **dividida por la mitad en el paralelo 38**.

Incheon Sangrykjakjeon 인천상륙작전
(*Operación Chromite*, 2016)

Taegeukgi Hwinallimyeo 태극기 휘날리며
(*Lazos de guerra*, 2004)

Welcome To Dongmakgol 웰컴투동막골, 2005

Rhee Syngman 이승만

Rhee Syngman 이승만 (26 de marzo de 1875 - 19 de julio de 1965), fue **el primer presidente de Corea del Sur**. En sus primeros años, se vio obligado a vivir en el exilio en Hawai y Shanghai debido a las actividades nacionalistas en las que participó contra Japón durante la ocupación japonesa. Durante su estancia en Estados Unidos, estudió en las universidades George Washington, Harvard y Princeton. En un principio, Rhee ejerció (1920 - 1925) como presidente del **Gobierno Provisional de Corea en Shanghai**, hasta que fue expulsado por **Kim Ku**. Desde 1934 hasta 1944, hizo una gran campaña en Nueva York y Washington D.C. para conseguir el apoyo internacional a la **independencia de Corea**. Aprovechando su cercanía y familiaridad con Estados Unidos, Rhee pronto creó una organización política de masas. Como resultado, Rhee pudo ser elegido primer presidente de Corea del Sur en 1948 y fue reelegido durante tres mandatos consecutivos. Su presidencia sigue siendo controvertida entre los historiadores por su gobierno autoritario, pero también es muy apreciada por sus logros como fuerte anticomunista y por conducir a Corea del Sur a través de la Guerra de Corea. Su presidencia terminó con la dimisión tras la **Revolución de Abril**. Murió en el exilio en Hawai.

REVOLUCIÓN DE ABRIL

La Revolución de Abril fue un **levantamiento a gran escala** liderado por grupos de trabajadores y estudiantes, desencadenado por el descubrimiento en **el puerto de Masan** del cuerpo del estudiante de secundaria **Kim Ju-yul 김주열**, muerto por un proyectil de gas lacrimógeno durante su participación en las manifestaciones contra unas elecciones amañadas por el entonces partido gobernante de Corea en marzo de 1960. Como resultado, una serie de protestas condujeron a la eventual dimisión del gobierno de Rhee y a la transición a la Segunda República de Corea del Sur.

Park Chung Hee 박정희

Park Chung Hee 박정희 (noviembre de 1917 - 26 de octubre de 1979) fue un político y general surcoreano que ejerció como presidente de Corea del Sur de 1963 a 1979, tras hacerse con el poder mediante un **golpe militar** que lideró en 1961. Antes de hacerse con el control y convertirse en presidente, fue un líder militar del ejército surcoreano y ejerció como presidente del Consejo Supremo para la Reconstrucción Nacional (1961 - 1963). El exitoso golpe de Park puso fin al gobierno interino (Segunda República) y dio inicio a la Tercera República. Durante su reinado, declaró la ley marcial y modificó la constitución en una forma muy autoritaria, denominada **Constitución *Yushin* 유신** (de reforma). Park dirigió una serie de monumentales campañas que transformaron la devastada nación en una potencia económica, lo que hoy se conoce como el "**Milagro del Río Han**". A pesar del éxito económico, hubo un discurso político entre la gente del cargo, y Park fue asesinado por **Kim Jae-gyu 김재규**, el entonces director de la Agencia Central de Inteligencia de Corea (KCIA). Tras su muerte, el crecimiento económico de Corea del Sur continuó gracias a las sólidas bases establecidas bajo su liderazgo, pero también hay quien critica que se lograron a costa de las libertades civiles.

¿QUIÉNES SON LA "DINASTÍA KIM"?

Desde la izquierda: Kim Il-Sung, Kim Jong-Il, Kim Jong-Un

La **"dinastía Kim"** es una expresión irónica que se refiere al poder absoluto de los **dirigentes norcoreanos, que se ha transmitido** durante tres generaciones, y se denomina así porque es algo propio de la época dinástica. Desde que fue nombrado primer líder del gobierno comunista provisional establecido en el Norte por la Unión Soviética tras la división de Corea en 1945, nunca renunció a su ambición de unificar Corea bajo un gobierno comunista.

Como resultado, inició la Guerra de Corea y cometió numerosas atrocidades contra el Sur, incluyendo provocaciones militares y ataques terroristas contra civiles. En el ámbito interno, demostró una extraordinaria capacidad de maniobra política. Además, consolidó su poder absoluto mediante el reinado del terror y la purga despiadada de los opositores políticos que amenazaban su trono. A través del *Juche Sasang* 주체사상 "Ideología Juche", que adoptó y modificó la ideología comunista para adecuarla a la situación de Corea del Norte, la sociedad norcoreana desarrolló un culto a su persona y lo veneró llamándolo *suryongnim* 수령님 ("Gran Líder"). Cuando murió repentinamente en 1994, su cuerpo fue embalsamado y colocado en un mausoleo público en el **Palacio del Sol Kumsusan** 금수산 태양궁전 como ha ocurrido con muchos otros líderes comunistas idolatrados.

A raíz de la muerte de **Kim Il-sung**, su hijo **Kim Jong-il** fue nombrado líder después de él, y fue venerado como *widaehan yongdoja* 위대한 영도자 ("Gran Líder"). Kim Jong-il estaba decidido (¿o le viene de familia?) a continuar con la gran ambición de su difunto padre de comunitarizar el Sur con la fuerza, y realizó numerosas provocaciones como ataques terroristas contra la población civil surcoreana (un vuelo 858 de Korean Air explotó en el aire por una bomba colocada por 2 espías norcoreanos), lanzamiento de misiles, así como el desarrollo de misiles nucleares.

Tras el anuncio de la inesperada muerte de Kim Jong-il en 2011, su hijo **Kim Jong-un**, asumió el poder e inmediatamente fue venerado como un *choego yongdoja* 최고 영도자 ("Líder Supremo"). Y como de niño estudió en Suiza y conoció el capitalismo y la libertad, la gente esperaba que llevara a Corea del Norte a una eventual apertura, pero en lugar de eso, eligió el camino de la dictadura despiadada como sus antepasados. A partir de 2019, Corea del Norte es reconocida como "potencia nuclear de facto" por la comunidad internacional, lo que el régimen de tres generaciones ha estado utilizando como táctica para mantener su existencia. En 2018, Kim Jong-un celebró una cumbre intercoreana con el presidente de Corea del Sur, **Moon Jae-in**, para tratar el fin oficial de la Guerra de Corea. Ese mismo año tuvo lugar una cumbre entre Estados Unidos y Corea del Norte con el presidente Donald Trump para discutir la posibilidad de abandonar completamente las armas nucleares a cambio de una ayuda económica masiva, garantizando al mismo tiempo la existencia del régimen de Kim Jong-un. La paz permanente en la península coreana parecía estar al alcance de la mano, pero debido a los amplios desacuerdos sobre los términos, por el momento no ha habido resultados tangibles de la negociación.

¿QUÉ ES LA "LÍNEA DE SANGRE BAEKDU"?

Bakedu heyoltong 백두혈통 ("Línea de sangre **Baekdu**"). El término "Baekdu" proviene de **Baekdusan 백두산** ("Monte Baekdu"), una montaña sagrada, y la más alta, de la península coreana, que Corea del Norte afirma que es la base de las actividades antijaponesas de **Kim Il-sung**, así como el lugar de nacimiento de **Kim Jong-il**. Sin embargo, los críticos afirman que estas palabras fueron enteramente inventadas por el hijo de Kim Il-sung, Kim Jong-il, para justificar la sucesión del poder en la familia. En 2013, los Diez Principios para el Establecimiento de un Sistema Ideológico Monolítico proclamaron: "El líder supremo de Corea del Norte solo puede ser de la línea de sangre Baekdu", y se espera que el poder de **Kim Jong-un** se mantenga durante un tiempo considerable.

¿SABÍAS QUE COREA SIGUE EN GUERRA?

Aunque el Acuerdo de Armisticio de Corea se firmó el 27 de julio de 1953, no se firmó ningún tratado de paz, lo que significa que, técnicamente, Corea del Sur y Corea del Norte siguen en guerra. En 2018, los líderes de Corea del Sur y del Norte se reunieron en la **Zona Desmilitarizada (DMZ)** para discutir el asunto.

¿POR QUÉ LOS HOMBRES COREANOS TIENEN QUE IR AL EJÉRCITO?

Todos los varones coreanos, incluidas tus estrellas de K-Pop favoritas, que hayan cumplido los 18 años, y que reúnan un cierto nivel de requisitos físicos, mentales y académicos, están obligados a servir en el ejército durante un mínimo de 18 meses (más para la Marina y las

El momento del alistamiento puede aplazarse por razones permitidas por la ley. Además, si ganas un concurso/competición deportiva internacional (como las Olimpiadas y el concurso de música) o un determinado nivel de premio establecido por la ley, estarás exento del servicio militar (pero seguirás teniendo que recibir formación militar básica durante cuatro semanas). Si es difícil servir en el ejército por diversas razones, se puede realizar un servicio alternativo, como el de personal de servicio público o trabajar en una empresa designada y seleccionada por el Comisario de la Mano de Obra Militar. ¿Cuánto cobran los soldados? A partir de 2020, un soldado raso recién incorporado recibirá 408.100 wones coreanos (unos 380 euros) al mes, lo que supone el 50% del salario mínimo establecido por la ley. Mientras estén en el ejército, cualquiera, incluidos los artistas, no puede dedicarse a actividades comerciales como aparecer en la televisión o actuar en conciertos, y eso perjudica notablemente a los que están en su mejor momento (por supuesto, hace lo mismo con cualquier otro varón coreano, para el caso). Los fans de grupos de K-Pop de renombre mundial han solicitado que se considere la aplicación de la norma de exención para tratar sus logros de la misma manera que si hubieran ganado un premio en un concurso musical internacional y así elevar la reputación del país, pero no ha servido de nada. El servicio militar obligatorio también crea una serie de problemas sociales. Algunos ricos y poderosos fueron criticados por utilizar métodos deshonestos para que sus hijos quedaran exentos del alistamiento militar.

Desmilitarizada (DMZ, Demilitarized Zone) en Corea

Tres soldados de la República de Corea vigilan la frontera en Panmunjeom, en la zona desmilitarizada entre Corea del Norte y Corea del Sur.

La DMZ vista desde el Norte

¿Cuál es el lugar más terrorífico que se te ocurre? ¿Una casa encantada? Qué bonito. Según Bill Clinton, la Zona **Desmilitarizada (DMZ)** es el lugar más terrorífico del mundo. La DMZ es una zona neutral de 4 km de longitud (2 km arriba al norte y 2 km abajo al sur de la **Línea de Demarcación Militar (MDL)**) creada a raíz del acuerdo de armisticio de 1953 y es la frontera más vigilada de la Tierra. Aunque las actividades militares de cualquier tipo están estrictamente prohibidas aquí, es donde tiene lugar uno de los enfrentamientos más intensos de la Tierra, incluso en este mismo momento. Los descendientes de los enemigos acérrimos -soldados norcoreanos, soldados surcoreanos y fuerzas de las Naciones Unidas- se vigilan mutuamente las 24 horas del día, separados por un enorme campo de minas y vallas de alambre de espino. La tensión y el estrés son tan enormes que un solo error podría desencadenar fácilmente un tiroteo y llevar a una guerra en toda regla.

ZONA DE SEGURIDAD CONJUNTA - DORMIR CON EL ENEMIGO

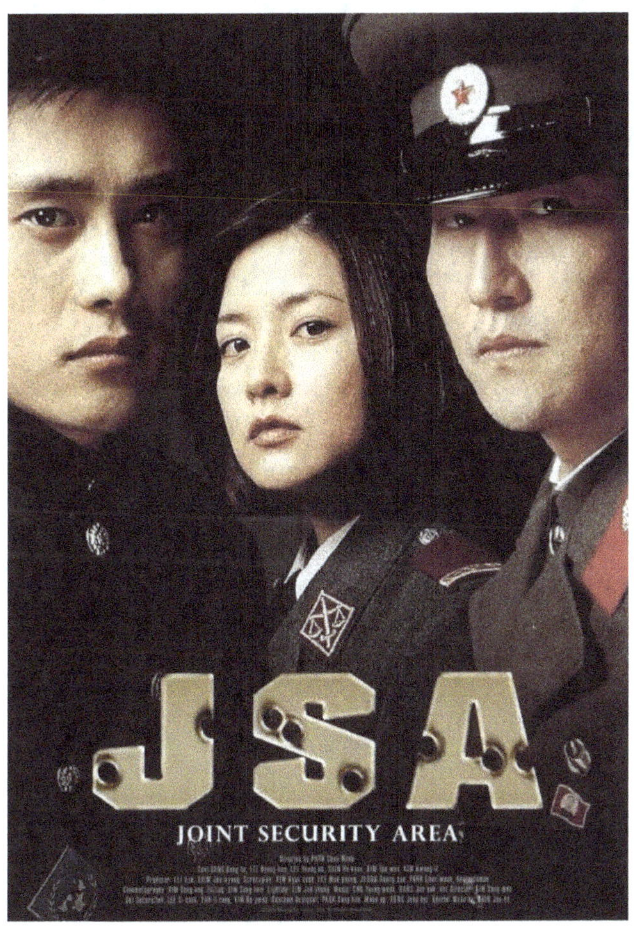

Gongdong Gyeongbi Guyeok JSA 공동경비구역
(*Joint Security Area*, 2000)

Llamada "**Zona de Seguridad Conjunta de la Comisión Militar del Armisticio**" o "**Panmunjom 판문점** ", es un área situada a lo largo de la Línea de Demarcación Militar en la Zona Desmilitarizada. Se estableció en la sede de la Comisión Militar de Armisticio en octubre de 1953 para facilitar el buen funcionamiento de la reunión de las Fuerzas de la ONU, la Fuerza de Asistencia Popular China y los militares norcoreanos durante el alto el fuego. Y aquí es donde se firmó el acuerdo de armisticio (la ubicación original de entonces es un poco diferente a la de ahora porque estaba situada ligeramente por encima del MDL). Dentro de la Zona de Seguridad Conjunta hay unos 10 edificios, entre ellos la sala principal de la Comisión Militar de Armisticio, el **Panmungak 판문각** en el lado norcoreano, y el **Jayueuijip 자유의집** ("Casa de la Libertad"), en el lado de la ONU. Inicialmente, la zona estaba vigilada conjuntamente por las fuerzas de la ONU y de Corea del Norte. En 1976, tras un incidente de asesinato con hacha por parte de los militares norcoreanos, las zonas del Norte están custodiadas por los militares del Norte y las zonas de la ONU custodiadas por las fuerzas de la ONU (desde 2004 el ejército surcoreano se encarga de resguardar la zona). Cumbre de la Zona desmilitarizada de Corea y Estadous Unidos también se celebró en la Casa de la Libertad. La JSA es probablemente el lugar más simbólico de la división de Corea, donde los coreanos se ponen diferentes uniformes militares debido a las diferencias ideológicas y se apuntan con un arma. Es posible visitar la JSA a través de un tour en grupo, pero para aquellos que no puedan, recomiendo encarecidamente ver esta increíble película titulada *Gongdong Gyeongbi Guyeok JSA* 공동경비구역 (*Joint Security Area*, 2000) como alternativa.

¿POR QUÉ LOS COREANOS DICEN "I GO! ("YO VOY" EN INGLÉS)" TANTO?

¿Por qué los coreanos dicen "I GO!" incluso cuando no van a ninguna parte? Lo que se oye es *aigo/aigu* 아이고/아이고, que es una interjección para decir "oops" o "oh, tío", que puede utilizarse para mostrar frustración, vergüenza y sorpresa, como cuando se te cae algo o ves que alguien se golpea el dedo meñique del pie con los muebles. También se puede utilizar cuando se regaña a alguien. Por ejemplo, "*¡Aigoo*! ¿Te has resfriado? ¿No te dije que te abrigaras?".

"PUSAN" Y "BUSAN" Y "CHANG" Y "JANG" ¿POR QUÉ LAS DIFERENTES GRAFÍAS PARA EL MISMO NOMBRE?

Hasta 2011, el **Festival Internacional de Cine de Pusan (PIFF)** se celebraba en **Busan**, y no en **Pusan**. A primera vista, parece que Pusan y Busan son dos lugares diferentes, con nombres que suenan similares. Pero en realidad, son exactamente el mismo lugar, con una ortografía ligeramente diferente. ¿A qué se debe esta disparidad? La causa de este problema es que ha habido dos sistemas de romanización para el idioma coreano. El antiguo se llamaba "**Sistema McCune-Reischauer**", utilizado entre el periodo de 1984 y 2000, que utilizaba la K para las consonantes coreanas ㄱ, la T para ㄷ, la P para ㅍ y la CH para ㅈ. El actual "**sistema de romanización revisado**" utiliza la G para ㄱ, la D para ㄷ, la B para ㅍ y la J para ㅈ, porque muchos lingüistas sostienen que describe el sonido con mayor precisión. Cuando el Festival Internacional de Pusan comenzó en 1996, Pusan era la forma correcta, y hasta 2011, cuando el comité del evento decidió cambiar el nombre oficial de acuerdo con el sistema revisado, la disparidad persistió. Más ejemplos: en los viejos libros coreanos escritos en inglés, se puede encontrar *gimchi* en lugar de *kimchi*, y para los apellidos coreanos, Jang se escribía Chang, Jo como Cho, etc. La confusión derivada de la coexistencia de dos sistemas diferentes ha causado un gran dolor de cabeza a los extranjeros que viajan a Corea (te horrorizarías si confiaras en un libro de viajes anticuado para Pusan y descubrieras que no existe tal lugar), pero las cosas están mejorando a medida que el antiguo sistema va desapareciendo.

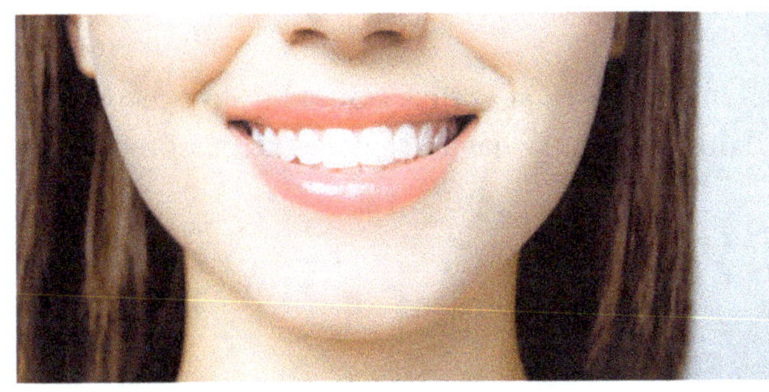

¿DICES WISKHY? ¡LOS COREANOS DICEN KIMCHI!

Por supuesto, decir *kimchi* es otra opción popular porque hace que las comisuras de la boca se levanten y sonrían, lo mismo que decir queso o whisky (o whiskey, para sus lectores irlandeses).

¿POR QUÉ LOS COREANOS ADORAN INTERNET EXPLORER?

Hasta principios de la década de 2010, Internet Explorer (IE) era prácticamente el único navegador utilizado en Corea. Por esta razón, muchos sitios web, incluidos los sistemas de gobierno electrónico, la banca y la mayoría de los juegos en línea, se desarrollaron para el IE, utilizando códigos no estándar y Active X, que habían desaparecido hace tiempo. Como resultado, algunas de esas páginas obsoletas siguen causando problemas de compatibilidad y dan a los coreanos (¡y a los extranjeros!) un gran dolor de cabeza.

¿POR QUÉ LOS COREANOS DICEN QUE SON UNA NACIÓN DE "COREANOS DE SANGRE PURA"?

La frase "Corea es una nación de una sola raza/homogénea" es algo que los coreanos han aprendido a través del plan de estudios, y es una idea que está tan arraigada que nadie sentiría la necesidad de pensarlo dos veces. Desde la primera nación del país, **Gojoseon 고조선**, los coreanos han vivido como los principales miembros de la nación, llamándose a sí mismos *baedal minjo***k 배달민족** ("El pueblo Baedal"), donde Baedal se refiere a la "antigua Corea", que habla el mismo idioma y comparte la misma historia y antecedentes culturales, a diferencia de otros países formados por muchos grupos étnicos diferentes. Así que esta idea de "nación de una sola raza/homogénea" también se ha interpretado como "de sangre pura". Entonces, ¿son los coreanos realmente "**de sangre pura**" y están compuestos sólo por coreanos? Los últimos descubrimientos sobre el ADN realizados por el profesor Kim Wook, del Departamento de Biociencia de la Universidad de Dankook, dicen algo diferente sobre este mito tan extendido. Según la investigación, los coreanos tienen los genotipos comunes a los mongoles y a los siberianos del este y del sur, así como los genotipos comunes a los asiáticos del sudeste y a los chinos del sur y del norte. Y los coreanos eran más parecidos genéticamente al pueblo manchuriano del noreste de China, y parcialmente a los chinos miao y a los asiáticos del sureste, como Vietnam. Esto demuestra que el pueblo coreano es en gran medida una raza mixta entre las regiones del Norte y del Sur (lo que en realidad no es sorprendente, teniendo en cuenta que Corea fue invadida cerca de 1.000 veces a lo largo de la historia). Entonces, ¿por qué surgió este mito? Estos conceptos, a veces considerados insulares y nacionalistas, fueron una filosofía nacional que mantuvo unido al pueblo coreano como un coagulante durante las invasiones extranjeras y la ocupación japonesa. Los historiadores dicen que debe considerarse un "linaje cultural" que comparten los habitantes de la península coreana, más que un concepto de "línea de sangre". Recientemente, la población inmigrante en Corea ha aumentado rápidamente, dando lugar a familias multiculturales. Y muchos sostienen que la raza no debería ser el aspecto sino la cultura con la que uno se identifica, por lo que también deberían considerarse parte de la "raza coreana única" si se integran en la cultura coreana y adoptan el estilo de vida coreano.

¿GOGLEARLO? ¿QUIERES DECIR QUE LO BUSQUES EN NAVER?

Google es un motor de búsqueda de Internet más conocido del mundo, pero si se dice "Google", lo más probable es que la gente saque su smartphone y abra la aplicación verde llamada Naver y haga una consulta en el recuadro verde.

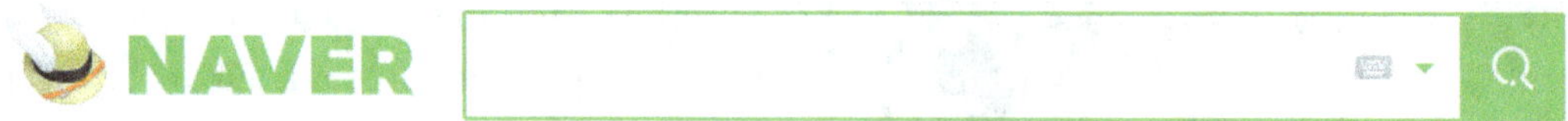

DAERIGISA – ¿BORRACHO? NO CONDUZCAS Y LLAMA AL "CONDUCTOR DE ALQUILER"

No hace falta decir que beber y conducir es un acto muy peligroso. Pero en Corea no hay que preocuparse porque existe un servicio que permite contratar a un conductor que conduzca en tu nombre cuando bebes alcohol. *daerigisa* 대리기사, "conductor de alquiler", es un servicio muy cómodo que se desplaza hasta tu ubicación y conduce hasta el lugar solicitado a través de una llamada telefónica o una aplicación de smartphone. Es un trabajo secundario muy popular después del trabajo, sobre todo en esta época de economía colaborativa. Por supuesto, muchos jubilados lo consideran una fuente de ingresos válida, a pesar de tener que trabajar de madrugada y lidiar con los malvados borrachos.

¿POR QUÉ LOS COCHES COREANOS TIENEN ESPONJAS AZULES EN LAS PUERTAS?

En Corea, se pueden ver vehículos con pequeños bloques de esponja azul en sus puertas, y los extranjeros sienten curiosidad por ellos porque no se ven fuera de Corea. ¿Qué son? Estos pequeños bloques de esponja azul sirven para proteger las puertas de los vehículos recién salidos de fábrica. Originalmente, el fabricante de coches los puso para proteger el vehículo de abolladuras y golpes en el aparcamiento por un descuido al abrir la puerta, pero muchos propietarios deciden mantenerlos porque los aparcamientos coreanos son muy estrechos. Es una forma coreana de ser considerado con los demás conductores (y evitar tener que pagar la reparación por los daños causados).

¿POR QUÉ LOS ESCOTES SON UN NO-NO PERO LAS MINIFALDAS ESTÁN BIEN?

¿Qué es demasiado "picante" o "revelador", según sus propios criterios? Si vienes de Occidente, la noción coreana es sorprendentemente diferente de la occidental. En Corea, enseñar las piernas está bien, y hace poco, la moda *haeuishiljong* 하의실종 패션 ("moda sin pantalones") estaba de moda entre las chicas de Corea, y nadie se inmutaba. Sin embargo, las coreanas son más conservadoras con la parte superior de su cuerpo, y la ropa que revela demasiado escote se considera demasiado "picante", lo que es prácticamente lo contrario en Occidente. Algunas marcas de moda extranjeras dicen haber recibido la petición de elevar la línea de escotes en V para satisfacer las necesidades de las consumidoras coreanas.

¿POR QUÉ LAS PISTOLAS/LOS CUCHILLOS/LOS TATUAJES APARECEN BORROSOS EN LA TELEVISIÓN?

 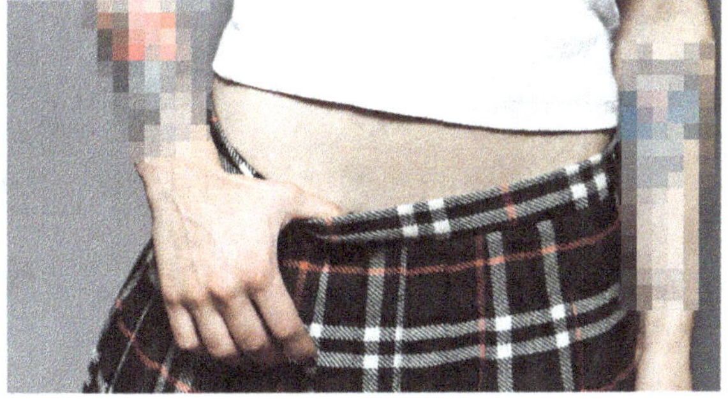

Las normas establecidas por la Comisión de Normas de Comunicación de Corea prohíben, pero permiten lo siguiente sólo si es absolutamente necesario para el desarrollo de la trama.

Representación gráfica de: Decapitación y desmembramiento / Escenas de asesinatos brutales o daños físicos directos con armas de fuego, cuchillos y otros instrumentos de asesinato / Cuerpos o partes de cuerpos mutilados.

También se difuminan las **escenas de fumadores**, porque las normas estipulan que: La radiodifusión se esforzará por crear un sólido espíritu cívico y un estilo de vida, y tendrá cuidado al tratar asuntos como la lascivia, la decadencia, las drogas, la bebida, el tabaco, la superstición, el juego, el despilfarro, etc.
En cuanto a los **tatuajes**, no hay normas que prohíban tajantemente que se muestren en la televisión, pero las cadenas de televisión los difuminan voluntariamente porque podrían estar bajo una norma relacionada que estipula: "La franja horaria de protección de los menores" debe tener en cuenta el desarrollo emocional de la audiencia. ¿Seguirá siendo así para siempre? Muchos lo dudan. En el pasado, el pelo teñido de los cantantes de ídolos estaba prohibido hasta el punto de tener que ocultar su colorido cabello con pañuelos o sombreros, pero las restricciones han desaparecido hace tiempo. Además, los espectadores modernos se quejan de que las restricciones actuales les impiden apreciar plenamente la historia.

¿ENTONCES POR QUÉ SE DIFUMINAN LAS MARCAS/LOGOS?

Por otro lado, las marcas y los logotipos se difuminan y enmascaran a pesar de no suponer ninguna amenaza o daño potencial para los espectadores. La razón por la que se ocultan a los espectadores se debe a los contratos comerciales con los patrocinadores del programa. Los productores prestan mucha atención para evitar que se muestren inadvertidamente otras marcas que no sean las contratadas. En algunos programas de televisión, se puede ver el marketing de colocación de productos (más conocido como "PPL (Product-Placement)" en Corea) en acción, como ciertas botellas de bebidas colocadas en la mesa frente a los panelistas del programa de entrevistas.

¿POR QUÉ LOS PROGRAMAS DE TELEVISIÓN COREANOS TIENEN SUBTÍTULOS?

"*¡Oye!*" "*¡Dios mio!*" "*¡LOL!*" "*¡Tienes que estar bromeando!*" ¿No le parece que ver los programas de televisión de variedades coreanos, llenos de burbujas de diálogo/pensamiento y subtítulos, es como leer un cómic? Este sistema, que se utilizó por primera vez en los programas de variedades japoneses para divertirse, fue introducido por un productor coreano en la década de 1990. Al principio, no fue bien recibido por los espectadores coreanos, pero ahora es una parte esencial de los programas de variedades coreanos. No sólo proporciona información relevante, como los nombres de los invitados al programa, sino que también sirve de guía para que los espectadores sigan el desarrollo de la trama, en caso de que pase desapercibida. Lo que lo hace más interesante es que los distintos programas tienen diferentes gustos, según el estilo del guionista del programa.

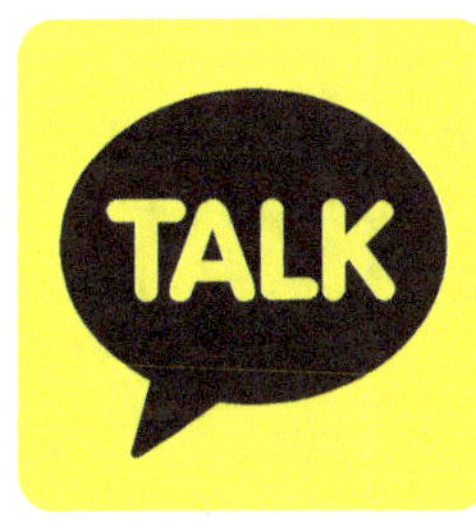

Katok hae!* 카톡해!** (¡*Kakaotalk me!*) ha sustituido a "llámame" en Corea, donde todo el mundo parece comunicarse a través de la icónica aplicación amarilla para smartphones. Desarrollada originalmente como una aplicación gratuita de mensajería instantánea, ahora cuenta con numerosos y prácticos servicios, como hablar por voz, chatear por vídeo y chatear en grupo. Entre todos, una enorme selección de emoticonos que a los coreanos les encanta utilizar para expresar sus emociones es lo que la diferencia de otros competidores. En 2017, el 93 % de los propietarios de teléfonos inteligentes coreanos la utilizan (monopolio de facto), y sigue expandiéndose a nuevos mercados con servicios auxiliares, como el servicio de taxi, el servicio de reserva de ***daerigisa (conductor de alquiler), la banca y los gifticons (vales electrónicos).

¿POR QUÉ LOS COREANOS AMAN A "KKK"?

Si tienes un amigo por correspondencia coreano, oops, estamos en 2020, así que amigo por chat, más bien, entonces puede que hayas recibido un mensaje que diga "**KKK**" de tu amigo coreano y te preguntes si es un miembro del infame clan. Bueno, en realidad es la ortografía romanizada de ㅋㅋㅋ, el equivalente coreano de **LOL**. ¿Por qué lo usa tu amigo para alguien que no es coreano? Quizás tu amigo es demasiado vago para cambiar el teclado de Eng-Kor, o cree que eres capaz de entender el coreano. Ahora ya sabes que tu amigo coreano del chat es completamente inocente.

¿POR QUÉ LOS COREANOS SE HACEN TANTA CIRUGÍA PLÁSTICA?

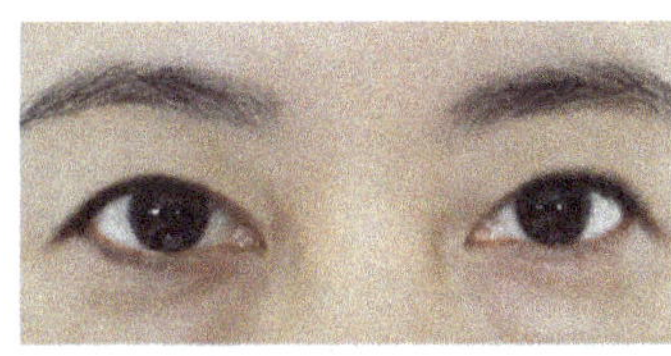
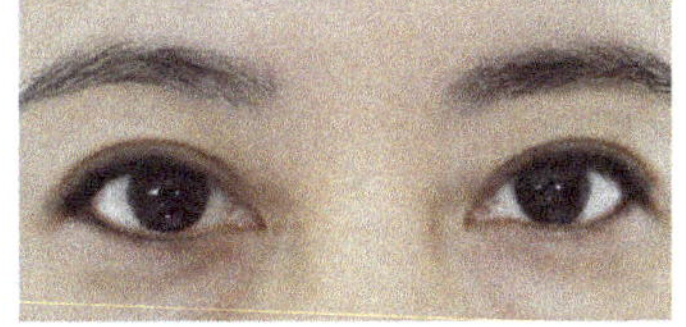

"Las mujeres nunca son culpables de su transformación". Es una línea de copia popular de un anuncio de la televisión surcoreana de los años 80. Capta ingeniosamente, no sólo a las mujeres, sino nuestro deseo básico de belleza, pero también implica la tendencia de los coreanos a dar mucha importancia a la apariencia. Como muchos extranjeros creen, la cirugía plástica es muy popular en Corea y es fácilmente accesible para cualquiera, incluidos los extranjeros que vienen a visitar Corea sólo para eso. Pero para muchos coreanos, no es sólo la estética lo que buscan. La creencia tradicional del ***gwansang*** (fisonomía), que afirma que la armonía de los rasgos faciales determina el destino de una persona, desempeña un papel en el deseo Naturalmente, un rasgo determina el destino de una persona, desempeña un papel en el deseo Naturalmente, un gran número de personas quiere "mejorar" su aspecto, así como sus probabilidades, mediante una simple cirugía plástica antes de eventos importantes como una entrevista de trabajo. Sólo Dios sabe qué impacto tiene eso en el entrevistador, pero si uno puede ganar confianza con su aspecto "mejorado" y vivir su vida al máximo cada día, entonces su destino debería ser más brillante que antes. La cirugía de párpados dobles y las operaciones de nariz, elevando kla punta de la nariz y el puente nasal, son las más populares.

¿QUÉ DIABLOS SIGNIFICA "GANGNAM STYLE"?

¡오빠 강남스타일! " *¡Oppa Gangnam Style!*" Cuando la canción *"Gangnam Style"* se convirtió en un éxito mundial allá por 2012, todo el mundo tarareó y bailó la frase "*Oppa Gangnam Style*", mientras hacía el baile de la cabalgata. Pero el 99% de los no coreanos no sabían ni siquiera qué significaba el Gangnam Style, al igual que nosotros bailábamos al son de la canción "Macarena" cuando estaba de moda en su día. Muchos no hispanohablantes no tenían ni idea de lo que era la "Macarena". Entonces, ¿qué diablos significa el Gangnam Style? **Gangnam 강남** significa "Región al sur de **Hangang 한강** (el río Han)", porque *gang* **강** significa "río", y *nam* **남** significa "sur", pero suele utilizarse para referirse a la zona más acomodada de Seúl, también conocida como la "Gangnam 3(sam)-gu", que consta de **Gangnam-gu, 강남구**, **Seocho-gu 서초구**, y **Songpa-gu 송파구**. Son conocidas por los precios de las viviendas, que son los más altos de Corea, y por la mayor proporción de personas ricas en Corea, aunque muchas familias chaebol de "dinero viejo" viven en el norte del río, llamado Gangbuk **강북**. Gangnam es el epítome de la opulencia coreana por sus boutiques de lujo, grandes almacenes de gama alta, establecimientos de ocio y una infraestructura muy concentrada, y a menudo se compara con Beverly Hills en Estados Unidos y Roppongi en Japón. Es un lugar donde viven los directores generales emergentes, los propietarios de pequeñas y medianas empresas y las celebridades. Para muchos, tener un apartamento en Gangnam equivale a vivir una vida de éxito. Por el contrario, en la cultura pop coreana, la gente que vive en Gangnam suele ser representada como snobs que sólo se preocupan por el dinero. La urbanización de Gangnam fue el primer proyecto a gran escala de

desarrollo de una "ciudad planificada" en Corea y también el ejemplo más exitoso que ha desplazado completamente el centro económico de la nación. Una de las principales razones por las que se eligió el sur del río fue el factor de proximidad de la Zona Desmilitarizada (DMZ), la línea fronteriza que separa a Corea del Norte y del Sur. Para estar lo más lejos posible del posible ataque del Norte, se eligió Gangnam como lugar estratégicamente ideal para el desarrollo. ¡Así que, volviendo a la pregunta original, "Oppa Gangnam Style!" puede traducirse como " *¡Mírame, soy tan fabuloso!*"

SÍMBOLO DE LEALTAD - PERRO JINDO

Los perros **Jindo 진도**, símbolo de la **isla de Jindo**, en la provincia de **Jeolla** del Sur, son conocidos por su valentía, astucia y lealtad. Incluso cuando se encuentran con animales salvajes en las montañas, nunca se echan atrás. Y como tienen la tendencia a servir a un solo dueño, es muy difícil que sean adoptados por otro. Hay una historia en la que un perro Jindo regresó a la casa de su dueño original a lo largo de una distancia de más de 300 kilómetros (186 millas) durante siete meses. La raza Jindo fue designada como el **53º "Tesoro Natural" de Corea del Sur** en 1962.

EL SUEÑO DE TODO NIÑO: GANAR DINERO CON LOS VIDEOJUEGOS EN COREA

Es el sueño de todo niño: ganar dinero, no sólo de bolsillo, sino una fortuna, jugando a los videojuegos. Suena demasiado bien para ser verdad, ¿verdad? Pues bien, en Corea, los videojuegos (sobre todo los de PC) están oficialmente reconocidos por el gobierno como "**eSports**", y ser jugador profesional es una ocupación legítima que puedes poner con orgullo en tu currículum. Por ejemplo, **Lee Sang-hyeok 이상혁**, un legendario jugador de '**League of Legends**' más conocido por su nombre en el juego "**Faker**", cobró más de 1,2 millones de euros como premio en más de 40 torneos de todo el mundo solo en 2019. No sólo eso, sino que el equipo SKT, dirigido por el conglomerado del mismo nombre, también le ha cubierto las espaldas con un sueldo considerable. Si se suman los ingresos que obtiene por sus patrocinios y anuncios, la cifra no hace más que aumentar. Otro jugador profesional emblemático, conocido en todo el mundo, es **Lim Yo-hwan 임요환**, más conocido por su identificación en el juego "**SlayerS_`BoxeR**", que utilizaba en el juego de estrategia en tiempo real "**Starcraft**". Eran venerados entre los adolescentes como héroes, y muchos chavales se apuntaban a ser "pro-gamer" como el trabajo de sus sueños. En la época en que los eSports estaban en su apogeo, había múltiples canales de televisión por cable dedicados a retransmitir torneos de videojuegos. Había un montón de equipos patrocinados y gestionados por grandes empresas, y el salario era similar al de los jugadores de deportes de élite. En 2014, la ronda final de la competición de eSports más prestigiosa del mundo, "League of Legends", se celebró en el estadio de la Copa Mundial de Seúl, en Sangam, en medio de la entusiasta ovación de 40.000 espectadores. Aunque "**YouTuber**" ha sustituido al de jugador profesional como el trabajo soñado por muchos niños, los coreanos disfrutan ampliamente de los eSports, independientemente de la edad y el género.

PC BANG - LA SOLUCIÓN DE ENTRETENIMIENTO TOTAL PARA LA GENERACIÓN DIGITAL

Si eres aficionado a los eSports, te habrás preguntado cuál es el secreto del dominio mundial de los jugadores coreanos. Pues bien, ¡todo es cuestión de infraestructura! Dondequiera que vayas, incluso en las zonas rurales más remotas de Corea, tienen un *PC bang* 피씨방 (sala de PC). Una vez que entras, te encuentras con una sala llena de ordenadores, equipados con hardware de alta gama para satisfacer las necesidades de los jugadores. Con esto, puede que te apresures a llegar a la conclusión de que estas salas, a menudo tan grandes como para albergar cientos de ordenadores, son el campo de entrenamiento secreto de los aspirantes a jugadores coreanos. En parte tienes razón y en parte te equivocas, porque no es más que un lugar de entretenimiento para los que quieren matar el tiempo jugando y también un lugar de citas decente. ¿Y lo mejor?

La mayoría de los lugares tienen una increíble selección de comida, desde fideos instantáneos de autoservicio hasta comidas legítimas preparadas por el personal de PC bang. Suena bien, ¿verdad? Para los adictos al sofá como tú y yo, es increíble que alguien nos traiga la comida mientras jugamos a los videojuegos. Hoy en día, algunos PC bangs disponen incluso de duchas y dormitorios, para satisfacer las necesidades de la gente de negocios y de los jugadores empedernidos. Para muchos, es un verdadero hogar lejos del hogar.

ES MEDIANOCHE Y LOS NIÑOS DEBEN ESTAR EN CASA - "LEY CENICIENTA"

¿Sabes dónde están tus hijos? La "**Ley Cenicienta**" estipula que los proveedores de servicios no deben permitir el **acceso a los juegos de PC** a los menores de 16 años durante las horas nocturnas, entre las **12 y las 6 de la mañana**, y las pantallas de los juegos tienen que incluir un cartel de advertencia sobre la adicción a los videojuegos.

MUKBANG - ¡TAMBIÉN PUEDES GANAR DINERO RETRANSMITIENDO TU SESIÓN DE COMIDA!

¿Convertirse en un jugador profesional parece una posibilidad remota porque tienes manos de mantequilla? No te rindas todavía: ¡hay otra gran oportunidad de ganar dinero si te gusta la comida y tienes un estómago sano! Conocido como *mukbang* 먹방, una palabra compuesta formada por *meokneun* 먹는 ("comer") y *bangsong* 방송 ("espectáculo/emisión"), el mukbang es un espectáculo/emisión en directo por Internet que muestra ¡comer! Aunque el presentador del programa suele asombrar a los espectadores comiendo una gran cantidad de comida, que puede ser cualquier cosa, desde fideos instantáneos hasta pizzas de gran tamaño (**Tzuyang** 쯔양 se comió una vez 6 fideos instantáneos en 10 minutos y 170 McNuggets de una sentada), el objetivo principal del programa es proporcionar una gratificación vicaria a los espectadores y hacer compañía a los comensales solitarios, y el hecho de que la gente vea a otras personas comer en la pantalla retrata con precisión el cambio en el estilo de vida: es una forma de interactuar con otras personas, ya que puedes unirte a la pantalla de chat a un lado mientras eres capaz de mantener tu espacio personal, perfecto para los jóvenes coreanos que están adoptando la cultura *honsul/honbap* 혼술/혼밥 ("beber/comer en solitario"). Las famosas estrellas del mukbang ganan mucho dinero, gracias a los ingresos por publicidad en YouTube y a las donaciones de sus fans. Por ejemplo, **MoonBoki** 문복희 recibió más de 1,8 millones de visitas de media sólo en su canal de YouTube. Mukbang ha ganado popularidad en todo el mundo, y muchas personalidades extranjeras de YouTube también se han subido al carro.

TAEKWONDO

ARTE MARCIAL COREANO Y DEPORTE NACIONAL

"Lo más difícil del taekwondo tradicional no es aprender la primera patada o el primer golpe. No es esforzarse por recordar los movimientos de un poomsae o familiarizarse con la cultura coreana. Más bien, es dar el primer paso a través del umbral de la puerta del dojang. Aquí es donde se bifurcan los caminos, donde se toman decisiones que resonarán durante toda la vida".

— Doug Cook, Taekwondo: Un camino hacia la excelencia

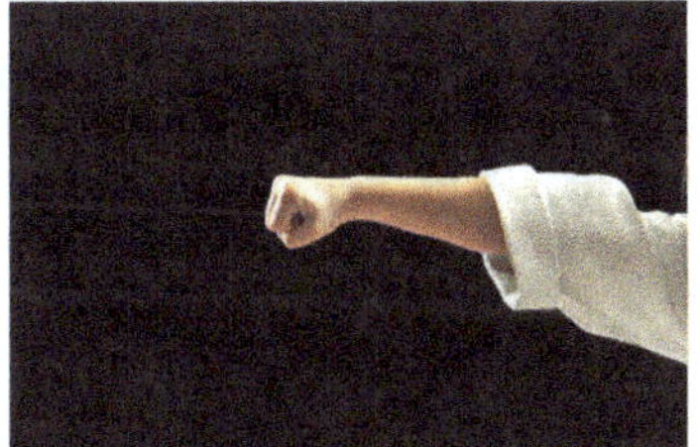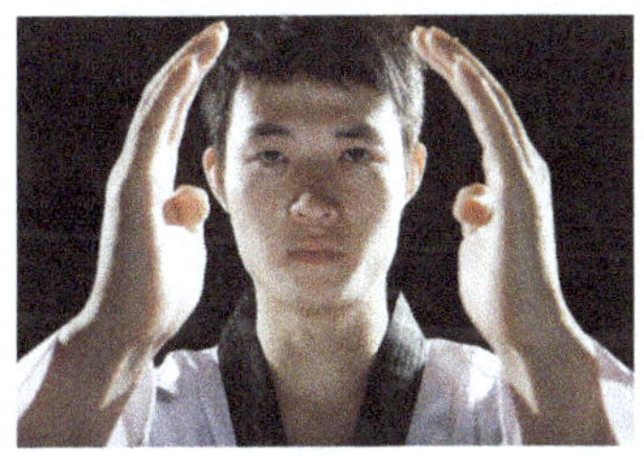

TAE
"pisar", "pies"

KWON
golpear", "puño"

DO
"disciplina", "camino"

EL TAEKWONDO EN CIFRAS

PAÍSES MIEMBROS	208
PERSONAS QUE PRACTICAN	MÁS DE 80 MILLONES
PORTA-CINTURONES NEGROS	MÁS DE 4 MILLONES
ESTUDIOS DE TAE KWON DO EN COREA	MÁS DE 10.000

5 PRINCIPIOS DEL TAEKWONDO

CORTESÍA
예의 (*YE UI*)

ESPÍRITU INDOMABLE
백주불굴
(*BAEK JU BUL GUL*)

INTEGRIDAD
염치 (*YEOM CHI*)

AUTOCONTROL
극기 (*GUK GI*)

PERSEVERANCIA
인내 (*IN NAE*)

JURAMENTO DE TAEKWONDO

1. Observaré los principios del Tae Kwon Do

2. Respetaré a mi Instructor y a mis superiores

3. Nunca abusaré del Tae Kwon Do

4. Seré un defensor de la libertad y la justicia

5. Construiré un mundo más pacífico.

1940's
1950's

PRIMERAS ESCUELAS CREADAS

Poco después de la Segunda Guerra Mundial, aparecen escuelas de artes marciales, denominadas "*kwan*", pero cada *kwan* practica su propio estilo de artes marciales.

1952

FORMACIÓN TEMPRANA

El presidente de Corea del Sur, Syngman Rhee, insta a fusionar y estandarizar los estilos de artes marciales de los kwans.

1959
1966

SE ESTABLECEN LA KTA Y EL ITF

Se crea la Asociación de Taekwondo de Corea (KTA) para facilitar la unificación de las artes marciales coreanas.

En 1966, Choi Hong Hi crea la Federación Internacional de Tae Kwon Do (ITF), una entidad independiente que incorpora su propio estilo.

1973

FEDERACIÓN MUNDIAL DE TAEKWONDO

Se establece la Federación Mundial de Tae Kwon Do, con Kukkiwon 국기원 como sede.

2000

RECONOCIMIENTO MUNDIAL

El Tae Kwon Do se convierte en prueba oficial de medallas en los juegos de 2000 en Sydney

¿POR QUÉ LAS COREANAS DOMINAN EL GOLF FEMENINO?

Sintonice cualquier torneo de golf en directo y le prometo que encontrará un nombre coreano, si no nombres, en la tabla de clasificación. Como dijo la cuatro veces campeona de la Asociación Profesional de Golf Femenino (LPGA), Jessica Korda, "las coreanas están dominando la LPGA", y los números respaldan su afirmación. Desde 1988, cuando **Ku Ok-hee 구옥희** se convirtió en la primera coreana en ganar el circuito de la LPGA, el trofeo ha sido levantado más de 200 veces por golfistas coreanas, y es probable que la tendencia continúe. Entonces, ¿cuál es el secreto del éxito de las golfistas coreanas? Se remonta a 1998, cuando

Pak Se-ri 박세리, ahora miembro del Salón Mundial del Golf, ganó el LPGA Tour con un increíble golpe de birdie. La victoria significó mucho para el pueblo coreano, que sufría las consecuencias de la crisis financiera asiática, o la "**era del FMI (IMF)**". Muchos coreanos se identificaron con ella y sintieron que habían ganado una difícil batalla contra el mundo. Fue una inspiración y un consuelo. Viendo su ascenso al estrellato, muchos padres coreanos querían que sus hijos se convirtieran en la próxima Pak Se-ri, y la generación de "**Pak Se-ri Kids**" se hizo realidad. A partir de 2020, hay más de 60 golfistas coreanas en la LPGA, un mundo de diferencia con respecto a cuando Pak Se-ri era la única jugadora coreana que competía en la LPGA. Combinado con el arduo entrenamiento (ya hemos hablado de lo celosos que son los padres coreanos con la educación, así que no hace falta decirlo), y un gran grupo de aspirantes a jugadoras, el éxito no es tan sorprendente.

¿POR QUÉ LOS COREANOS DOMINAN EL TIRO CON ARCO?

¡La escritura (pintura) está en la pared! Una pintura mural de Goguryeo *muyongchong suryeopdo* **무용총 수렵도** representa al pueblo Goguryeo cazando animales con arco y flecha mientras escribe a caballo. Parece tan natural que esta práctica era una actividad rutinaria de entrenamiento para los cuerpos y las mentes de los habitantes de Goguryeo. De hecho, los antiguos chinos solían llamar a los coreanos *dong-i-jok* **동이족**, que significa "gente que es buena tirando flechas". El ADN debe haber pasado a los descendientes, lo que debería explicar por qué los arqueros coreanos dominan el mundo. Y si el equipo de baloncesto de Estados Unidos es el indomable "Dream Team", el equipo de tiro con arco coreano merece el mismo estatus. El hecho de que el equipo coreano de tiro con arco posea **12 de los 14 récords mundiales en los Juegos Olímpicos** y arrase con las medallas de oro en las competiciones mundiales demuestra lo formidable que es. El equipo coreano de tiro con arco es un tirano despiadado. Sorprendentemente, el equipo coreano de tiro con arco no era tan bueno al principio. Hasta la década de 1970, su rendimiento era más bien escaso, comparado con lo que hacía Corea en otros deportes. Pero con los métodos de entrenamiento adecuados, el apoyo total de la asociación y el esfuerzo incesante de los arqueros coreanos, pudieron llegar al trono. Otro aspecto importante es la creatividad en sus métodos de entrenamiento: para hacer frente a los fuertes ruidos procedentes del público, practicaron en un ruidoso estadio de béisbol lleno de público, e incluso visitaron un cementerio a medianoche, para tener los nervios de acero. Como resultado, desarrollaron la capacidad de mantener la calma, independientemente de la situación. Asombrados por el dominio coreano, muchos equipos extranjeros de tiro con arco contrataron a entrenadores coreanos para transformar sus equipos. En los Juegos Olímpicos de Río de 2016, 8 equipos de tiro con arco (Taiwán, España, Malasia, Estados Unidos, Japón, México, Irán y Malawi) tenían entrenadores coreanos.

Plaza de la Ciudad de Seúl, Copa Mundial Corea-Japón 2002

Fundado en 1995, el nombre original era "**Korea Supporters Club**", y fue rebautizado como *bulgeun akma* 붉은악마 los "**Diablos Rojos**" en 1997. Se dice que el nombre tiene su origen en los medios de comunicación extranjeros que solían llamar a la **selección surcoreana de fútbol** que llegó a las semifinales con un uniforme rojo, la "Roja Furiosa" o los "Diablos Rojos" en la Copa del Mundo Sub-20 de 1983. (Como dato curioso, el apodo "Diablos Rojos" fue utilizado por primera vez por la selección belga de fútbol). Cuando se celebró la **Copa Mundial Corea-Japón 2002**, los "Diablos Rojos" se ganaron el apodo de "jugador número 12" gracias a su fervorosa animación. Animados por la racha de victorias del equipo coreano, las calles se inundaron de gente vestida de rojo, y cientos de miles de personas vestidas de rojo se reunieron en la **Plaza de la Ciudad de Seúl** para animar al equipo coreano, creando una escena espectacular.

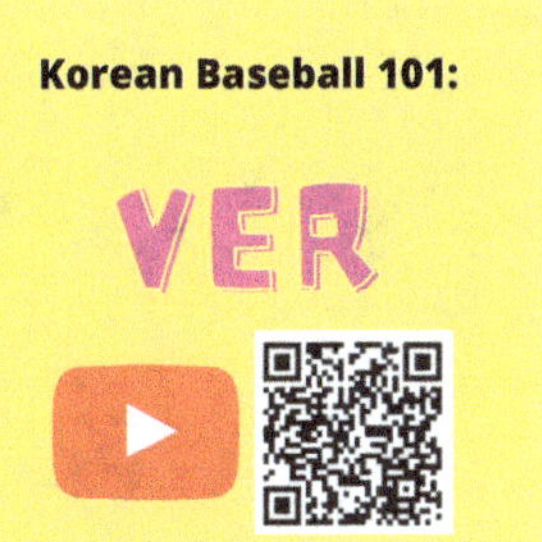

¿POR QUÉ ES TAN POPULAR EL BÉISBOL EN COREA?

El béisbol es, con diferencia, el deporte profesional más popular en Corea. La **Organización Coreana de Béisbol (KBO)**, una liga de béisbol profesional en la que compiten 10 equipos, atrae a más de 10.000 espectadores en cada partido desde 2017. La historia del béisbol coreano se remonta a cuando Philip Gillette, un misionero cristiano estadounidense en Corea, introdujo el béisbol a los miembros de la **Asociación Juvenil Cristiana de Hwangseong** en 1905. Como se sabe, los coreanos aprenden las cosas muy rápido: el equipo de béisbol coreano ganó la **medalla de oro** en los **Juegos Olímpicos de Pekín 2008**, el tercer puesto en 2006 y fue subcampeón en 2009 en el Clásico Mundial de Béisbol. En el WSBC Premiere 12 celebrado en 2015, ganaron el campeonato y fueron subcampeones en 2019. También produjeron numerosos jugadores estrella que jugaron en la Major League Baseball y las estrellas que jugaron en la Major League Baseball también juegan en la KBO. En Corea, el béisbol es popular como deporte en sí, pero se disfruta más como una experiencia de entretenimiento total. Cuando se canta al ritmo de las canciones de animación del equipo, se disfruta del pollo y la cerveza, y se baila con los emocionantes pasos de baile de las animadoras, es la mejor manera de quitarse el estrés.

¿QUÉ ES EL SSIREUM?

El *ssireum* 씨름 es un deporte conocido desde la antigüedad en la península de Corea. El 26 de noviembre de 2018, Corea del Sur y Corea **del Norte lo incluyeron conjuntamente en la lista del Patrimonio Cultural Inmaterial de la Humanidad de la UNESCO**. Es un juego en el que dos jugadores, que se sitúan en una arena con la cintura envuelta con un *satba* 샅바 (muslera), agarran el *satba* del oponente para derribarlo o voltearlo con habilidades de mano, pierna o cintura. Es un juego muy sencillo porque termina en cuanto cualquier parte del cuerpo del oponente, excepto la planta del pie, toca el suelo. También es un deporte de guerra psicológica porque un simple error y un mal cálculo llevarán a perder la postura y el equilibrio. Como deporte tradicional, se celebraban competiciones en las aldeas durante las vacaciones, y las competiciones nacionales se retransmitían por televisión. El campeón, llamado *cheonha jangsa* 천하장사 ("El hombre más fuerte de la tierra"), ganaba fama, honor y riqueza. El popular animador y MC **Kang Ho-dong 강호동** es también un antiguo cheonha jangsa. Sin embargo, en los últimos tiempos el ssireum ha perdido su base de fans, ya que el número de equipos profesionales ha disminuido al no poder seguir las últimas tendencias. El público más joven tiende a considerar este deporte como "anticuado" y ha vuelto sus ojos a las Artes Marciales Mixtas.

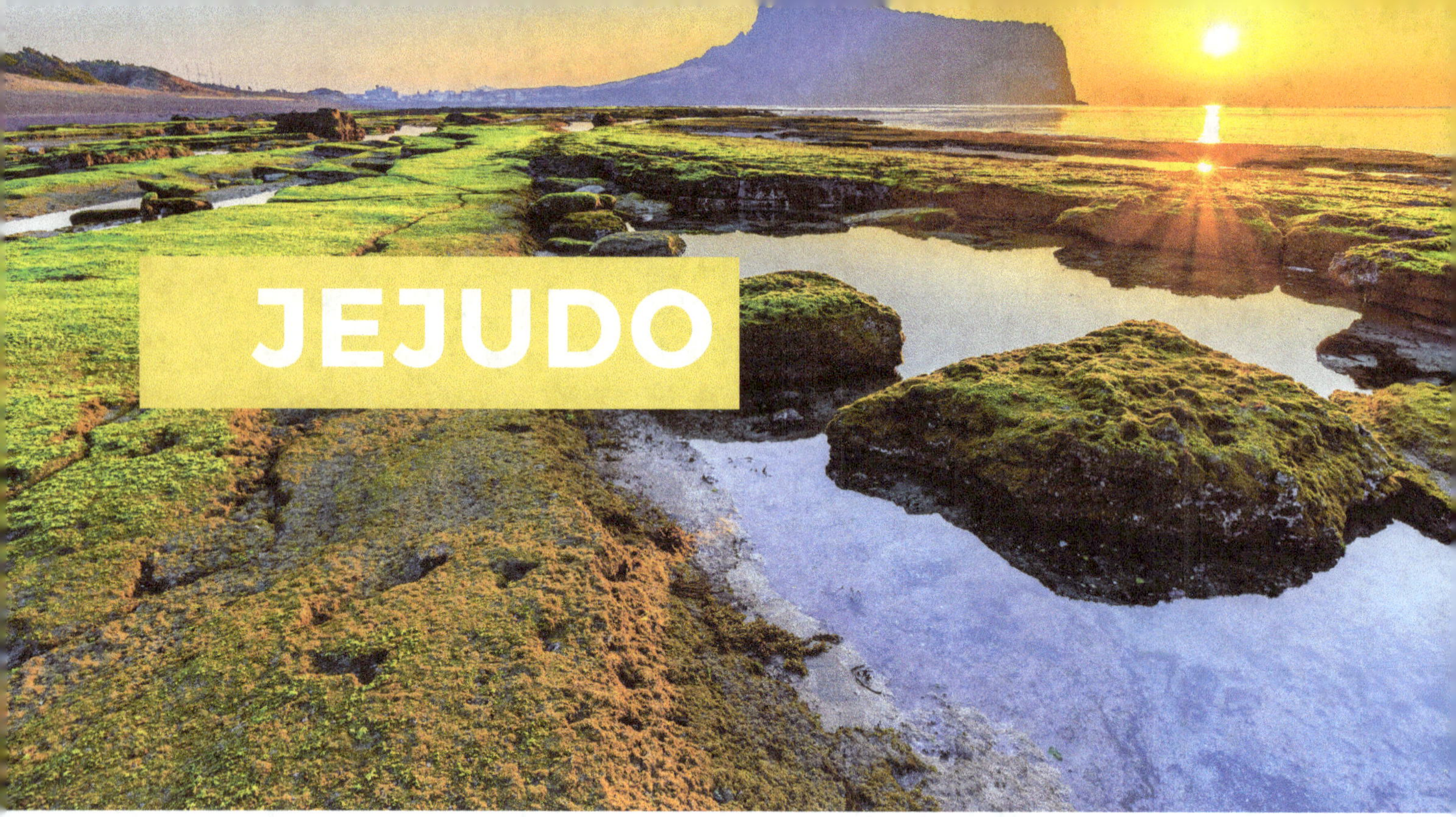

JEJUDO

Jejudo 제주도, o **isla de Jeju**, es la mayor isla de Corea, situada en la costa suroeste de la península coreana, y es el destino turístico más popular entre los recién casados, las parejas y las familias. Las palmeras, el basalto y las hermosas playas conforman unas vistas exóticas difíciles de ver en cualquier otro lugar de Corea.

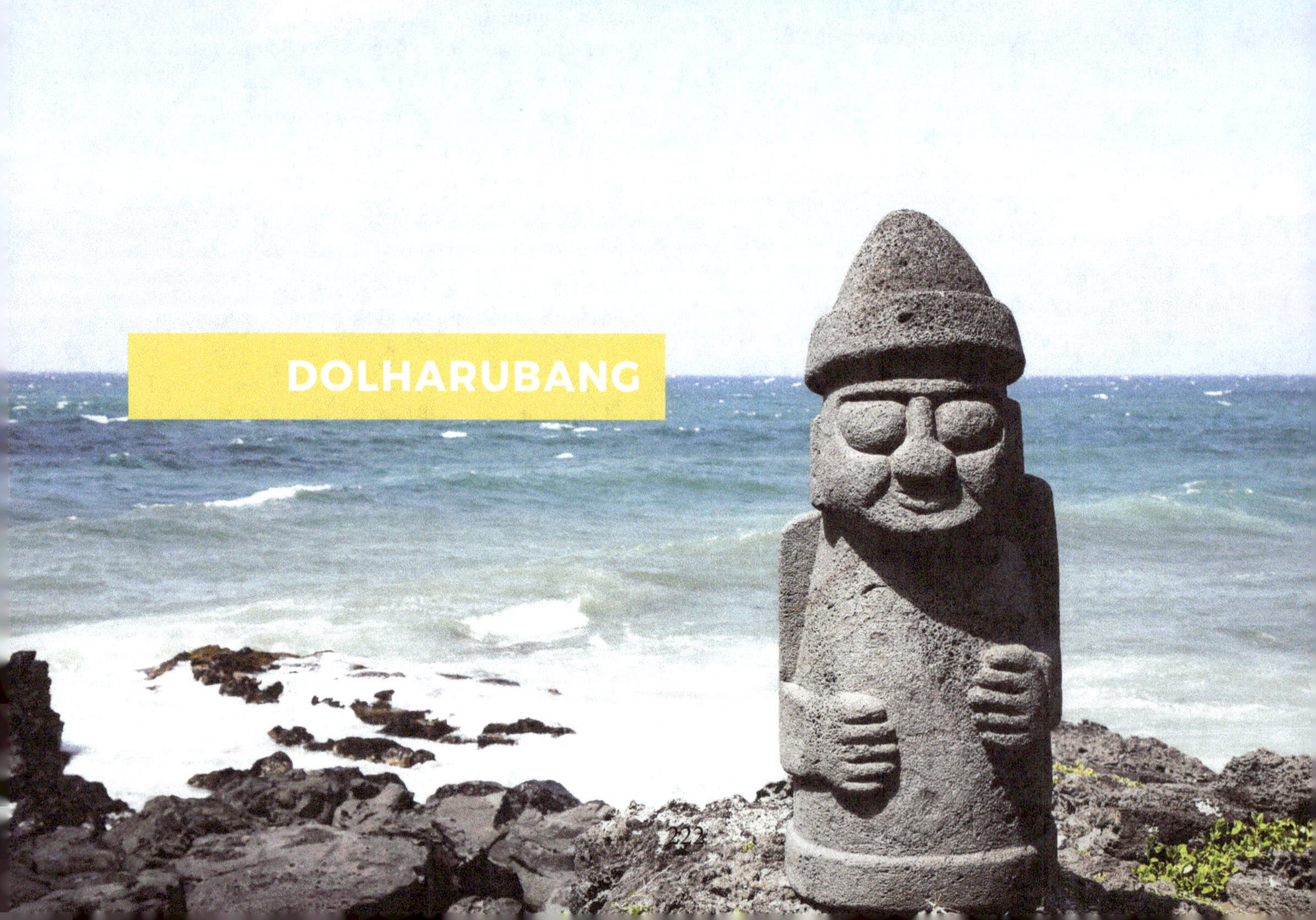

DOLHARUBANG

¡Hola, chicos! ¡Me llamo **dolhareubang** 돌하르방! (*dol* = "piedra", *hareubang* = "abuelo/senior" en dialecto de Jeju). Como su nombre indica, somos estatuas talladas en basalto poroso (roca volcánica) y podemos llegar a medir hasta tres metros. Nuestra cara tiene ojos saltones, una nariz larga y ancha, y un atisbo de sonrisa. Al igual que nuestros amigos **jangseung** 장승, puedes encontrarnos fuera de las puertas de la ciudad, trabajando las 24 horas del día, ¡protegiendo a los habitantes de la ciudad de los horribles demonios! Somos muy populares entre las mujeres porque somos un símbolo de fertilidad: existe el mito de que, si las mujeres embarazadas tocan nuestra nariz, tendrán un hijo. La forma en que colocamos las manos también tiene un significado. Las apoyamos sobre el vientre, en grupos de dos, una más alta que la otra. Si nuestra mano izquierda está más alta, simboliza a un escritor/escolta, y a un militar si la mano derecha está colocada más alta. Según el **Tamraji** 탐라지, una crónica histórica de la isla de Jeju, debutamos en 1754, y algunos de nuestros amigos se situaron frente a las puertas oriental, occidental y meridional de la fortaleza de la ciudad de Jeju como deidades guardianas. Hoy en día, nos convierten en increíbles recuerdos, como chocolates, miniaturas y llaveros.

What Are The Huge Korean Totem Poles In Korean Folk Villages? P. 211

HAENYEO : SIRENAS COREANAS

¡Hay una sirena en la isla de Jeju! Las mujeres con la icónica escafandra negra se llaman **haenyeo** 해녀 ("Mujer de mar"). Sorprendentemente, bucean y recogen marisco sin bombonas de oxígeno (hay una ley establecida para evitar la sobrepesca y preservar el ecosistema, por lo que su capacidad de aguantar la respiración es extraordinaria). Gracias a las sirenas de Jeju, podemos disfrutar de delicias locales como el abulón y el pepino de mar.

¿QUÉ ES EL HALLYU 한류 (OLA COREANA)?

PRINCIPIOS DE LOS AÑOS 90

SEO TAIJI AND BOYS - CAMBIANDO LA HISTORIA DE LA INDUSTRIA MUSICAL COREANA

VER

Seo Taiji and Boys'
Actuación debut

Cuando se habla de la historia del K-Pop, el intento carece de sentido si no se incluye a **Seo Taiji and Boys**, porque fueron los pioneros que trasplantaron por primera vez el pop estadounidense a Corea. La música de ritmo rápido, el rap y el baile potente eran algo que nadie había intentado juntar en un escenario. ¿Se adelantaron a su tiempo? Cuando debutaron en 1992, recibieron comentarios desalentadores de los críticos. Pero no tardaron en demostrar que estaban equivocados. Surgió un enorme fandom, y empezaron a surgir en tropel grupos que los imitaban. Y así, se convirtieron en la piedra de toque del K-Pop, y la industria musical coreana cambió para siempre. (Para su información, **Yang Hyun-suk**, uno de los miembros, es el presidente de **YG Entertainment**.)

LOS AÑOS 90

EL NACIMIENTO Y EL COMIENZO DE LA HALLYU / OLA COREANA ("KOREAN WAVE")

El término *Hallyu / Ola coreana* empezó a surgir a finales de los años 90, cuando **H.O.T.**, uno de los legendarios grupos de ídolos del K-Pop, se hizo popular en China. En febrero de 2000, después de que H.O.T. terminara con éxito su actuación en Pekín, "Hallyu Hits China" llegó a los titulares de los periódicos chinos. Desde entonces, la palabra Hallyu / Korean Wave se convirtió oficialmente en el término de la cultura pop coreana. Mientras tanto, en Taiwán, **Clon**, un potente dúo de baile, causó sensación. En China, **NRG**, un grupo de baile de ídolos con caras bonitas, también saltó a la fama mientras los dramas televisivos coreanos cautivaban a los espectadores chinos. En Corea, el grupo de ídolos femeninos **S.E.S.**, formado por tres miembros, tuvo un ascenso meteórico y, poco después, un grupo de ídolos femeninos de cuatro miembros, **Fin.K.L**, debutó para formar una rivalidad. **G.O.D.** y **Shinhwa**, grupos exclusivamente masculinos con potentes coreografías y melodías de moda, también subieron el listón.

VER

H.O.T
"Candy"

DESEMBARCO EN TODA REGLA DEL CONTENIDO CULTURAL COREANO EN JAPÓN, LA MODA DEL YONSAMA Y EL DAEJANGGEUM.

Ahora, la siguiente parada de la ola coreana es Japón. ¿Será popular la Ola Coreana en Japón, la potencia de la cultura pop de moda, que ha influido en toda Asia con el J-Pop y los burbujeantes dramas románticos? Fue la película *Swiri* 쉬리 (1999) la que mostró la posibilidad. Este thriller de suspense, que muestra el romance entre un agente de seguridad nacional surcoreano y una espía norcoreana, fue un gran éxito en Japón, demostrando el potencial del contenido cultural coreano en Japón. Después, el melodrama *Gyeoul Yeonga* 겨울연가 (*Winter Sonata*, 2002) se convirtió en un megaéxito, generando una respuesta sensacional por parte de las espectadoras de mediana edad en Japón. Gracias a este drama, **Bae Yong-joon** 배용준 obtuvo un apodo, "Yonsama ('Emperador Yon)", y fue adorado como el "primer amor" de las mujeres japonesas, tratado como un invitado de estado en el aeropuerto, rodeado

Swiri 쉬리 (1999)

Gyeoul Yeonga 겨울연가
(*Winter Sonata* KBS, 2002)

Daejanggeum 대장금 (MBC, 2003)

de miles de fanáticas. A partir de entonces, la palabra "Hallyu" apareció en Japón, y el "síndrome Hallyu" arrasó en el país. En la industria musical, **BoA**, una cantante adolescente de **SM Entertainment** que había estado activa en la escena musical japonesa desde su temprana edad, se convirtió en un gran éxito, dominando las listas japonesas de Oricon, estableciendo la piedra angular para el suave aterrizaje del K-Pop en Japón. Sin embargo, el contenido de la Onda Coreana que fue realmente popular en todo el mundo, llegando al público de fuera de Asia fue, indiscutiblemente, *Daejanggeum* 대장금 (*Joya en el Palacio*, MBC, 2003). Este drama histórico sobre el éxito de la primera mujer médico real de la dinastía Joseon fue muy popular entre los extranjeros porque presenta de forma encantadora los extraordinarios paisajes de Corea, la belleza del hanbok y la cocina coreana. Además de arrasar con los espectadores en China, también fue popular en África y Oriente Medio (especialmente en Irán). Incluso se rehizo en muchos países, como Japón y Turquía.

LA CONTINUA EXPORTACIÓN DE CONTENIDOS CULTURALES COREANOS AL EXTRANJERO Y LA CRECIENTE INFLUENCIA DEL K-POP

Fue **Dongbangshinki 동방신기** (**TVXQ**) el que sucedió a la moda del K-Pop en Japón a finales de la década de 2000, cuyos conciertos con entradas agotadas en los estadios de la mega cúpula no fueron nada del otro mundo. Grupos de ídolos con inocentes encantos infantiles como **Super Junior** y **SHINee** ganaron una enorme popularidad, y grupos de moda basados en el Hip-Hop/dance como **Epik High**, **Big Bang** y **Brown Eyed Girls** siguieron ampliando su fandom en el extranjero. Pero, sobre todo, la llegada de **Girls' Generation** cambió el panorama del K-Pop que dominaban las bandas de chicos. **Wonder Girls**, **KARA**, **After School**, **f(x)** y **T-ara** se encontraban entre los principales aspirantes a la corona. Y mientras **U-Kiss** ganaba popularidad con sus encantos juveniles, **2AM**, **2PM** y **B2ST**, las bandas de chicos con encantos masculinos, ampliaron el espectro de las bandas de chicos del K-Pop. Aparecieron grupos "Girl Crush" como 4Minute y **2NE1**, que fueron bien recibidos por los fans de todo el mundo. Al mismo tiempo, programas de variedades como *Running Man* e *Infinite Challenge* se exportaron al extranjero y recibieron respuestas positivas.

A principios de la década de 2010, grupos de ídolos como **ZE:A**, **CN BLUE**, **SISTAR**, **Miss A**, **Girl's Day** y **APink** siguieron apareciendo y dominando la escena del K-Pop. No fue un gran paso, pero fue una época en la que la ola coreana siguió asegurando el fandom en todo el mundo con pasos pequeños pero firmes. En ese mismo momento, ocurrió algo que nadie esperaba: ¡la gente de todo el mundo quedó de repente cautivada por la locura del K-Pop! Así es, ¡fue el "Gangnam Style" de **Psy**! "La adictiva melodía y el baile a caballo ayudaron a que la canción se volviera viral a través de las redes sociales, impulsándola al segundo puesto en la lista de Billboard, un logro sin precedentes en la historia del K-Pop. Incluyendo una actuación en Nochevieja en **Times Square** y la colaboración en el escenario con **MC Hammer** en los **American Music Awards (AMA)**, Psy fue la **persona más ocupada del mundo en 2012**, y su presencia ayudó a romper el estereotipo de que el K-Pop se limita a los grupos de ídolos.

LA POPULARIDAD Y LA EXPANSIÓN DEL HALLYU EN EL MERCADO MUNDIAL SON CONSTANTES

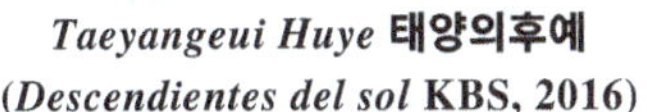

Taeyangeui Huye 태양의후예
(*Descendientes del sol* KBS, 2016)

Gisaengchung 기생충
(*Parásito*, 2019)

Hasta ahora, la Ola Coreana ha tenido un gran éxito en los mercados asiáticos, pero en Norteamérica y Europa sólo ha formado un pequeño fandom. Sin embargo, a partir de ese momento, la Ola Coreana superó por fin sus límites geográficos y la gente de todo el mundo empezó a disfrutar del K-Pop. La globalización de la ola coreana continuó con la aparición de grupos de talento como **EXID, EXO, AOA, BTS, GOT7, AKMU, RED VELVET, LOVELYZ, iKon, Mamamoo, ASTRO** y **BlackPink**. La razón del éxito fue que el K-Pop, que comenzó en un principio imitando la música pop estadounidense y el sistema de ídolos del J-Pop, ha creado ahora su propio estilo mediante la convergencia y la transformación activas. Ahora, el K-Pop no es un hijo del Pop americano y del J-Pop, sino una marca única con un sentimiento "cool y moderno" que sólo el K-Pop puede ofrecer. Además, los dramas y las películas también fueron muy populares. *Taeyangeui Huye* 태양의 후예 (*Descendientes del sol*, KBS, 2016) se convirtió en una sensación en Asia y ha vendido derechos de autor a muchos países de Europa, y en 2020, **Parásito** (2019), del director **Bong Joon-ho**, sorprendió al mundo al ganar cuatro premios de la Academia, ¡marcando un hito en la historia del cine coreano! Y la serie de Netflix *El juego del calamar* (*Squid Game*) (2021) arrasó en todo el mundo.

¿QUÉ SE NECESITA PARA CONVERTIRSE EN UN ÍDOLO DEL K-POP?

"**Aprendiz**" significa literalmente un aspirante a cantante de K-Pop que firma un contrato con una agencia de entretenimiento y se somete a un riguroso curso de formación profesional (vocal, de baile, de idiomas, y muchos otros) con el sueño de convertirse algún día en una estrella del K-Pop. La mayoría empieza en la adolescencia y el periodo de formación puede durar hasta 7~8 años, pero no es una garantía, ya que las empresas de entretenimiento tienen derecho a dejarlos marchar si creen que sus aprendices no tienen lo necesario para convertirse en una estrella del K-Pop. Sin embargo, ser un ídolo del K-Pop no es un trabajo para todo el mundo, y en última instancia es el trabajo de una agencia profesional el que determina si la piedra preciosa es un diamante en bruto o no, y también es su papel el de transformarla en un diamante brillante. Pero si lo consiguen, tienen una gran oportunidad de riqueza y fama. Por eso, muchos adolescentes eligen como trabajo soñado el de ídolo de K-Pop. Pero, ¿qué ocurre cuando todos quieren el mismo trabajo? Convertirse en un cantante profesional de ídolos, por no hablar de ser un aprendiz, es tan difícil como entrar en una escuela de la Ivy League.

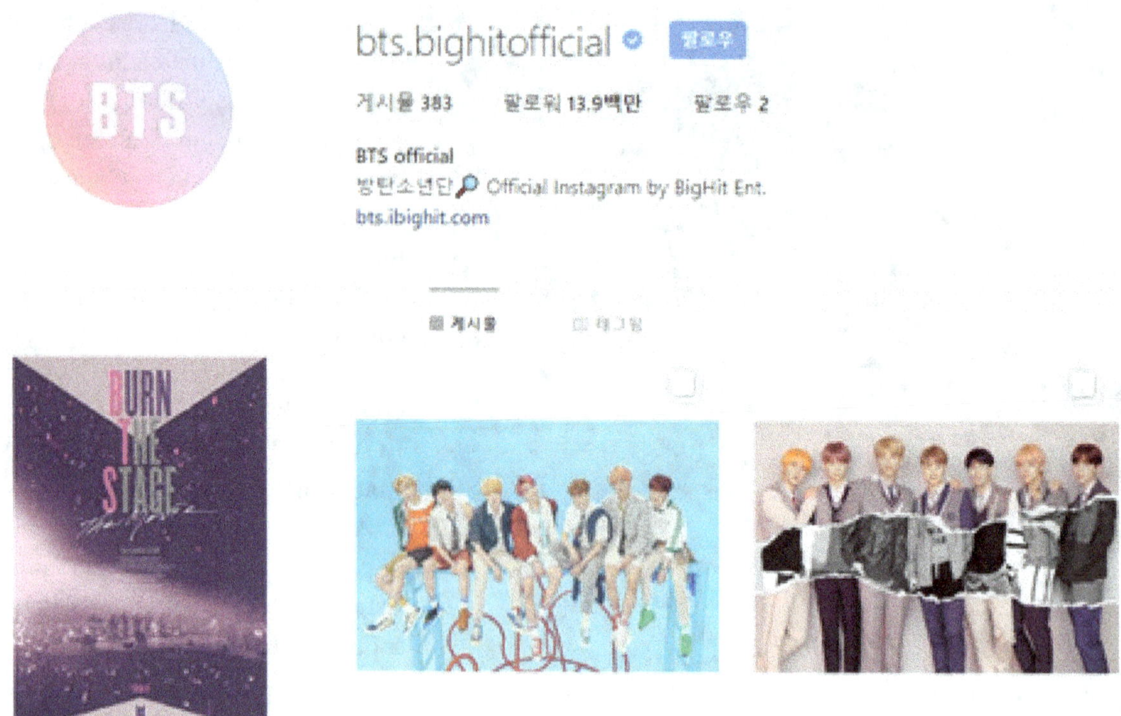

Instagram oficial de BTS

Un ejemplo de este cambio revolucionario es **BTS**, que tiene un gigantesco fandom global llamado **A.R.M.Y (Adorable Representative M.C. for Youth** ("Adorable Representante MC para la Juventud")) y se ha convertido en el epítome del K-Pop. Pero muchos se preguntan qué es lo que hace a BTS tan diferente de otros grupos de K-Pop y cómo se ha convertido en un fenómeno mundial. ¿Un rostro atractivo? ¿Una coreografía sincronizada? En realidad, esto también es cierto para otros grupos de K-Pop. Entonces, ¿qué? Una pista es que BTS fue seleccionado oficialmente como el artista más mencionado en Twitter y obtiene un índice de participación activa abrumadoramente superior al de otras celebridades. Esto también significa un cambio en la producción y el consumo de la cultura pop. Antes era un proceso unilateral en el que la cultura pop era creada por las agencias de entretenimiento y los fans (consumidores) la "consumían" pasivamente. Pero ahora los fans (consumidores) pueden interactuar con la agencia y los artistas a través de los nuevos canales de comunicación, aportando aportaciones y comentarios durante la fase de producción. Por lo tanto, el papel de los fans (consumidores) ha evolucionado del "consumo pasivo" a la "participación proactiva". A través de plataformas como Twitter, Instagram y V-Live, los fans pueden compartir cada movimiento de BTS y estar en contacto con ellos, y los fans adoptan plenamente a BTS como parte de su vida y se identifican con ellos. No sólo eso, sino que los valores inspiradores que BTS también predica, el amor, el esfuerzo y la belleza de la juventud, han creado una empatía absoluta en la mente de los adolescentes. En otras palabras, BTS se ha convertido en un mentor de vida y en un BFF y eso es algo que nadie había intentado antes.

REFERENCIAS

WHY IS THERE A PEPSI LOGO ON THE KOREAN FLAG?
대한민국의 국기 ko.wikipedia.org/wiki/대한민국의_국기
태극기의 변천 theme.archives.go.kr/next/symbolKorea
Flag of South Korea en.wikipedia.org/wiki/Flag_of_South_Korea
조선민주주의인민공화국의 국기 ko.wikipedia.org/wiki/조선민주주의인민공화국의_국기
Flag of North Korea en.wikipedia.org/wiki/Flag_of_North_Korea
Package Design Trivia: Why is the Pepsi logo red, white, and blue? core77.com/posts/12821

KOREAN NAMES
우리나라의 성씨는 몇 개나 될까? (통계청)
http://kostat.go.kr/file_total/nkids/kids_pp/story_pdf130603.pdf
Sato most common surname in Japan (Japan Today) japantoday.com/category/national/sato-most-common-surname-in-japan
List of the 1000 Most Common Surnames in the U.S. namecensus.com

DO KOREANS SPEAK CHINESE OR JAPANESE?
Hangul en.wikipedia.org/wiki/Hangul [위기의한글①] '반대를 위한 반대' 한글 탄생 가로막다 (뉴스1) news1.kr/articles/?3730958
"국한문 혼용으로 돌아가자...한국어 품격 높아진다" (동아일보)
donga.com/news/Culture/article/all/20141010/67068211/2

HISTORY OF KIMCHI
Kimchi en.wikipedia.org/wiki/Kimchi
뮤지엄김치간 kimchikan.com
김치에 대한 진실 혹은 거짓 (서울식품안전뉴스)
fsi.seoul.go.kr/webzine/seoulFood201801/2017_02_002.html

YUGYO
Korean Confucianism en.wikipedia.org/wiki/Korean_Confucianism
한국유교 – 성균관 skk.or.kr
삼강오륜 bupdori.com
조선아동교육 남녀칠세부동석 (한국콘텐츠진흥원) culturecontent.com

WHAT DOES A KOREAN FAMILY LOOK LIKE?
삼종지도, 칠거지악 encykorea.aks.ac.kr

KOREAN ETIQUETTE BASICS
경례(敬禮)와 악수(握手) (한국전례연구원) wooriyejeol.or.kr
절하는 방법 (네이버 백과사전) terms.naver.com

HANSKIK
여름철, 보양식, 유래는 아시고 드시나요? (열린창업신문) rgnews.co.kr
Dog Meat en.wikipedia.org/wiki/Dog_meat
7 Proven Health Benefits of Ginseng healthline.com
Ginseng en.wikipedia.org/wiki/Ginseng
우황청심원 namu.wiki/w/우황청심원
[우리의 맛 장(醬)] 장의 종류 (식품음료신문) thinkfood.co.kr
떡의 유래와 의미 (여러가지 떡) (전통문화콘텐츠연구소) noriyon.co.kr
비 오는 날, 막걸리에 부침개가 당긴다...왜 그럴까?
yna.co.kr/view/AKR20160705179300064
코로나19에 "숟가락 섞지 말아야"...겸상 문화가 한국 거라고?
hankookilbo.com/News/Read/202005020399057581
한국인만 유독 쇠젓가락을 사용하는 '똑똑한' 이유 heftykr.com/chopstick_culture

WHY DO KOREANS LOVE SOJU SO MUCH?
한국의 소주 ko.wikipedia.org/wiki/한국의_소주
선비들이 술을 마시는 의례 - 향음주례(鄕飮酒禮) dongheon.or.kr

WHY DO KOREANS WORK SO DARN HARD?
Miracle on the Han River en.wikipedia.org/wiki/Miracle_on_the_Han_River

FUN & QUIRKY KOREAN SUPERSTITIONS & BELIEFS
삼신할머니 (한국콘텐츠진흥원) culturecontent.com
Mongolian spot en.wikipedia.org/wiki/Mongolian_spot
사주팔자 namu.wiki/w/사주팔자
[관상의 과학] 부자 관상·왕의 관상 타고나지만, 살면서 바꿀 수 있다? (아시아경제)
asiae.co.kr/article/2018061511532486737
풍수지리 namu.wiki/w/풍수지리
무당 (한국민속신앙사전) folkency.nfm.go.kr
선풍기 사망사고의 진실은? (연합뉴스) yna.co.kr/view/AKR20080715194900003
[취재파일] '손 없는 날' 믿어야 하나? (SBS 뉴스) news.sbs.co.kr/news/endPage.do?news_id=N1001636632
혈액형 성격설 namu.wiki/w/혈액형%20성격설
내 얼굴, 큰 것일까 커 보이는 것일까? (한국경제) hankyung.com/news/article/201206055778

DEATH & AFTERLIFE
전통장례절차 (예다함) yedaham.co.kr
장례식 namu.wiki/w/장례식
한국의 제사 ko.wikipedia.org/wiki/한국의_제사
제사상 차리는 방법 (서울시설공단) sisul.or.kr

WEDDINGS IN KOREA
혼례(婚禮) (한국민족문화대백과사전) encykorea.aks.ac.kr

WHY ARE THERE TWO NEW YEAR'S DAYS?
신정과 구정의 차이를 아십니까...음력 설의 수난사 (시사저널)
sisajournal.com/article/173856
Korean New en.wikipedia.org/wiki/Korean_New_Year
보신각 종, 33번 치는 까닭은? (한문화타임즈) hmhtimes.com/news/articleView.html?idxno=1626
제야의 종 namu.wiki/w/제야의_종

HANBOK THE TRADITIONAL KOREAN CLOTHES
삼국 시대의 복식 blog.daum.net/yonghwan6158/1421
한국 복식: 삼국시대 (고구려, 백제,신라) blog.naver.com/mongjja_/221099996686
한복디자이너[삼국시대의 복식] blog.naver.com/PostView.nhn?blogId=abcde3965&logNo=50145936239
[한복] 시대별 한복의 변화 instiz.net/pt/5317188
한복 ko.wikipedia.org/wiki/한복
Hanbok en.wikipedia.org/wiki/Hanbok
한국민족문화대백과 (네이버 백과사전) terms.naver.com
Voyage en Corée 2. (Voyage in Corea Section 2) anthony.sogang.ac.kr

TAE KWON DO
Taekwondo en.wikipedia.org/wiki/Taekwondo

JEJUDO
마을의 수호신 돌하르방
jeju.go.kr/culture/folklore/religious/religious05/religiousHarubang.htm

DEATH & AFTERLIFE
전통장례절차 (예다함) yedaham.co.kr
장례식 namu.wiki/w/장례식
한국의 제사 ko.wikipedia.org/wiki/한국의_제사
제사상 차리는 방법 (서울시설공단) sisul.or.kr

WEDDINGS IN KOREA
혼례(婚禮) (한국민족문화대백과사전) encykorea.aks.ac.kr

WHY ARE THERE TWO NEW YEAR'S DAYS?
신정과 구정의 차이를 아십니까...음력 설의 수난사 (시사저널)
sisajournal.com/article/173856
Korean New en.wikipedia.org/wiki/Korean_New_Year
보신각 종, 33번 치는 까닭은? (한문화타임즈) hmhtimes.com/news/articleView.html?idxno=1626
제야의 종 namu.wiki/w/제야의_종

HANBOK THE TRADITIONAL KOREAN CLOTHES
삼국 시대의 복식 blog.daum.net/yonghwan6158/1421
한국 복식: 삼국시대 (고구려, 백제,신라) blog.naver.com/mongjja_/221099996686
한복디자이너[삼국시대의 복식] blog.naver.com/PostView.nhn?blogId=abcde3965&logNo=50145936239
[한복] 시대별 한복의 변화 instiz.net/pt/5317188
한복 ko.wikipedia.org/wiki/한복
Hanbok en.wikipedia.org/wiki/Hanbok
한국민족문화대백과 (네이버 백과사전) terms.naver.com
Voyage en Corée 2. (Voyage in Corea Section 2) anthony.sogang.ac.kr

TAE KWON DO
Taekwondo en.wikipedia.org/wiki/Taekwondo

JEJUDO
마을의 수호신 돌하르방
jeju.go.kr/culture/folklore/religious/religious05/religiousHarubang.htm

WHAT IS THE THREE KINGDOMS PERIOD?
wikipedia.org/wiki/Three_Kingdoms_of_Korea
GOGURYEO, THE LARGEST DYNASTY IN KOREAN HISTORY
wikipedia.org/wiki/Goguryeo
BAEKJE, THE CULTURAL POWERHOUSE
wikipedia.org/wiki/Baekje
SILLA, THE GOLDEN KINGDOM
wikipedia.org/wiki/Silla
GORYEO, THE GOLDEN AGE OF KOREAN BUDDHISM -
wikipedia.org/wiki/Goryeo
JOSEON - THE LAND OF THE MORNING CALM
wikipedia.org/wiki/Joseon
GYEONGBOKGUNG - "Palace Greatly Blessed by Heaven" -
wikipedia.org/wiki/Gyeongbokgung
CHANGDEOKGUNG - "Palace of Prospering Virtue" -
ikipedia.org/wiki/Changdeokgung
CHANGGYEONGGUNG - "Palace of Magnificent Joy" -
wikipedia.org/wiki/Changgyeonggung
DEOKSUGUNG- "Palace of Virtuous Longevity" -
wikipedia.org/wiki/Deoksugung
GYEONGHUIGUNG - "Palace of Joy and Harmony" -
wikipedia.org/wiki/Gyeonghuigung
DREAMING OF A MODERN STATE, THE KOREAN EMPIRE -
wikipedia.org/wiki/Korean_Empire
SAD HISTORY - JAPANESE OCCUPATION -
wikipedia.org/wiki/Korea_under_Japanese_rule
WHY IS KOREA DIVIDED? - wikipedia.org/wiki/Korean_War